감성독서

감성독서

변학수 지음

경북대학교출판부

변학수

경북대학교 사범대학 독어교육과를 졸업하고, 독일 슈투트가르트 대학교 대학원에서 문학석사, 철학석사, 문학박사 학위를 받았다. 현재 경북대 사범대학 독어교육과 교수로 재직 중이며 한국연구재단 전문위원이다. 한국통합문학치료학회 회장, 한국아데나워학술교류회 회장을 역임했으며, 문학평론가, 문학치료사 슈퍼바이저(프리츠 펄스 연구소)이기도 하다. 저서로는 『프로이트 프리즘』(책세상, 2004), 『통합적 문학치료』(학지사, 2006), 『문학치료』(학지사, 2007), 『내면의 수사학』(경북대학교출판부, 2008), 『문학적 기억의 탄생』(열린책들, 2008) 등이 있으며, 역서로는 『제국의 종말 지성의 탄생』(글항아리, 2008), 『이집트인 모세』(그린비, 2010), 『기억의 공간』(그린비, 2011), 『독일문학은 없다』(열린책들, 2004), 『시와 인식』(문학과지성사, 1992) 등이 있다.

감성독서

초판1쇄 2012년 7월 27일 | **초판2쇄** 2012년 10월 30일

지은이 변학수 | **펴낸이** 함인석 | **펴낸 곳** 경북대학교출판부

출판등록 1973년 10월 10일 ㉐97호 | **주소** 대구광역시 북구 대학로 80번지

전화 053-950-6741~3 | **팩스** 053-953-4692 | **E-mail** press@knu.ac.kr

ISBN 978-89-7180-351-6 93800

값은 표지 뒷면에 있습니다.

파본은 바꾸어 드립니다.

프롤로그

현대사회의 가치는 모든 것이 통계와 숫자로 결정되는 것 같다. 운동선수의 연봉은 말할 것도 없고, 증시, 시청률, 베스트셀러 등등 세상이 온통 수치와 통계로 이루어져 있다. 학생들은 모두 수능 3등급, 또는 내신 2등급, 이런 식으로 평가되며, 결혼정보회사에서는 사람을 한우 등급 나누듯이 수치로 계량화하고 있는 세상이다. 그러니 학교나 사회, 온라인이나 오프라인에서 폭력이 난무하며 그로 인한 인명의 살상, 자살 같은 사건이 너무 많은 것은 어쩌면 당연한 일인지도 모른다.

우리는 이런 상황에 너무나 익숙해져 있다. 그리고 학교폭력을 근절하기 위해 폭력적인 아이들을 전학조치하고 경찰을 배치하고 예방에 최선을 다하겠다는 말도 식상하다. 그나마 학교에서 할 수 있는 체육, 미술, 음악, 독서, 철학이라도 좀 가까이하게 하면 어떨까? 독서도 국어 성적을 올리기 위해 억지로 하는 것이 아니라 자발적이고 창의적인 상상력을 얻는 그런 책읽기가 되면 얼마나 좋을까? 이 책을 쓰게 된 동기는 여기에 있다. 인간은 판단 받고 등급으로 나뉠 때 가장 불행하다. 숲과 바람과 별이 노래하는 소리를 듣지는 못하더라도 책이 말하는 감정과 즐거움에 귀 기울일 때가 행복하지 않은가!

통계에서 벗어나는 삶을 살 때 우리는 즐겁다. 그러한 만큼 독자들도 책을 읽을 때 통계에서 벗어나면 어떡하나, 하는 부담감 때문에 시달리지 않고 자유롭게 느끼기를 바란다. 책을 쓰면서 아이들과 학생들, 그리고 어른들로부터 많은 이야기를 듣고, 그들에게 책을 읽어주고 그들의 감성적 반응을 들어보았다. 그것은 수치가 아니라 말(言)과 신비, 그리고 놀라움으로 이루어진 것이었다. 그런 것들이 이 책을 통해 독자들에게 잘 전달되기를 바란다.

2012년 7월 1일

변학수

목차

들어가는 말: 감성독서의 발견

이 책은 독서를 통한 감성능력의 계발을 주제로 삼고 있다. 감성능력이란 감정을 정확히 지각하고 인식하며 표현하는 능력, 나아가 감성발달과 지적 발달을 촉진하기 위하여 감정을 조절하는 능력을 말한다. 감성능력은 독서를 통한 문학적 수용을 넘어서서 삶의 전반에 걸쳐 매우 중요하다. 그리고 이런 감성능력에 대한 연구가 지난 10여 년 동안 많은 성과를 이루었다. 이에 못지않게 독서에 관한 책들도 많이 출간되었다. 그러나 아직까지 아동과 청소년의 감성능력 발달에 관한 독서의 영향을 통합적으로 연구한 책은 찾아볼 수가 없다. 독서 따로 감성 따로 그렇게 쓰인 책들만 많은 것 같다.

심리학이나 뇌과학, 감정코칭 등 몇몇 교육학적, 심리학적 연구에서도 감성능력의 중요성이 상소되었지만 학교에서 문학(독서)시간에 어떻게 감성능력이 독서를 통해 실제적으로 향상되는지에 관한 연구는 없었다. 그래서 나는 그간의 연구를 통해 문학이 감성능력을 배양한다는 가설에서 출발하여, 초등학교나 중학교, 고등학교에서 독서 중재 프로그램을 통해 특정한 문학 독서(아동 및 청소년 문학)가 감성능력 배양에 어떤 영향을 미치는지에 관한 실험을 했는데 그 결과는 다른 학자들의 가설을 잘 뒷받침해주었다. 언어능력과 감성능력은 불가분의 관계에 있다는 점은 폰스(Pons)와 러프맨(Ruffman)이 2003년에 쓴 논문에서 이미 밝혀졌다. 이들은 언어능력과 감성능력이 아동들의 초기 발달과정에 긴밀하게 관련되어 있음을 시사했다.[1] 여기서 언어능력이라 함은 그림책을 포함한 문학적인 표현들을 말한다.

이 이론을 바탕으로 베를린자유대학교 Freie Universität Berlin의 페터-촌디 연구소의 독서와 감성능력 센터가 대형 연구사업단 '감성의 언어(Languages of Emotion, LOE)'라는 프로젝트를 꾸려 그 연구결과를 내놓았다.[2]

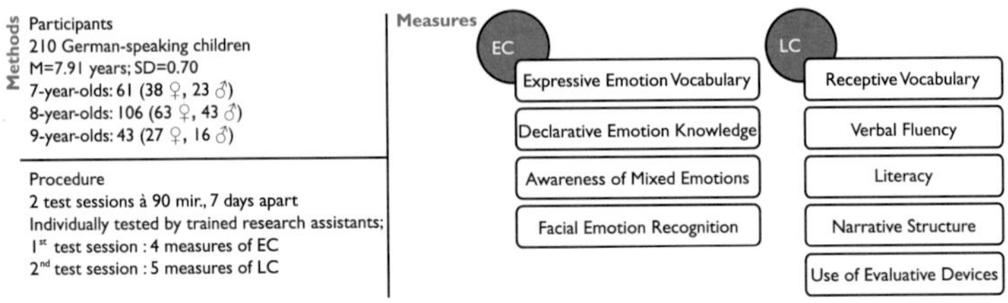

이 센터는 폰스와 러프맨의 이론적 토대 위에서 초등학교 저학년을 대상으로 집중적인 연구를 하되 폰스와 러프맨이 한 것처럼 한두 가지 요소가 아니라 감성능력의 4개 요소[감정어휘 표현(Expressive Emotion Vocabulary), 감정지식 설명(Declarative Emotion Knowledge), 복합감정의 자각(Awareness of Mixed Emotions), 얼굴에 드러난 감정 인지(Facial Emotion Recognition)], 언어능력의 5개 요소[수용적 어휘(Receptive Vocabulary), 언어유창성(Verbal Fluency), 문식성(Literacy), 서사구조(Narrative Structure), 평가도구의 사용(Use of Evaluative Devices)]로 확대하여 연구했다.

도표에서 보다시피 수용적 어휘와 감정지식 설명이 가장 밀접한 관련성을 보였고, 또한 수용적 어휘도 복합감정의 자각과 아주 밀접한 관련성을 보였다. 수용적 어휘와 감정 어휘 표현은 상당한 관련성을 보였고, 문식성과 서사구조도 다른 감성능력의 지표들과 유의미한 관계를

Results

Bivariate Correlations

Measure	1	2	3	4	5	6	7	8
Measures of Emotional Competence								
1. Expressive Emotion Vocabulary	-							
2. Declarative Emotion Knowledge	.42**	-						
3. Awareness of Mixed Emotions	.26**	.29**	-					
4. Facial Emotion Recognition	.29**	.22*	.32**	-				
Measures of Language Competence								
5. Receptive Vocabulary	.33**	.45**	.45**	.31**	-			
6. Verbal Fluency	.11	.24**	0.12	.14*	.25**			
7. Literacy	.20**	.33**	.32**	.35**	.42**	.24**	-	
8. Narrative Structure	.26**	.28**	.28**	.20**	.29**	.26*	.32**	-
9. Evaluative Devices	.20	.26**	.21**	.16**	.15*	.16*	.11	.22**

*p〉05**p〉0.01

맺고 있다는 것을 알 수 있다. 이것을 정리해서 연구자들은 감성능력과 언어능력의 요소들 사이에는 무려 50%에 달하는 관련성이 입증되었다는 결론을 얻고 있다.[3]

우리는 이 결과를 통해서 독자가 감정과 관계되는 텍스트를 읽었을 때 어느 정도로 감성능력을 배양할 수 있는가를 먼저 이해하고 감성능력을 배양하기 위해 독서를 어떻게 촉진해야 하는지를 연구하고자 한다. 사람들은 일반적으로 독서를 통해 지식을 습득하거나 새로운 경험을 얻고자 하는 데 관심을 보이지 독서와 감성능력과의 관계에 대해 관심을 보이지 않는다. 독서가 학습에 도움이 되고 대학 입학에 많은 도움이 된다는 명제는 우선 문학 독서의 전도사인 나도 공감할 수 있는 일이다. 그러나 이런 독서현실은 오히려 독서의 진정한 목적 중 하나인 감성능력의 계발이나 심미적 경험에 방해가 된다. 미국의 문예학자 루이스 로젠블랫은 "청소년들이 독서를 통해 여러 유형의 상황이나 사람들에게 문화적으로 적절한 감성적인 반응을 배우게 된다."라고 정확하게 지적한다. 이 말은 우리가 독서를 할 때 책 내용만을 기억하거나 평가하는 것이 아니라 독서 상황의 분위기를 통해 무엇인가를 유추하고 형상화하기 때문에 책의 내용보다 책을 읽을 때 반응하는 정서가 더 중요하다는 뜻이다. 이렇게 감성독서에서는 인물이나 이미지에 대한 지적 이해보다는 그것의 내면, 정서적 상태, 감정이입, 공감 같은 것이 더 중요하다. 원래 문학이 종교적 제의에서 유래하였던 만큼, 현재에도 문학은 독서과정에서 유발된 감각과 느낌으로 현재의 기분을 감성적인 상태로 바꾸어 나가며 독자/참여자의 마음을 치유하는 역할을 한다.

감성 경영, 감성 리더십, 감성 마케팅이란 말에서 보듯이 감성이 우리가 사는 21세기의 화두가 되어 있으며 독서에서도 두말할 나위 없이 중요한 핵심어로 자리하고 있다. 그래서 이 책은 정서가 메말라가는 시대에 아주 중요한 화두가 된 감성적 독서가 무엇인지 또 그런 독서를 통한 감성능력의 배양 과정이 인성발달에 어떠한 효과를 거두는지를 이론적으로 규명하고 여러 실례를 통해 그에 이르는 방법을 제시하고, 다양한 현장에서 응용할 수 있는 구체적 사례를 제시하고자 한다.

제1장에서는 감성독서를 이해하고 촉진하기 위해 우리는 무엇보다 먼저 감정이 무엇인지를 살펴보아야 한다. 감성지능에 대한 관심이 날로 증폭하고 있다. 미국 일리노이 주에서는 교육 프로그램으로까지 등장하고 있다고 한다.[4] 그 프로그램에 따르면 초등학교 저학년 아이들은 자신의 감정을 파악하고 그 감정을 어떻게 사용할지를, 초등학교 고학년들은 감정이입 수단을 통해 다른 사람의 감정을 인식하는 것을, 중학교에서는 자신이 받는 스트레스의 원인과 학습의 성과 내지는 부진의 원인이 무엇인지를 배우고, 마지막으로 고등학교에서는 갈등의 해소방안을 배우고 협상하는 능력을 포함하는 사회지능을 키워나간다고 한다.

이와 같이 감정교육은 매우 중요하며 독서교육도 중요하다.

제2장에서는 그런 감정이 구체적으로 문학에서 어떤 모습으로 형상화되어 있는지 그리고 어떤 독서행위의 과정을 거쳐 조절에 이르는지, 스스로 조절에 이르지 못할 경우 그 감정을 교육할 수 있는지 살펴보고자 한다. 요약하면 독서라는 수단을 통하여 기초적으로는 감정이해, 나아가 감정조절, 그리고 감정코칭에 대해 논의하고자 한다.

제3장에서는 독서내용에 대해 다룰 것이다. 텍스트는 기호이기 때문에 그 기호를 해독할 수 없을 때, 또는 그 기능을 알지 못할 때 무의미한 것이 된다. 우리는 독서할 때 감정을 표출하고 추체험을 통해 활성화하면서 정화하고 승화하며 나아가 미적 체험을 하게 된다. 이런 과정은 감정과 이성, 원초적 경험과 미적 경험 사이에서 일어난다. 때로는 환영과 이미지, 유머와 아이러니를 동반하는 이 과정은 현실에서 존재하지 않는데도 현실보다 더 큰 영향을 독자에게 미친다. 그래서 우리는 독서와 독서촉진을 위한 내포독자 개념과 텍스트의 여백, 그리고 플롯과 발문 사이의 상호관계를 살펴보고자 한다.

제4장에서는 이런 일련의 과정을 통해 불러일으켜진 감정이 스스로 조절되지 않은 경우나 코칭, 치유에 이르는 데 필요한 도우미의 개입에 대해 알아볼 것이다. 그 도우미가 교사이든지 치료자이든지 어쨌든 그를 촉진자(Facilitator)라고 명명하고자 한다. 촉진자는 우선 감정코치가 될 수 있어야 한다. 그러므로 감정코칭은 어려운 독서를 시작하자고 하면 안 될 것이다. 텍스트-독자-촉진자의 관계는 자발적이지 않기 때문에 자발성을 유도하기 위한 방법이 제시되어야 한다.

제5장에서는 텍스트 자체를 구체적으로 가져와 어떻게 감성독서를 촉진하는지 그 훈련과정을 실었다. 현장에서는 좋은 공간도 전문적인 치료자도 없다. 그리고 시험을 치는 듯한 독서와 그 공간은 감성 함양에

별로 도움이 되지 않는다. 따라서 가급적 특별한 장소와 도구 없이 교사나 부모가 감정코칭을 어떻게 할 수 있는지를 제시해보았다.

그리고 제6장에서는 감성독서에 사용될 수 있는 텍스트를 구체적으로 분류해두었다. 좋은 책이 많이 있지만 감성능력의 발달에 도움이 되는 책은 따로 존재한다. 그런 책들을 익혀두면 앞으로도 발간될 무수한 책을 분류하는 힘을 얻을 수 있다. 또 텍스트가 좋으면 촉진자가 의외의 성과를 거둘 수도 있다.

그리고 마지막으로 제7장에는 『출판저널』에 기고했던 필자의 글을 토대로 독서에 대한 다양한 접근법을 실었다. 그것은 전체적으로 감성독서의 탄생에 대한 것이다. 독서에 다시 제 기능을 찾아주기 위한 우리의 노력이다. 위대한 혁명가, 정치가, 과학자들은 모두 대단한 독서가였지만 학교에서 수업하는 방식으로 책을 읽지는 않았다. 다니엘 페나크는 『소설처럼』이란 에세이에서 "책이란 우리의 아들딸이나 청소년들에게 설명하라고 씌어진 것이 아니라, '마음에 들면' 읽으라고 씌어진 것"이라는 점을 강조했는데 이는 옳은 말이다. 우리가 일반적으로 책에서 얻을 수 있다고 생각하는 지식과 독자의 내밀한 부분은 독서의 서로 다른 범주다. 문학 독서는 무목적적 행위다. 문학 독서는 시험을 위한 것도 대학 입학을 위한 것도 아니다. 그것은 단지 책 읽는 사람 개인의 즐거움에 봉사할 뿐이다. 정원에서 아이들을 쫓아낸 욕심쟁이 거인처럼, 어른들은 독서라는 즐거움의 정원에서 아이들을 쫓아낸다. 아이들은 책을 읽고 나면 그 즐거움에 도취해 아무 말도 없이 그 즐거움을 음미한다. 이런 독서가 학교에서, 가정에서 이루어지기를 꿈꿔본다.

감성독서

감정

chapter 1

1. 감정이란 무엇인가?

이성적 인간이라는 말을 무색케 하는 감정이란 도대체 무엇인가? 이 물음에 대해 페어와 러셀은 "우리 모두가 감정이 무엇인지를 잘 알다가도 막상 감정이 무엇인가라는 질문을 받으면 아무 대답도 할 수 없다."[1]라고 말했다. 이 말은 감정의 개념이 매우 복잡하고 다의적이라는 것을 함께 말해주고 있다. 또한 이 말은 우리가 감정이란 말을 일상생활에서 다양하게 사용하고 있다는 것을 의미하기도 한다. "그 여자는 불안하다."라고 말한다면 그것이 한 개인의 정동의 체험을 말해주고 있다. 이런 의미에서 슈미트-아체르트는 좀 더 광범위한 의미의 감정이란 몸의 상태와 표현까지를 포함한다고 본다.[2] 나아가 학문에서도 우리는 감정에 대한 아주 다양한 개념을 찾아볼 수 있다.

> 감정이란 주관적 요인들 사이에 있는 복잡한 상호작용 틀이다. 이는 뉴런이나 호르몬 체계에 의해 매개되는 것으로 이것은 (a) 흥분이나 쾌감/불쾌감 같은 정동경험을 자극한다. 그리고 (b) 감정적으로 중요한 인지적 효과, 동의, 표지과정 같은 인식과정을 만들어낸다. (c) 자극 조건에 대한 몸 전체에 펼쳐져 있는 생리적 적응을 활성화한다. 그리고 마지막으로 (d) 항상은 아니나 자주 표현적이고 목표 지향적이며, 적응적인 행동을 도출한다.[3]

감정의 발생에 대한 질문에서 출발하여 클라인지나와 클라인지나(P. R. Kleinginna & A. M. Kleinginna)는 감정에 대한 대부분의 다른 이론들처럼 상호작용하는 아래 요소들에 대해 어느 부분을 강조하느냐에 따라 감정 개념이 달라진다고 주장한다.

- 감정을 환기하는 사건(동기)
- 정동의 경험(체험한 감정)
- 인지적 과정(평가과정)
- 신경생리학적 과정(예를 들어 육체적 반응)
- 행동 반응(감정적 행동 내지는 감정표현)

앞서 밝혔던 페어와 러셀의 말을 빌려 우리가 다양한 사람들에게 감정이 무엇이냐고 생각나는 대로 말해보라고 한다면 그들은 하나같이 감정의 개념을 육체나 마음의 상태와 혼동해서 이야기한다. 예를 들어, 피곤하다(짜증 난다), 아무것도 하기 싫다, 절망적이다, 마음이 편안하다, 동정심을 느낀다 등과 같이 말하는데 이는 사실 감정과는 다른 것들이다. 이것은 우리의 감정에 느낌, 기분, 정동, 동정심이 사실 엇비슷하게 서로 섞여 있다는 것을 말해준다.

그렇다면 느낌과 감정은 같은 것인가? 그리고 정동과 감정은 구별되는 것인가? 우선 정동(affect)은 일반적으로 반사적 감정, 감정의 자동 반응 정도로 설명할 수 있다. 누구나 인간이기에 본질적으로 정동의 영향을 받는다.[4] 정동의 개념은 주로 충동조절이나 충동억제 같은 개념과 더불어 대부분 감정 발달의 맥락에서 많이 쓰인다. 이에 비해 기분은 감정이 상당한 시간 동안 지속되는 상태를 말한다. 기분은 특정한 사건에 대한 반응을 억지로 내보이지 않는다. 그러나 반복되는 감정이나 생각으로 환기될 수 있다. 기분은 "한 사람의 전체 특성"을 나타내는 것으로 "다른 체험들에 대한 분위기적인 배경"을 형성한다.[5] 겁이 많다, 우울하다, 쾌활하다와 같은 기분들은 "지속적인 체험이나 행동 태세"로 볼 수 있기 때문에 개인의 성격으로 볼 수도 있다.[6]

또 흔히 감정이입 또는 공감(인지)이라고 부르는 empathy는 다른 감정과 어떻게 다른가? 공감은 우선 사회적 감정을 말하는 것으로 "다른 사람의 감정에 이입하거나 그 사람이 되어 느낄 수 있는 능력"[7]을 말한다. 아이젠버그에 따르면 대부분의 학술적 연구에서 감정이란 공감을 인지한 다른 사람의 감정에 대한 정동적 반응으로 보고 있다. 이때 관찰자에게 환기된 감정이 관찰대상인 사람의 감정과 일치하는 경우를 공감(empathy)이라 하고, 다른 사람에 대한 걱정을 동정심(sympathy)이라고 부른다.[8] 그 결과 공감은 사실상 좁은 의미로 감정이라고 부르기는 어렵다. 그 대신 개인이 직면한 문제와 마음 상태에 대한 표현으로서 "걱정, 불안, 유감, 근심, 배려와 같은 감정의 상태"를 환기할 수 있다.[9] 그 때문에 든햄(Denham)은 공감을 전사회적 행동양식을 보여주는 "사회적 감정"[10]이라고 불렀다.

	감정	정동	기분	공감
특징	주관적인 느낌 강조	어떤 감정적 상태를 제어할 수 없음을 강조	중 · 장기적인 감정의 상태, 어떤 직접적 자극에 의해 생기지 않음	감정을 상황적 맥락에 배치, 감정의 사회적 관련성 강조
사례	"나는 내 몸이 터질 것 같은 느낌이야."	법정에서 "술 먹고 한 행동"	"어떤 기억이 떠오르자 그는 풀이 죽었다."	"엄마를 잃어버린 아이에게 느끼는 동정심"

1.1. 일차 감정과 이차 감정의 구분

한국 사람들의 감정을 나타낼 수 있는 한마디 말이 세간에 유행하고 있다. 그것은 바로 '헐'이라는 말이다. 자신의 감정을 잘 드러내지도 드러내서도 안 되는 한국적 토양에 너무도 잘 맞는 조어다. '헐'이라는 말에는 아쉬움, 분노, 슬픔, 경악, 기쁨 등 아주 다양한 느낌이 스며있다. 그렇다면 이 말이 포함하고 있는 감정에는 어떤 것이 있을까? 동양에서는 감정을 보통 기쁨(희, 喜) 분노(노, 怒) 슬픔(애, 哀) 즐거움(락, 樂)으로 나누지만 서양에서는 일반적으로 1차 감정을 이와 다르게 분류한다. 생후 약 3개월부터 시작되는 1차 감정(기본 감정)은 1. 기쁨(happiness) 2. 경악(surprise) 3. 공포(fear) 4. 슬픔(sadness) 5. 혐오(disgust) 6. 분노(anger)로 나누어진다.

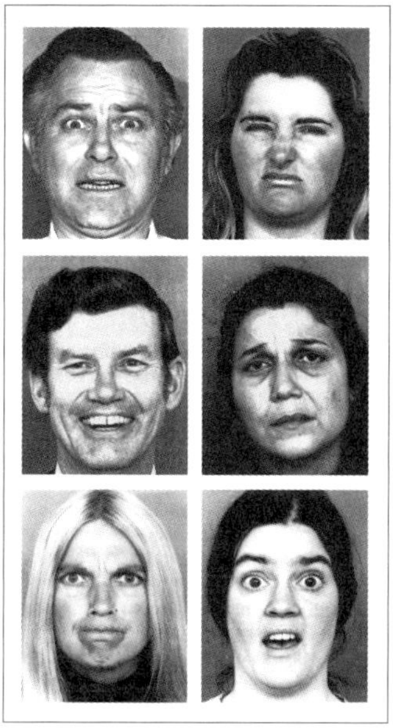

이런 1차 감정은 곧바로 얼굴의 근육을 다르게 변화시키며 곧잘 식별된다.[11] 사이코패스는 대체로 이런 얼굴표정을 잘 구별하지 못하며, 정상적인 감정생활을 하지 않는 사람 가운데 그 표정을 잘 구별하지 못하는 경우도 있다. 그런데 이 기초감정은 에크먼(Paul Ekman)에 따르면 진화생물학적 관점에서 다음의 아홉 가지 특성을 가지고 있어야 한다.[12]

1. 보편적이고 감정에 특수한 얼굴의 표현을 가지고 있어야 한다.
2. 원시인에게서도 찾을 수 있어야 한다.
3. 감정에만 드러나는 생리학적 특성이 있어야 한다.
4. 보편적이고 감정에만 드러나는 환기체가 있어야 한다.
5. 감정과 표현 사이에 분명한 연관성이 있어야 한다.
6. 즉각적 작동이 있어야 한다.
7. 지속 시간이 짧다.

8. 비자의적, 자동적 판단을 한다.

9. 원하지 않는 상황에서도 발생할 수 있다.

우리는 그림에서 본 여섯 가지 얼굴표정을 잘 구별하지 못하는 사람을 볼 수 있다. 그것은 감각이 작동하지 않거나, 작동하더라도 자각되지 않아서인데 그 이유는 정신이 감각을 계속 억압해왔기 때문이다. 가혹한 환경 속에서 성장한 개체는 성장과정에서 자신의 기본적인 욕구와 감정을 표현하거나 해소하는 것을 금지당하면 이런 일이 일어날 수 있다.

이에 비해 2차 감정 또는 사회적 감정은 생후 약 2년 이후에 학습과 더불어 발전되는 감정으로서 1차 감정에 비해 분명한 얼굴 표정을 구별해내기 어렵다. 이 사회적 감정으로는 당황(embarassment), 질투(jealousy), 죄의식(guilt), 수치심(shame), 긍지(pride) 등을 꼽을 수 있는데 이런 감정은 동물에게서는 찾아볼 수 없는 것들이며 원칙적으로 혼자 있을 때는 작동하지 않는다. 이 감정을 불러일으키는 인자는 문화적인 것이다. 비교적 단순한 경우보다는 복잡한 관계 속에서 일어난다. 그러나 이 2차 감정은 맥더글(McDougall)이 말하는 복합감정과는 구분된다. 이 학자는 예를 들어 경멸이 혐오감과 분노 사이에서 생기며, 끔찍함이 공포와 혐오감 사이에서, 질투가 굴종과 분노 사이에서 생겨난다고 주장한다.[13]

1차 감정은 대체로 감정, 느낌, 감각, 충동이란 말로 표현되곤 한다. 그런데 이런 감정이 오랫동안 지속되면 부정적 정서로 변한다. 예를 들어 슬픔이 반복되면 우울로, 분노는 공격성으로, 쾌감은 중독으로, (정상적) 공포가 (과도한) 불안이나 공포, 공황으로, 누구나 하는 걱정이 일반적 불안장애로 진전되는 것을 볼 수 있다. 일반적으로 감정의 배경은 욕구라고 본다. 그 욕구는 건강/질병, 편안함/긴장, 고통/쾌감의 패턴으로 만들어져 있다. 일반적으로 뇌에서 인간의 감정을 관장하는 영역은 대뇌변연계(limbic system)이며 그것을 조절하는 곳은 다른 동물과는 달리 전두엽 피질(prefrontal cortex)이다. 전두엽 피질은 관점, 사고, 언어 사용을 조절한다. 그러므로 외상 후 스트레스 장애(PTSD) 같은 상황을 겪으면 전두엽 피질의 감정조절장치가 작동하지 않는다.

감정은 동물에게 있어서 욕구가 해소되듯이 물 흐르듯 지나가야 한다. 하지만 마치 물이 흐르는 데 장애물이 있으면 소용돌이가 생기듯이 감정 또한 장애를 만날 때 일어나는 일종의 장애라고 할 수 있다. 무기력감, 우울감, 분노, 절망 등의 감정은 잘 해소되지 못하고 배설되지 못한 감정들이다. 물론 우리는 이러한 감정 장애 현상을 운동이나 요가, 봉사활동, 레크레이션 등을 통해서도 해소할 수 있고 또 그렇게 해야만 하는 경우도 있다. 그러나 그것은 그냥 일회적 해소일 수 있다. 장기적인 관점에서 감정을 조절하기 위해서는 지적이고 정적인 요인을 함께 조절할 수 있는 계기가 매우 절실하다. 특히 학생들은 하루 종일 학교에 머물기가 쉽기 때문에 책과 더불어 감성훈련을 하는 것이 참 유익하다. 또한 책은 우리가 숨기기 쉬운 감정을 드러내는 데 꽤 효과적인 도구일 수 있다. 책이라는 거울을 통해 글을 쓰고 말을 하는 과정에서 자신의 감정을 건강하게 표현할 수 있기 때문이다.

나의 감정을 직접적으로 표현하기는 어렵지만 가령 '주인공의 기분이 어땠을까요?' 같은 질문에 대한 대답을 함으로써 간접적이지만 훨씬 편하게 우리는 스스로의 감정을 표현할 수 있다. 특히 책 속에는 스스로 문제를 해결할 수 있는 구조가 들어있다. 가령 「개구리 왕자」에서 '공주가 개구리와 약속을 지켜야 하나, 말아야 하나?' 하는 고민은 그 해결책을 직접 책에서 찾을 수 있다. 특히 무의식이나 정신분석의 영역에 진입하면 우리는 우리 감정의 무의식적 자기 검열을 피할 수 있어서 좋다.

우리는 시를 읽거나 소설을 읽으면서 화자나 작중 인물에게 우리의 마음을 투사하여 부정적인 감정을 해소할 수 있다. 또한 이야기는 나의 삶의 일부가 되어 나의 감정들을 실은 하나의 형상화를 통해 삶을 정립해 나가게 한다.

1.2. 감정은 왜 필요한가?

가끔씩 편도선이나 엉덩이에 남아 있는 꼬리 흔적, 그리고 여성의 생리만큼 귀찮은 것으로 여겨지는 감정이 왜 있는지 모르겠다고 호소하는 사람들이 있다. 다윈에 따르면 동물은 생존을 위해 감정을 필요로 한다고 한다. 가령 공포가 없으면 포식자들에게서 달아날 수 없을 뿐 아니라 영역, 새끼, 먹이를 지킬 수 없다. 오늘날과는 달리 위험에 늘 노출되어 있던 원시인들은 빠른(가끔은 복잡한) 결정을 위해 감정을 필요로 하였다. 그러나 감정은 현대에도 정보와 그 피드백의 중요한 원천으로서 인간의 행동과 사회적 상호행위에 방향을 제시하기 때문에 매우 중요하다. 그 이외에도 감정은 주의력 집중, 기억력 증진, 개인적 행동방향 설정, 사회적 행동에 대한 지침, 도덕적 행동 발달을 위해 중요한 기능을 하고 있다. 그래서 감정을 관장하는 뇌의 부위인 전두엽 손상은 필연적으로 감정 자각, 사회적 행동과 판단의 손상을 가져온다. 감정이 원활한 상태에서는 다양한 경험을 축적하고, 인간관계를 원만하게 이끌며 내면을 풍요롭게 하지만, 원활하지 못한 상태에서는 불안, 우울, 번아웃, 자살 등으로 이어질 수 있다.

이런 과학적 연구가 있기 오래 전에 이미 감정이 중요하다는 것을 말한 이들이 있다. 에피테토스[14]는 "인간은 사건 자체가 아니라, 그 사건을 바라보는 관점 때문에 고통을 당한다."라고 말했다. 이때 그가 말한 '관점'이란 말은 바로 감정을 의미한다. 지적으로 평가하고 판단하기 이전에 먼저 와 닿는 것, 그것이 바로 인간의 감정(성)적 반응이다. 바로 이 감정이 고통이나 다른 감각들을 조절하고 있다. 린든은 "감정은 감각에 필수적이고 그 둘은 쉽게 분리되지 않는다."[15]라고 말한다. 그렇기 때문에 감성훈련에 있어서 감각과 감정훈련은 필수적이다. 그래서 테라피에서는 대체로 이 감각훈련을 중심으로 회복훈련을 한다. 그림이나 음악, 문학과 같이 오감을 활성화하는 것이 이런 이유에서 나온 것이다.

뇌는 기억을 저장함으로써 새로운 경험을 할 때 그 기억을 적용한다. 그런데 우리는 어떤 경험은 저장하고(지난 생일날 내가 어디에 있었지?) 어떤 경험은 버린다(한 달 전에 내가 저녁식사로 무엇을 먹었더라?). 그리고 동시에 어떤 기억은 시간이 지나면서 희미해지고, 어떤 경험은 일반화를 통해 왜곡된다. 우리는 "이건 중요하다. 오래 기억해야 한다."라고 말하는 신호를 받아들이는데 그 신호가 바로 감정이다. 우리가 두려움, 기쁨, 분노, 슬픔, 경악, 혐오 등을 느낄 때 그것은 그 경험이 특별하다는 표시다. 그것은 반드시 우리가 저장하고 안전하게 지켜야 할 기억들이다. 이런 기억들이 논리, 추론, 사회적 인식, 의사결정을 구성하는 기초 재료다. 그리고 그것들이 우리의 개성과 정체성을 이루는 기억들이다.[16]

2. 감정에 대한 언어철학적 설명

감정은 측량할 수 있는 것도 아니고 설명해야할 대상도 아닌 언어적 특성을 지니므로 우리는 언어철학자의 말에 귀를 기울여 감정의 언어적 측면을 살펴볼 필요가 있다. 길버트 라일에 따르면 20세기 초까지 감정(그의 emotion 개념이 우리말 번역본에는 정서로 번역되어 있다)은 정동(affect), 느낌(feeling)과 동일한 것으로, 또는 혼동되어 사용되어 왔다. 오늘날 우리는 감정(emotion)을 사랑, 분노, 적개심, 불안 등을 포괄하는 상위개념으로도 사용하고 있다. 그러므로 감정을 정의하자면 어떤 대상이나 상황을 지각하고 그에 따르는 생리적 변화를 수반하는 복잡한 상태라고 할 수 있다. 감정이 갖는 강한 주관적 경험 가운데 하나는 행위충동으로서 환경과의 만남을 통해서 특정한 형태로 나타난다. 이것을 동요라고 하는데 영어 e-motion이란 말이 e(밖으로)-motere(움직이다)라는 라틴어에서 유래한 것을 보아도 알 수 있다. 밖으로 움직이려면 우선 주위에 자극존재가 있어야 하고, 또 그에 따른 반응을 하는 유기체의 조건이 있어야 한다. 그러나 이 상관적인 관계는 외형적으로 늘 분명한 판단을 할 수 있도록 두지 않는다.

길버트 라일은 감정은 "공적이고 물리적인 세계에서 일어나는 발생사건"이 아니라 "너 혹은 나만의 은밀한 정신적 세계에서 일어나는 발생사건"이라고 말한다.[17] 그 사건의 의미는 경향성(혹은 동기), 기분과 (심적) 동요, 정동을 포함하고 있다. 또 경향성, 기분은 감정과는 달리 발생사건이 아니기 때문에 공적으로건 사적으로건 발생하지 않는다.

2.1. 경향성과 감정

성향을 나타내는 말들과는 달리 감정은 기쁨, 슬픔, 분노, 즐거움, 증오, 욕망(하부 카테고리: 전율, 고통, 흥분, 쓰라림, 갈망, 쑤심, 오한, 충만함, 메스꺼움, 오싹함, 허탈함, 긴장, 가책, 충격) 등과 같은 것이 있다. 예를 들어 연민의 정이라든지 놀라운 충격이라든지, 기대된다든지, 갈망한다든지, 메스껍다든지, 고통스럽다는 말은 신체감각과 밀접한 관련이 있다. 그러므로 경우에 따라서는 감각에 따른 느낌도 감정에 포함시킬 수 있다. 그러나 감정이라면 고차원적인 인간행동, 즉 의식과 연결된

사건을 말한다. 예를 들어서 어떤 사람이 우울하다, 불안하다, 신중하다, 욕심이 많다고 말할 때 그 사람이 행동하고 느끼고 생각한 이유에 대한 설명이 담겨 있다.

이런 단어들은 성향적인 속성을 포함하고 있다. 이를테면 '그는 이런저런 상황에 닥치면 늘 자기를 뽐내려 한다.', '어려운 일을 당할 때면 언제나 그것을 회피한다.'와 같은 말들은 단일한 사건, 즉 '갈망한다'와는 다른 동기와 경향성, 기질들을 내포하고 있다. '어떤 사람이 왜 뽐내는가?'라는 질문에 '그 사람이 허황되기 때문이다.'라고 대답한다면 성향은 실제 일어난 사건이 아니며 따라서 어떤 것의 원인이 될 수 없다는 사실을 망각하고 있는 것이다. 그래서 라일에 따르면 성향어는 because로 대답할 수 없으며, 오로지 the reason why로 추론할 수 있을 뿐이다. 즉 이 경우는 허영심이란 감정이 드러난 행위의 내적 원인으로 간주될 수 있다. 예를 들어 '돌을 던져서 유리잔이 깨졌다.'라고 설명하는 것은 '유리잔이 약했기 때문에 깨졌다.'라는 말과는 범주상 다르다. 전자는 because로 설명할 수 있는 데 반하여 후자는 the reason why로 설명될 수 있다.

이것은 우울에도 적용할 수 있다. 어떤 사람이 우울하다고 하여 늘 슬픈 감정에 젖어 있는 것은 아니다. 가끔씩 유쾌하기도 하고 열심히 무엇엔가 몰두할 수도 있고 자기도취에 빠질 수도 있다. 그러나 슬픔은 다르다. 슬픔은 실제 일어난 사건을 말한다. 그러므로 우울은 '유리잔은 돌에 맞으면 쉽게 깨질 만큼 약하다.'라고 말할 때와 비슷하다. 그래서 사람들은 우울이나 우울증이 있는 줄도 모르고 낭패를 보는 경우가 허다하다. 슬픔과 같은 동요는 여타의 동요들과 마찬가지로 개연성의 조건이기는 하지만 의도적으로 일정하게 행동하게 하는 경향성은 아니다. 그러므로 슬픔은 because로 대답할 수 있지만(예를 들어, 엄마가 죽어서 나는 슬프다.) the reason why(예를 들어, 그는 슬픈 기분일 때가 많은데 왜 그런지 몰라.)로 대답할 수는 없고 역으로도 마찬가지다.

2.2. 경향성과 동요

마음상태나 기분은 경향성과 전혀 다르다. 불안하다, 혼란스럽다, 당황하다는 것은 어떤 기분을 표현해주고 있다. 동요를 나타내는 단어들은 놀라다, 흥분하다, 긴장하다, 초조하다 등과 같이 일시적인 것이다. 이런 동요는 너무 불안하면 일관되게 사고하거나 행동하지 못한다든지 너무 흥분하면 제대로 집중하지 못한다고 말하는 것을 말한다. 그러므로 마음의 동요가 생기려면 두 가지 조류, 즉 두 가지 경향성(즉 정서)이 대립하거나 혹은 한 가지 경향성과 그것을 방해하는 사물이 있어야 한다.

어떤 사람이 자기에 대한 비난 때문에 며칠 혹은 몇 주일 동안 분을 삭이지 못하고 있다고 해서 그가 그 기간 동안 한 순간도 빠짐없이 화나고 분개하는, 즉 동요한다는 뜻은 아니다. 왜냐하면 그는 음식을 먹거나 자기 일을 하거나 게임을 하고 싶은 기분에 젖기도 하기 때문이다. 이것은 곧 그에게 그런 경향이 있음을 의미한다. 말하자면 그는 자신을 괴롭히는 불의에 대해 계속 화를 내고, 심지어 그 분노를 자신의 탓으로 돌려 자신을 몰아붙이는 데 몰입할 수 있다. 이것이 바로 성격이라고 말하는 성향이다. 어떤 사람이 소화불량이 있다고 해서 어떤 한 순간도 쉬지 않고 계속 소화가 안 된다는 것은 아니다.

당황한다고 해서 모든 사람의 얼굴이 붉어지는 것도 아니고 슬프다고 해서 모든 사람이 자살하는 것도 아니다. 따라서 경향성들은 감정의 동요가 아니며 역으로 감정의 동요도 경향성이 아니다. 그런 경향성들은 습관들끼리의 갈등, 혹은 습관과 동기의 갈등으로 일어난다. 애연가는 담배를 피울 수 없는 집에 초대받았을 때나 성냥이 없을 때 곤경에 빠진다. 그러나 경향성과 동요가 분명하게 구별되지 않는 영역도 있다. 예를 들어 우울, 사랑, 소망, 욕망 등의 말들은 단순한 경향성을 나타내기도 하고 그 경향성이 발휘되는 것을 차단하는 데서 생기는 동요를 말하기도 한다.

2.3. 경향성과 기분

길버트 라일에 따르면 어떤 사람의 일시적인 기분은 그의 행동을 유발하는 동기와는 근본적으로 성격을 달리한다. 우리는 흔히 날씨를 표현할 때 쓰는 말들을 가지고 기분을 표현하며 역으로 기분을 표현하는 말을 가지고 날씨를 표현하기도 한다. 일정지역의 날씨가 인근지역의 날씨와 전혀 다를 수 없듯이 일정시점에서 한 사람의 기분은 그런 기분에 젖어 있는 동안 그 사람의 행동이나 반응을 대부분 지배한다. 기분을 나타내는 단어들은 단기간의 경향성에 대한 말이지만 동기어와는 두 가지 점에서 구별된다. 첫째는 시간이 짧다는 점이고 둘째는 그 시간 동안 일어난 한 사람의 전체행동 을 특징 짓는 방식에서 다르다.

예민하다, 차분하다, 침울하다는 말은 계속적인 행복감이나 불만감과는 전적으로 다르다. 그것은 기쁘다, 슬프다, 화가 난다는 말과는 다른 어떤 것이다. 즉, 기분을 표시하는 말들은 감정을 나타내는 말과는 다르다. 그러나 우리는 기분과 감정이 완전히 동떨어진 것이 아니라는 사실을 알 수 있는데, 어떤 특정한 기분에 젖어있다는 것은 일정한 유형의 감정들을 느끼는 기분에 빠져있는 것이다.

2.4. 생각과 감정

'나는 통증을 느낀다.', '더 나아진 느낌이다.'라고 말한다고 해서 통증이나 그 회복을 감정으로 분류할 수는 없다. 그리고 '그는 멍청해짐을 느꼈다.'라든가 '나무에 올라갈 수 있을 것 같은 느낌이 들었다.' 혹은 '속인다는 느낌이 들었다.'고 할 때 동사 '느끼다'는 감정과는 전혀 다른 용법이다. 왜냐하면 동사의 목적어가 감정의 이름이 아니기 때문이다. '나무에 올라갈 수 있다.'와 '아프다'는 '느끼다'라는 동사와는 서로 다른 성질을 갖고 있다. 앞에서 말한 동요의 단어들은 기분일 수 있지만 이런 경우 기분을 묘사하는 것은 아니다. 우리가 감성독서에서 참여자가 공감할 때 그것은 감정이 아니라 생각, 해석, 판단이라고 말하는 것은 바로 이런 경우를 두고 하는 말이다. 가끔씩 '왠지 당할 것 같은 기분이다.'라고 말했을 경우 그것은 기분이 아니라 생각이다.

왜냐하면 그 말을 할 때, 감정적인 톤은 없고 공감을 느낄 만한 사람에게 은연중에 내뱉는 말도 아니기 때문이다. 그것은 연구관찰보고서를 말하듯 한다. '나는 침울한 느낌이다.', '나는 편안한 느낌이다.'는 말에서는 경우에 따라 '자발적인 드러남'이 있을 수 있는 감정이다. '나는 내 기분이 정상으로 돌아온 것 같은 느낌이 든다.'고 말하는 것도 자연스럽다. 그러나 '나는 늪에 빠져 있는 듯한 느낌이다.'라고 말하는 것은 자연스러운 감정을 말하는 것이 아니라 어떤 '관찰'을 말하는 것이다.

3. 감정의 배경-욕구(Needs)

드러난 감정은 빙산의 일각에 지나지 않는다. 빙산의 보이지 않는 부분은 대체로 욕구(needs)로 만들어져 있다. 다시 말해, 감정의 배경에는 욕구가 있거나 아니면 욕망이 있다. 이렇게 우리 안에는 온갖 감정이 숨어 있다. 그 안에는 무엇인가 알 수 없는 것이 있어서 나를 흔들고 무너뜨린다. 이런 알 수 없는 분노, 슬픔, 공포, 죄의식, 수치심 등을 끄집어내어 치료하는 것이 바로 심리치료일 것이다. 문학이 치료까지는 아니더라도 완화나 원활한 감정의 표현에 기여할 수 있다면 바로 이런 과정에서 일어날 것이다.

> 집에 올라왔더니 준호는 화를 내고 있었다. 그날 시장 봐온 것이 많아서 나는 지하 1층으로 내려와 좀 도와달라고 하였다. 그런데 지하 몇 층으로 내려오라고 했는지 모르겠다면서 화를 내고 있었다. 사실 나는 지하 1층이라고 분명히 말했는데 말이다.(필자의 경험)

이 아이는 지금 사춘기이고 그런 행동은 이 나이에 흔히 일어날 수 있는 일이다. 왜냐하면 이성적으로 일을 파악해야할 부분인 전두엽이 한창 재편을 하고 있기 때문이다. 그러니 계획하고 판단하는 일에 있어서는 그보다 더 어린 초등학생의 뇌만큼도 못하다. 차라리 초등학생은 분화되지 않았기 때문에 그 수준으로 안정되게 기억할 수 있기라도 하다. 적어도 '지하 1층'이란 말을 잊지는 않았을 것이다. 가트맨에 따르면 청소년기에는 뇌 전체가 일종의 확장공사를 하는 편인데 이 확장공사는 성인이 되어 필요한 만큼 이루어진다.[18]

많은 뉴런, 많은 전두엽 등이 확장되느라 변연계에 영향을 미치면 청소년들은 감정적으로 변하게 되며 나아가 사건을 이성적으로 파악하지 못하게 된다. 뇌의 이러한 확장을 위해서 청소년기에는 많은 경험이 필요하다. 이들은 캠프에서, 학교에서, 놀이터에서 대화하고 고통을 참는 훈련, 정서적으로 안정되는 훈련을 하여야 한다. 직접적인 경험이 불가능하면 책을 통해서, 영화를 보면서 이 부분을 보완할 수 있다.

한국의 청소년기 학생들은 불행하게도 정서의 뇌를 발달시킬 나이에 단순반복 학습에 시간을 쏟아붓는다. 성인이 되고 난 후에 이런 현상은 부메랑으로 돌아온다. 스스로 감정을 조절하고 대인관계를 해나갈지를 경험할 수 있는 시간이 절대적으로 부족하게 되면 결국 막대한 개인적, 사회적 비용을 초래하게 된다. 학생들이 예의 바르게 행동하지 않거나 문제를 일으키거나 중독에 시달리는 것은 유년시절에 가정에서 감정훈련을 받은 기회가 적기 때문이다.

청소년기는 유년기에 비해 감정의 기복이 심하다. 그러나 유년기라고 하여 단순히 감정훈련 없이 넘어갈 수 있다는 뜻은 아니다. 마셜 로젠버그는 다음과 같이 말한다. 만약 아이가 화가 났다면 그것은 (1) 그 아이가 원하지만 그 아이가 가질 수 없는 것이 있다. (2) 그 아이는 마음속으로 누군가 그것을 꼭 자기에게 해주어야 한다고 생각한다. (3) 그 아이는 자기가 원하는 것을 얻지 못한다는 것을 확신이라도 하는 듯 말하거나 행동하려 한다. 그것도 아니면 그 아이가 그것을 가진다 하더라도 그가 정말로 원하는 방식으로 그것을 가질 수 없다는 것을 확신이라도 하는 듯이 말하거나 행동하려 한다.

영어에서 '화가 난다.', 즉 "I am angry."는 우리말로 삐치는 경우도 포함되는데 이것을 『모모』의 작가 미하엘 엔데가 쓴 『마법의 설탕 두 조각』의 예를 들어 설명해보자. 주인공 렝켄은 화가 났다. 왜냐하면 엄마, 아빠가 자기의 말을 들어주지 않기 때문이다. 그래서 요정을 찾아가 복수하고 싶다고 이야기한다. 요정은 설탕 두 조각을 준다. 엄마, 아빠의 찻잔이나 커피 잔에 이 설탕을 넣으면 자신의 말을 들어주지 않을 때마다 키가 반으로 줄어든다. 아! 다행이다. 만약에 죽게 된다면 이야기는 끝나고 말 텐데.

이제 볼까? (1) 나는 산으로 여행 가고 싶다. 그런데 엄마, 아빠는 바다로 여행을 가고 싶어 한다. 이것은 내가 가질 수 없다. 아이스크림도 마음대로 먹을 수 없다. 신발도 내가 빨아야 한다. (2) 그렇다. 아빠든 엄마든 누구든 반드시 나를 이해해주고 그것을 내게 주어야 한다(다른 집 부모들은 다 그렇게 한다). (3) 화가 난 이상 이제는 설령 엄마 아빠가 산으로 여행 가겠다고 해도 소용없다. 이미 내 기분이 상한 이상.

만약 일이 이렇게 진행되어서 렝켄이 그냥 화를 낸다면 어떻게 될까? 그러면 아마도 계속해서 화만 내어야 할 것이다. 현실과의 타협은 더 이상 불가능할 것이다. 우리 한번 솔직하게 말하는 초등학생 수준의 글을 읽어보자. 여기서 '솔직하다'라는 말은 감정을 있는 그대로 표현한다는 뜻이다. 초등학교 교사인 이호철 선생이 쓴 『학대받는 아이들』이라는 책에서 인용한 한 아이의 일기 글이다.

> 동생과 싸움
>
> 오후 늦게 동생과 싸웠는데 엄마가 오더니 나만 때렸다. 하도 많이 맞아 손이 퉁퉁 부었다. 동생한테는 별로 많이 안 때렸다. 난 눈물을 글썽거렸다. 동생이 먼저 나를 때리고 까불고 그래서 조금 때렸다. 그런데 동생이 많이 맞은 것처럼 크게 울었다.
>
> 난 속으로 엄마한테 욕을 막 했다. '계모 엄마, 바보, 지옥에나 갔다 오너라!'
>
> 동생은 계속 웃었다. 나를 또 놀렸다. 난 속에서 불이 났지만 참았다. 엄마가 왜 저런 동생을 낳았는지 재수가 없다. 또 엄마는 공책 검사를 하더니 글자가 날아갔다고 막 때렸다. 엄마는 "죽어라! 죽어라! 죽어라!"하며 계속 때렸다. 난 울고 또 울었다. 엄마는 완전히 미쳤다. 나는 차라리 엄마가 없는 것이 낫겠다고 생각했다. 엄마나 죽어라! 지가 뭐 잘났다고 난리고! 용이 엄마가 와서 말렸다. 난 세수를 하면서 죽고 싶었다.(5학년 남)[19]

독자들은 이러한 감정 분출 상태가 어느 나이가 되면 더 이상 나올 수 없는지 알 것이다. 이 이야기는 이미 사건이 끝나고 난 뒤 기록한 글이다. 그것은 엄마 앞에서 이루어진 일이 아니다. 그리고 감정은 유보됨 없이 그대로 표출되었지만 이것은 나중에 성찰한 것이다. 인간은 감정을 유보할 수 있는 유일한 동물이다. 그리고 성찰을 통하여 감정을 조절한다. 하지만 여기서는 렝켄의 이야기와는 달리 감정이 그대로 노출되어 있지 조절되지는 않았다. 우리는 보통 조절한 감정을 감성이라 표현한다. 물론 완전히 조절하여 감정의 색채가 없어지면 그것을 우리는 이성이라고 한다. 그리고 이 완전한 이성을 역사는 인간 최고의 선인 것처럼 도덕의 지표로 삼아왔다.

만약 우리가 어떤 사람, 가령 엄마를 상상하고 그에 대한 감정을 떠올려본다면 우리가 과거에 엄마와 어떤 관계를 맺고 살았는지를 알 수 있다. 아니면 어떤 초상화라든가 동상을 보며 우리 마음속에 떠오르는 감정을 분석해본다면 감정이 항상 다른 사람과의 관계에서 발생한다는 것을 알 수 있다. 우선 구체적으로 인간관계에서 발생하는 한 아이의 감정을 살펴보자.

> 마야는 다섯 살인데 지금 기분이 엉망이다. 왜냐하면 엄마가 돌아오길 초조하게 기다리고 있기 때문이다. 엄마는 지금 새 남편인 조지와 함께 신혼여행을 떠났고 할머니가 대신 마야를 돌보고 있었다. 절망한 채 마야는 자기와 함께 썼던 엄마의 침실로 달려갔다. 왜냐하면 거기에 태어나면서 지금까지 엄마랑 항상 같이 잤던 침대가 있었기 때문이다. 그런데 이제 그런 시간은 다시 오지 않는다. 엄마와 할머니가 그렇게 말했다. 마야는 크게 한숨을 쉬고는 이제 지렁이처럼 침대로 쏙 들어가야 할까보다 생각했다. 그렇지

않으면 레고 상자를 엄마와 새 아빠 침대 위에 쏟아놓고 이불로 덮어둘까? 그러면 엄마랑 새 아빠도 엄마가 더 이상 곁에 없는 낯선 침대에서 자는 마야 자신처럼 고통스러워하겠지. 마야는 새 아빠 조지를 미워하게 되었다. 바로 조지가 엄마를 자기에게서 빼앗아가 자기를 고통스럽게 한 장본인이었기 때문이다. 그리고 마야는 욕구불만으로 가득 차 침실 문만 보면 어찌해야 할지를 몰랐다. 엄마가 새 남편과 신혼여행을 마치고 돌아온 첫날 밤 엄마와 이 사람이 - 마야는 결코 아빠라고 부르지 않을 것이라고 다짐하며 - 얼마 전까지만 해도 자신의 침실이었던 곳에서 나는 이상한 소리를 들었다. 마야는 발뒤꿈치를 들고 복도를 따라가다 닫힌 엄마 방 앞에 엎드렸다. 문 밑으로 틈이 있었지만 들여다 볼 수는 없었다. 대신 마야는 울었다. 이렇게 마야는 참았던 분노, 상실감, 상처를 표현하고야 말았다. 마야는 소리치고 울부짖었다. "엄마는 나빠, 미워. 엄만 날 좋아하지도 않아. 엄마 미워, 엄만 악마야. 엄마 화나게 할 거야. 진짜로 […]"계속 그렇게 했나. 하지만 마야는 조지에 대해서는 아무 말도 하지 않았다. 자기가 눈물을 흘리고 고통스러워하는 것은 모두가 엄마 때문이고 엄마에게서 느낀 거절 때문이다. 그야말로 자신을 밀쳐내고 이 남자 조지가 그 자리에 들어갔다. 이 왕 재수!

그러는 순간 갑자기 문이 열리더니 그 "왕 재수"가 마야를 내려다 보고 있었다. 하지만 이 사람은 마야를 혼내줄 것 같지 않았다. 오히려 그는 마야를 번쩍 들어 올려 침실로 데려가더니 전에 자기가 자던 침대에 누워 걱정스럽게 쳐다보는 엄마 옆에 내려놓았다. 마야는 울기 시작했고 엄마한테 파고들었다. 그리고 난 뒤 세 사람은 다시 마야의 방으로 돌아와 마야의 작은 침대에 세 명이 함께 누우니 침대가 부서질 것만 같았다. 엄마가 나긋나긋하게 속삭이는 소리와 새 아빠의 위로가 마야의 기억 속에 파고들자 마야의 긴장감은 이제 풀어지기 시작했다. 마야는 이제 조지와 엄마의 팔을 베고 누워있게 되었다. 아마 조지가 생각만큼 나쁜 사람은 아닌 것 같다는 생각을 하며 마야는 잠들게 되었다.[20]

이 사례에서 확인할 수 있는 것은 마야라는 소녀가 보여준 고통이나 절망, 분노, 슬픔 등인데 이것은 그저 엄마와 그전처럼 같이 잘 수 없어서 생기는 것이 아니다. 그보다는 자기가 가장 중요하게 여겼던 엄마와의 관계가 변화됨으로써 발생한 것이다. 이런 변화가 마야의 관점에서는 사랑의 상실을 의미한다. 엄마가 마야를 다른 침대에 보냈다는 것은 이 아이의 관점에서 엄마가 자기를 더 이상 사랑하지 않거나 전보다는 덜 사랑한다는 것을 의미한다. 만약 마야가 조금 더 성장한다면 달라질까?

어쨌든 여기서 말하고자 하는 감정이 실린 관계에 대한 우리의 판단은 인지적 성숙도, 사건에 대한 올바른 판단력, 논리적 추론 능력에 달려 있다. 이 작은 마야는 구체적 사실, 자기가 다른 방에 가서 자야하고 엄마가 새 아빠인 이 "왕 재수"랑 같이 잔다는 사실에서 출발한다. 그러니까 엄마가 자기보다는 새 아빠를 더 좋아한다는 사실에서 마야는 엄마로부터 사랑을 덜 받고 있다는 욕구를 표출한 것이다. 성숙한 생각을 하고 복잡한 생각을 할 수 있는 사람이라면 이렇게 상처를 받지는 않을 것이다. 보통 성숙한 사람이라면 가족 내에서 항상 그 관계가 변할 수 있다는 사실을 받아들이며 결국 마야의 경우라도 엄마가 덜 사랑한다는 결론을 내리지는 않을 것이다. 여기서 우리는 감정이 우리의 욕구의 조절과 밀접한 관계가 있다는 결론을 얻을 수 있다.

나는 감정조절을 잘 못하여 인생을 힘들게 살아왔다. 화를 내고 폭행을 하고, 그럴 때마다 내 삶이 뭔가 되짚어 보았지만 그것은 알 수 없는 것이었다. 다만 그럴 때마다 '좋은' 엄마가 있어 나를 달래주고 감싸주었다면, 즉 내 감정을 조절할 수 있도록 잘 위로해 주었더라면 하는 아쉬움이 늘 마음속에 있다. 나는 분이 나면 참을 수 없었다. 그래서 분풀이를 하다보면 다시 그런 나 자신에 다시 실망하고 만다. 그리고 이런 일은 반복된다. 『상처받은 내면아이 치유』의 저자 존 브래드쇼(John Bradshow)는 이와 유사한 체험을 그의 책에서 다음과 같이 서술한다.

> 나 자신이 어쩌면 그렇게 유치해질 수 있었는지 도대체 믿을 수가 없다. 내 나이 마흔이 되던 어느 날, 나는 아내와 아이들이 완전히 겁에 질려 공포에 떨 정도로 버럭 소리를 지르고, 불같이 화를 내고는 가족들을 그냥 내버려둔 채, 차를 끌고 무작정 뛰쳐나왔다. […] 파드레 섬에서 그런 일이 있었던 때는 1976년이었고, 아버지가 돌아가신 바로 그 다음 해였다. 그때 이후로 나는 나도 알 수 없을 정도로 화를 냈다 말았다 하는 반복적인 행동패턴의 원인들을 알게 되었다. 파드레 섬에서 도망치듯이 뛰쳐나온 그 사건이 나에게 결정적인 단서가 되었다. 혼자 창피해하며 그 싸구려 모텔방에 앉아있는 동안, 갑자기 내 어린 시절 기억이 선명하게 떠오르기 시작했던 것이다. 그해는 내가 11세 되던 크리스마스 이브였던 것 같다. 나는 토라져서는 아버지에게 한마디 말도 하지 않은 채, 어두운 내 방에서 이불을 머리끝까지 뒤집어쓰고 누워 있었다. 그날 아버지는 늦게 집에 들어오신 데다 약간의 술기운까지 있었기 때문이었다. 난 화가 났고 온 가족의 크리스마스를 망쳐

버린 아버지가 죄책감을 철저히 느끼도록 해 주고 싶었다. 내가 화났다는 걸 말로는 표현할 수 없었다. 왜냐하면 분노를 말로 표현한다는 것, 특히 부모님에게 화를 낸다는 건 아주 잘못된 행동이라고 배워왔기 때문이었다.[21]

이런 행동을 보통 발달심리학에서 퇴행(regression)이라고 부르지만 감정의 발단이라는 관점에서 나의 체험은 그 어떤 사람의 체험과도 유사하다. 토마스 홉스가 『리바이어던』의 서문에서 말했다시피 "사람의 사고와 감정은 누구나 서로 비슷하므로 스스로 자기 속을 들여다보고, 자신이 사고하고, 판단하고, 추론하고, 희망을 품고, 두려움을 느낄 때 무엇을 하는지, 또 그 근거가 무엇인지를 살펴보면 비슷한 상황에서 다른 모든 사람들이 어떤 사고와 감정을 가지게 되는지를 쉽게 알 수 있다."[22] 그러므로 인문학자인 나에게 꼭 임상 심리학의 양적 평가를 요구하지 않더라도 충분히 우리는 감정의 배경인 욕구를 질적 평가로 가름할 수 있을 것이다.

브래드쇼가 체험했던 이런 감정조절의 실패는 나의 삶에도 깊은 영향을 미쳤다. 암브로시우스를 만나 참회의 길을 걷게 된 성자 아우구스티누스가 무려 20년간이나 육욕의 삶에 빠져 허우적거렸던 것을 생각하면 내가 기분이 나빠진 날 마음을 달래기 위해 술을 마시거나 거리를 배회해야 했던 것이 특별한 일도 아니다. 그럴 때면 하루 종일 아무것도 손에 잡히지 않았다. 집을 나가는 버릇도 이때 생긴 것이었다. 반대로 설레는 일이 있으면 그날은 창의적인 생각이 돋아나고 일의 능률도 올라 일을 하는 것이 힘들지 않았다.

4. 감정의 배경-감각

감정의 배경에는 욕구뿐 아니라 감각이 있다. 그 이유는 감정은 감각기관을 통해 몸의 상태를 자각하기 때문이다. 시각, 청각, 후각, 미각, 촉각은 병적인 상태에서는 감지하거나 자각할 수 없다. 감정의 배경에는 건강/질병, 편안함/긴장, 쾌감/고통이 있는데 그 중에서 건강/질병, 편안함/긴장은 욕구, 욕망과 관련된 것이고, 쾌감/고통은 감각에 의해 발생된 측면을 말한다. 그런데 이 감각은 또한 감정과 관련되어 있다. 감각이 자각되지 않는 이유는 개체가 자신을 감정적으로 억압하기 때문이라고 앞서 살펴보았다. 개체는 감정적으로 가혹한 환경에서는 자신의 기본적인 욕구와 감정을 표현하거나 해소하는 것을 금지당한다. 여기에 심리치료에서 감각훈련을 하는 이유가 있다.

인간의 모든 지각은 사실상 감각기관을 통해서 이루어지지만 지각과 감각은 동시적이다. 예를 들어보자. 남녀 간의 사랑은 쾌감에 기초하지만 이는 자손의 생식이라는 자연법칙에 의해 만들어져 있다. 이런 본성은 시각(눈)에서 출발하여 촉각(손, 입술)을 건너 생식기의 작동으로 완전한 쾌감에 이른다. 아무도 촉감이 없는 성교는 하지 않을 것이다. 반대로 감정이 생기지 않는 경우를 생각해보자. 아름다우나 임자가 있는 사람이라 치자. 그래서 그와의 관계가 나의 생존을 위협한다 치면 어떤 감정이 우리의 감각을 차단하게 된다. 우리는 일상생활에서 이것을 자각하지 못하지만 지각은 항상 기쁨, 슬픔, 분노, 혐오, 흥분 등의 감정을 동반하며, 그런 감정과 기분은 감각의 지각에 큰 영향을 미친다.

소설가 박완서는 그의 『못 가본 길이 더 아름답다』란 산문집에서 김훈의 소설 『남한산성』을 읽었던 소회를 "인정머리라고는 손톱만큼도 없이 냉정한 단문이, 날이 선 얼음조각처럼 내 살갗을 저미는 것 같다.

춥고 몸이 시리다."라고 썼는데, 이것은 단순히 은유나 문학적 표현을 넘어서 감정이 직접적으로 감각에 어떤 영향을 미치는지를 말해준다. 그러니까 거꾸로 슬픔의 감정, 불안의 감정을 해소하기 위해서는 좋은 감각훈련을 하는 것이 좋다. 원시적인 수치요법, 아쿠아테라피(오늘날 온천욕 같은 것도 이에 해당한다), 아로마테라피, 섹스요법 등과 같은 치료법이 바로 감각훈련의 일종일 것이다. 우리는 독서, 문학 속에서 감각이 어떻게 작동하는지 감정과는 어떤 관계가 있는지 찾아본다. 문학적 언어의 매력은 인간이 만든 것인데도 불구하고 인공적이지 않은 감정과 느낌을 포착하기 때문이다.

거꾸로 우리는 우리의 감정이 우리를 어떻게 속이는지를 알고 있다. 2012년 1월 어느 해외 사회심리학 저널에 실린 한 논문에 흥미로운 결과가 있다. 미각 관련 심리 시험을 하기 위해 32명의 남자 대학생이 모집되었다. 이 32명은 모두 확실한 애인이 있는 커플남이었다. 접시 두 개를 앞에 놓고 한 접시에는 맛있는 쿠키를, 다른 접시에는 무를 올려놓았다. 16명에게는 무를 먹지 못하게 하고 맛있는 쿠키를 먹게 했다. 이들에게는 자기통제를 위한 에너지가 소비될 필요가 없다. 반면에 나머지 16명에게는 맛있는 쿠키는 먹지 못하게 하고 무만 먹게 했다. 자기통제에 에너지가 소비될 수밖에 없다. 그러고 나서 실험에 대한 설문을 한다는 명목으로 따로 떨어진 폐쇄된 방에서 인터뷰어로 위장한 여자와 단둘이서 대화를 하도록 했다. 연구결과는 맛없는 무를 먹은 남자군에서 '커피 데이트' 신청을 수락하고 '상대방의 휴대전화번호를 따는' 정서적 부정(emotional infidelity) 행동을 한 사람이 쿠키를 먹은 남자군에 비해 훨씬 많았다. 사랑에 대한 갈망이 본능이라면, 이것을 '자기통제' 능력으로 억제하는 것인데, 이 통제 능력이 고갈되면 사랑이 바람으로 날아갈 수 있다. 다시 말해 감각이나 욕구가 제한되면 인간은 다른 심리적 보완책을 찾는다.

그러므로 일중독이나 컴퓨터 중독, 학교폭력은 그 자체만으로 설명되어서는 안 된다. 그보다는 당사자의 자존감과도 깊은 관계를 맺고 있다. '틈만 나면 겉도는 내 남자 어떻게 잡을까, 내 남자가 좋아하는 여자는 명기?'와 같은 광고카피나 성형에 관한 사회적 관념은 좋은 촉각이나 미각이 우리의 감정을 잠재울 수 있다고 생각하는 데서 출발한다. 그러나 이런 감각은 허망하게도 감각보다는 정서적 불만족, 즉 감정 때문에 일어난다. 〈내게 너무 예쁜 당신〉이란 영화는 지적인 데다 아름답기도 한 아내를 둔 남자 주인공이 못생기고 형편없는 회사 비서에게 빠지는 내용인데 남자 주인공이 못생긴 비서와 정사를 나눌 때 배경음악으로 슈베르트의 가곡 〈자장가〉가 나온다. 결국 남자의 성적 쾌감이 단순히 아름다움과 섹시함, 촉각과 미각에 대한 갈망에서가 아니라 보호받고 싶은 감정에서 나온다는 사실을 말해준다. 그럼에도 (그리고 그렇기 때문에) 우리는 감각을 연구할 필요가 있다. 가장 원시적인 후각부터 살펴본다.

4.1. 후각

냄새로 유발되는 기억은 항상 감정을 동반한다. 그래서 냄새는 과거의 기억을 떠올리는 단서가 될 뿐만 아니라 자기가 의식하지 못하는 어떤 행동이나 감정을 유발하는 강력한 요소가 될 수 있다.[23] 그러나 후각을 잃어버리면 감정이 완전히 없어질 수 있다는 것을 쥐스킨트는 그의 작품 『향수』에서 이렇게 말한다.

> 가이아르 부인은 아직 서른도 채 되지 않았지만 세상 풍파를 다 겪은 여자였다. 겉모습은 실제 나이와 비슷하게 보였지만 어떤 때는 두 배, 세 배, 혹은 백 배 정도 나이가 더 들어 보이는 경우도 있었

다. 처녀 미라라는 표현이 적절했다. 그러나 내면적으로는 이미 죽어 있는 여자였다. 어린 시절 아버지로부터 부지깽이로 이마를 맞은 때문이었다. 코와 이마가 만나는 바로 그곳이었다. 그때부터 그녀는 후각을 상실했고, 그와 더불어 따뜻함이나 냉정함 등 모든 인간적 감정도 잃어버렸다. 그 한 번의 매질로 인해 그녀에게는 친절과 혐오가 동시에 낯선 일이 되어 버렸다. 기쁨과 절망 역시 그녀는 느끼지 못했다. 후일 남자와 잠자리를 같이 하게 되었을 때조차 그녀는 아무런 감정이 일지 않았으며 아이들을 낳았을 때에도 달라지지 않았다. 그녀는 자신의 주위 사람들이 죽어갈 때도 슬퍼하지 않았으며 가까운 사람들에게서 기쁨을 느껴 본 적도 없었다.[24]

우리가 냄새의 정체를 파악할 수 없는 것은 일반적으로 냄새의 이름을 기억에서 인출하는 능력이 미숙하기 때문이라고 한다. 그렇다면 감정은 곧 기억과 겹치는 부분이 많다고 볼 수 있는데 이것은 후각을 상실하는 경우 감정이 생길 수 없다는 뜻을 내포한다. 『감각의 박물학』의 저자 다이앤 에커먼은 "감각이 우리를 과거와 밀접하게 이어주는데 이는 아무리 중요한 사상도 수행할 수 없는 일이다."[25]라고 말하면서 헬렌 켈러의 글을 인용한다.

냄새는 우리를 수천 미터 떨어진 곳에 많은 시간을 건너뛰어 데려다주는 힘센 마술사다. 과일 향기는 나를 남부의 고향으로, 복숭아 과수원에서 장난치던 어린 시절로 둥실둥실 띄워 보낸다. […] 지금 냄새에 대해 생각하는 동안에도, 내 코는 가버린 여름과 멀리서 익어가는 곡식의 달콤한 기억을 일깨우는 향기로 가득 찬다.[26]

말로는 이를 수 없는 경험과 시간과 기억의 저장고로 후각은 직접적으로 인도한다. 냄새는 그 형태를 그릴 수 없다. 그래서 연기 냄새, 꽃 냄새같이 표현하지 냄새의 이름을 만들 수는 없다. 이유는 냄새가 언어를 담당하는 기억중추와 느슨하게 연결되어 있기 때문이다. 그러나 냄새는 대뇌변연계와는 아주 긴밀히 연결되어 있다. 그래서 우리는 냄새의 느낌을 설명하려 든다. '구역질난다', '메슥거린다', '상쾌하다', '기분 좋다', '가슴 뛰게 한다', '자극적이다', '오렌지 냄새 같다', '사람을 취하게 만든다'처럼. 작가들은 냄새를 예민하게 지각해왔다. 프루스트의 라임꽃 차와 마들렌 과자, 그리고 콜레트를 어린 시절의 정원과 어머니에게 데려다 주었던 꽃들, 버지니아 울프의 도시 냄새에 대한 세심한 관찰, 조이스의 아기 오줌과 유포(油布), 키플링에게 고향과 군인 시절의 막사 냄새를 일깨워준 비에 젖은 아카시아("아카시아 향기가 한 번 스치면 온통 아라비아다.") 등이 그 예들이다.[27]

> 심지어 그의 머리칼에 윤이 나도록 바른 포마드의 향내까지도 맡을 수 있었다. 그러자 온몸이 나른해지면서 보비에사르에서 왈츠를 추었던 자작 생각이 났다. 그의 덕수염에서도 이 머리칼 냄새와 똑같은 바닐라와 레몬 냄새가 풍기고 있었던 것이다. 그러자 기계적으로 그 냄새를 좀 더 확실하게 맡아보려고 그녀는 눈을 지그시 감았다. 그러나 의자 위로 몸을 젖히면서 눈을 지그시 감는 순간 멀리 지평선 저쪽으로 낡은 승합마차인 제비가 보였다. 그것은 긴 흙먼지의 꼬리를 끌면서 천천히 뢰 언덕을 내려오고 있었다. 레옹은 그토록 여러 번 바로 저 황색 마차를 타고 그녀의 곁으로 돌아오곤 했었고 바로 저 길로 영원히 떠나버린 것이었다! 바로 눈앞의 창가에 그의 모습이 보이는 것만 같았다. [⋯] 그러면

서도 한편으로는 옆에 있는 로돌프의 머리카락 냄새가 솔솔 나는 것이었다. 그 냄새의 감미로움이 이렇게 과거의 욕망들 속에 스며들었고 그 욕망들은 마치 바람에 날리는 모래알과도 같이 그녀의 영혼 위로 퍼져나가는 향기의 미묘한 숨결 속에서 소용돌이쳤다. 그녀는 몇 번이나 콧구멍을 크게 벌름거리며 기둥머리에 얽힌 담쟁이 넝쿨의 싱그러운 냄새를 들이마셨다.[28]

엠마가 로돌프의 머리카락에서 나는 포마드 냄새로 얼마나 많은 기억을 떠올리는지를 적나라하게 보여주는 대목이다. 냄새는 의무, 윤리를 넘어서 인간의 기억과 감정 깊숙한 곳으로까지 몰고 간다. 로돌프의 머리카락 냄새를 맡으며 처음 보비에사르에서 왈츠를 추면서 만났던 남자들에 대한 기억에서부터 자기를 두고 떠난 레옹에 대한 기억을 하고 있는 것을 보면 말이다. 이런 맥락에서 우리는 다음과 같은 후각과 관련된 표현 연습을 할 수 있다.

- 네가 처음 걸음마를 하였을 때 네 몸에서는 향긋한 안스리움 냄새가 났지.
- 당신이 사용하는 향수는 아마 설렘이라는 꽃에서 나온 향기일 거야.
- 당신한테서 풍기는 이 특별한 냄새!

4.2. 촉각

사실 촉각과 감정의 관계는 규정하기가 어렵다. 그 이유는 다른 감각은 그 감각기관이 없어진 경우를 연구하여 어떤 결과를 찾아낼 수 있지만 피부가 모두 다 없어져 죽지 않는 이상 촉각의 결여에 대해 연구할 수 없기 때문이다. 그러나 시각과 후각이 원시적 흔적으로서 천적의 접근을 예상할 수 있는 데 맞춰져 있어 부정적인 감정과 연관되어 있지만, 촉각의 경우 이미 접촉이라는 것을 전제해야 하기 때문에 비교적 긍정적인 감정과 연결되어 있다. 촉각은 부드럽고 행복한 감정을 조절할 수 있는 - 물론 그 반대의 경우도 충분히 가능하지만 - 매우 중요한 감각이다. 어떤 실험을 예로 시작해보자.

퍼듀 대학 도서관에서 여자 사서의 반수는 평소와 같이 신체접촉 없이 도서관 이용자들에게 책을 나누어주고, 나머지 사서들은 이용자들이 눈치채지 못할 정도로 손을 가볍게 스치며 도서카드를 돌려주게 하였다. 그리고 조사원이 밖에서 이용자들에게 사서가 그에게 웃었는지 자신의 몸을 건드렸는지 질문하게 하였다. 사서와 신체를 접촉한 대부분의 피실험자들은 사서가 자신을 건드리지는 않았지만 웃었다고 대답했다고 한다.[29] 사실 사서는 웃지 않았다. 이는 사서의 터치를 받은 이용자들이 그렇지 않은 이용자들에 비해 도서관에 대해 훨씬 긍정적인 반응을 불러일으켰다는 것을 보여준다. 이는 몸만 살짝 건드려도 우리의 숨어있는 긍정적 감정이 작동한다는 것을 보여주는 것이다. 이러한 자료를 지접저으로 감성독서에 웜업의 형식으로 적용할 수도 있지만 우리는 문학에서 그런 부분을 찾아 자극받을 수도 있다.

아이들에게 마사지와 안마를 해주면 그렇지 않은 아기들에 비해 체중증가 속도가 50% 더 빠르다고 한다. 또 이렇게 자란 아이들은 활발하고 환경에 잘 적응하며 자극에 대한 반응이 빠르고, 정서적으로 훨씬 안정된다고 한다. 사실 신체접촉은 언어나 감정접촉에 비해 10배는 더 강하다. 촉각만큼 사람의 감정에 영향을 미치는 감각은 없다. 만약 터치하고 만지고 안는 것이 기분 좋은 일이 아니라면 인류의 생존도 없었을 것이다.

감정은 촉각인 통증과도 관계가 깊다. 통증이 있으면 진통제나 모르핀을 통해 통증을 제어하지만 그것의 역치(閾値)가 증가하기 때문에 한계가 있다. 다시 말해 관절염 환자가 약을 계속 복용하면 점점 진통 효과가 약해지는 것과 같다. 통증이 있으면 유산소 운동을 하여 천연 진통제인 엔도르핀이 많이 생성되게 해야 한다. 또는 다른 무엇인가에 주의를 돌리는 것도 한 방법이다. 통증을 억제하는 방법 중 대표적인 것은 측면 억제다. 상처 주위를 만져주면 돌부리를 찬 발도 크게 아프지 않다. 또 멍든 부위 위에 얼음을 올려놓으면 부기가 가라앉을 뿐 아니라 냉각 신호가 통증 신호를 억제하게 된다.

문학이 가져다 주는 감정은 두 가지 측면에서 통증을 잊게 할 수 있다. 하나는 주의를 돌리고 다른 통증을 가지게 함으로써 기존의 통증을 잊게 할 수도 있다. 요가를 통한 몸의 이완처럼 문학적 감성을 통한 이완도 최면처럼 엔도르핀을 만들어 통증을 잊게 할 수 있다. 통증 전문 의사들은 통증을 물리적이면서도 감정적이고 심리적인 것으로 이해한다. 통증을 느낄 때 그것은 부분적이지만 반응은 몸 전체에서 일어난다. 땀을 흘리고 동공이 확장되고 혈압이 상승하는데 이는 화를 내거나 두려움을 느낄 때도 같은 현상이 일어난다. 다쳤을 때 우리는 심한 두려움을 느끼는데 이는 감정이 통증에 깊이 관여하고 있다는 사실을 말해준다.

보통 통각을 뇌로 전달하는 경로는 두 가지인데 하나는 척수에서 뇌간과 시상을 거쳐 마루엽으로 가는 경로이며, 다른 하나는 뇌간에서 곧바로 시상하부와 편도에 이어지고 시상을 통해 뇌섬엽과 띠이랑으로 이어진다.[30] 전자는 유해한 자극에 대한 객관적인 정보의 경로이며 후자는 감정변화와 관련된 주관적인 정보의 경로인 셈이다. 이 두 번째 신경계는 당연히 감정과 연결되어 통증이 다른 감각에 비해 매우 주관적이라는 사실을 말해준다. 그래서 위약효과(placebo)처럼 좋은 감정이 통증을 완화하며, 역으로 불안이나 공포가 있을 때 통증은 더욱 커진다. 이런 맥락에서 우리는 다음과 같은 후각과 관련된 표현을 연습할 수 있다.

- 네가 하는 말은 어쩜 그렇게 토끼털처럼 부드러울까!
- 당신의 품에는 엄마가 지어준 이불 같은 포근함이 있어.
- 내 손가락 끝 같은 당신!

4.3. 미각

우리는 보통 긍정적인 감정을 달콤한 맛으로 표현한다. 기쁨, 아이, 믿음직한 친구, 연인은 달다고 표현한다. 그러나 부정적인 것, 이를테면 슬픔, 고통, 적, 실패, 논쟁 등은 쓴맛으로 표현한다. 이런 미각은 쾌감의 근원이고 생리적, 감정적 만족감을 주는 것이다. 그리고 음식에는 어린 시절의 추억이 깃들어있다. 프루스트의 소설 『잃어버린 시간을 찾아서』에서는 마들렌 과자를 씹었을 때 밀려오는 추억에 대해 잘 기술하고 있다.

> 우리의 과거도 그와 마찬가지다. 과거의 환기는 억지로 그것을 구하려고 해도 헛수고요, 지성의 온갖 노력도 소용없다. 과거는 지성의 영역 밖, 그 힘이 미치지 못하는 곳에, 우리가 꿈에도 생각하지 못했던 어떤 물질적인 대상 안에(이 물질적인 대상이 우리에게 주는 감각 안에) 숨어 있다. 이러한 대상을, 우리가 죽기 전에 만나거나 만나지 못하거나 하는 것은 우연에 달려 있다.
>
> 나에게서, 나의 취침의 비극과 그 무대, 그 밖의 것은 하나도 콩브레에 존재하지 않게 된 지 오랜 세월이 흘러간 어느 겨울날, 내가 집에 돌아오자, 어머니가 추워하는 나를 보고 내 습관과는 반대로 차를 조금 들게 해주마고 제의한 적이 있었다. 나는 처음에는 거절했다가, 무슨 까닭인지는 모르지만 생각을 고쳐 마시기로 했다. 어머니는 과자를 가지러 보냈다. 가리비의 가느다란 홈이 난 조가비 속에 흘려 넣어 구운 듯한, 잘고도 통통한, 프티트 마들렌이라

> 고 하는 과자였다. 그리고 이윽고 우중충한 오늘 하루와 음산한 내일의 예측에 풀죽은 나는, 마들렌의 한 조각이 부드럽게 되어가고 있는 차를 한 숟가락 기계적으로 입술로 가져갔다. 그런데 과자 부스러기가 섞여 있는 한 모금의 차가 입천장에 닿은 순간 나는 소스라쳤다. 나의 몸 안에 이상한 일이 일어나고 있는 것을 깨닫고. 뭐라고 형용키 어려운 감미로운 쾌감이, 외따로, 어디에서인지 모르게 솟아나 나를 휩쓸었다. 그 쾌감은 사랑의 작용과 같은 투로, 귀중한 정수(精髓)로 나를 채우고, 그 즉시 나로 하여금 삶의 무상을 아랑곳하지 않게 하고, 삶의 재앙을 무해한 것으로 여기게 하고, 삶의 짧음을 착각으로 느끼게 하였다.[31]

프루스트는 미각이 과거와 훨씬 더 밀접하고 지성과는 거리가 멀다고 말했다. 사실 인류가 발전하면서 오랫동안, 적어도 3천 년 동안, 수렵과 채취를 통해 연명해왔다. 그러므로 책상 앞에서 혹은 미술관에서 훈련하는 지성으로는 삶을 온전히 이해할 수 없다. 사람들은 전화기와 같은 인공의 물건에 대고 소리치지만 사실은 만나서 직접 이야기하며 감정에 빠져들고 싶은 것이다. 그와 마찬가지로 음식이라는 물질적 대상 안에 모든 과거, 즉 감정적으로 익숙한 것들이 녹아 있다. 현대인의 음식에 비교하자면 턱없이 부실한 보리밥이나 잔치국수 같은 것이 사실 어떤 세대의 기억을 되살리는 데 더 적확한지도 모른다. 보리밥을 찌그러진 양은 그릇에 먹던 세대를 신세대가 얼마나 이해할 수 있을까? 물론 이 신세대도 언젠가는 자신들만의 미감으로 과거를 떠올리는 일을 경험하게 될 것이다. 이런 맥락에서 우리는 다음과 같은 미각과 관련된 표현 연습을 할 수 있다.

- 자기의 이야기는 베어물 때 아삭하는 사과 맛이 나요.
- 네가 사랑이라는 스프를 넣어 끓여준 라면이 얼마나 맛있었는지 넌 아니?
- 당신의 목소리는 오렌지 맛!

4.4. 청각

이런 감정과 감각과의 관계는 청각에도 마찬가지로 적용된다. 큰 도로 옆에 있는 집으로 이사를 하면 처음 며칠간 잠을 이룰 수가 없다. 필자가 처음에 독일에서 귀국해 대구 7호광장 옆의 한 아파트에서 살았는데 정말이지 소음은 고통 그 자체였다. 하지만 시간이 지나감에 따라 도로의 자동차 소리에 친숙해지자 금방 적응이 되었다. 그 이유는 귀에서 포착한 소리가 뇌에 전달되는 과정에서 물리학적인 음파의 속성이 의미를 가진 정보로 바뀐다. 이 과정에서 감정을 담당하는 대뇌 변연계(limbic system)에도 정보가 전달되어 모든 소리는 감정을 유발하게 된다. 거꾸로 감정이 소리 감각을 더 크게 인식할 수도 있다. 예를 들어 프로이트에 따르면 밤에 시장에서 나는 소리 때문에 잠을 이루지 못하는 사람이라도 야경꾼이 상인들을 몰아내는 소리에는 오히려 편안한 느낌을 가져서 시끄럽게 인지하지 않는다.

우리가 사랑에 빠졌을 때에는 칵테일파티에서 발생하는 시끄러운 소음 속을 뚫고 나오는 애인의 목소리를 구별할 수 있다. 다른 소음을 배경으로 몰아내고 특정한 애인의 목소리만 구별해낼 수 있는 것은 우리의 감정과 감각이 얼마나 긴밀하게 결부되어 있는가를 말해준다. 시끄러운 파도 소리에도 잠이 잘 든다는 것은 우리의 동요가 말해준다. "엄마가 섬그늘에 굴 따러 가면 아기가 혼자 남아 집을 보다가 바다가 불러주는 자장노래에 팔 베고 스르르르 잠이 듭니다." 분명 바다가 불러주는 자장노래라는 것은 파도 소리를 의미할진대 아기가 잠드는 것을 어떻게 설명할 수 있을까? 만약 사랑을 잃을지도 모른다는 불안에 사로잡힌 사람에게는 시끄러운 소리가 될지도 모를 일이다. 로미오와 줄리엣이 같은 새 소리를 듣고서도 전혀 다르게 반응하는 것을 보면 놀랍지 않는가?

줄리엣: 가려고요? 날은 아직 밝지도 않았는데.
걱정하는 당신의 텅 빈 귀를 꿰뚫은 건
종달새가 아니라 밤꾀꼬리였어요.
밤마다 저기 저 석류나무 위에서 우니까.
내 말을 믿으세요. 밤꾀꼬리였어요.
로미오: 종달새였다니까, 아침의 전령이지
밤꾀꼬린 아니오. 저 봐요. 저 건너 동녘에
시샘하는 빛살이 터진 구름 수놓는 걸.
밤 촛불은 다 꺼지고 유쾌한 낮의 신이
안개 낀 산마루에 발끝으로 서 있다오.
난 가서 살거나 남아서 죽어야만 한답니다.[32]

우리는 이 대화에서 감정이 청각에 어떤 영향을 미치는지를 본다. 그만큼 소리가 감정에도 영향을 미친다. 우리가 반복되는 소리를 들으면 마음이 편안해진다. 불교의 진언이나 독경 소리, 기도 소리나 성경을 읽어주는 어머니의 목소리는 마음을 편안하게 해주고 시의 의성어(onomatopoeia), 공감각, 모순어법(oxymoron)은 감정을 부드럽게 해준다. 정지용의 「향수」에서는 "넓은 벌 동쪽 끝으로 옛 이야기 지줄대는 실개천이 휘돌아나가고 / 얼룩백이 황소가 해설피 금빛 게으른 울음을 우는 곳"이라 노래하며 소리를 통한 기억공간을 재현하고 있다. 우리

시에서 정전으로 꼽히는 김영랑의 시, "돌담에 소색이는 햇발가치 / 풀아래 우슴짓는 샘물가치"에서는 따스한 봄날의 정경이 속삭이는 소리처럼 다가온다.

청각의 대표명사라 할 수 있는 음악은 순수한 감정 그 자체처럼 소용돌이치고 탄식하고 분노하고 그리워하고 잦아든다. 음악은 감정을 상징하고, 반영하고, 타인에게 전하면서 이성과 사상이라는 언어의 감옥에서 우리를 해방한다. 소리는 우리를 웃게 할 수도 있고 울게 할 수도 있다. 음악은 우리를 고통스럽게 할 수도 있고 우리의 혈압을 상승시킬 수도 있고 긴장을 완화시키기도 한다. 원래 독서는 좌뇌를 활성화하지만 음악은 우뇌를 활성화한다. 그렇다면 우리는 감성독서를 통해 우뇌를 활성화할 수도 있다. 지구 공간에는 수없는 소리가 있지만 그것을 분절하고 음악으로 만드는 것은 바로 우리의 감각과 감정이다. 눈을 감고 음악을 들으면 마음이 편안해지기도 하고 과거의 기억이 떠오르기도 한다. 대표적인 인물이 바로 그리스 신화에 나오는 오르페우스다. 그는 죽은 아내를 그리워한 나머지 악기를 들고 그녀를 찾아 명부로 떠난다. 아마도 오늘날로 말하자면 기억에 대한 알레고리인 듯하다. 이런 맥락에서 우리는 다음과 같은 청각과 관련된 표현 연습을 할 수 있다.

- 당신 목소리에서 난 별들이 노래하는 그리움을 들을 수 있어.
- 아들 성경 읽는 목소리에서 시냇물 소리가 들려.
- 아, 슈베르트의 자장가를 듣는 듯한 너의 목소리!

4.5. 시각

시각은 우리의 감각 중 가장 저급한 것이라고 프루스트는 주장한다. 그렇다면 눈은 왜 필요한가? 대부분의 동물들은 두 눈이 머리 정면에

붙어 있어 포식자들로부터 안전하게 도망가거나 사냥감을 추적할 수 있다. 그러니까 사실은 인간의 시각도 동물처럼 단순히 빛을 모으고, 주변부와 달라진 색다른 이미지를 건져 올리고 초점을 맞추고 공간 속의 위치를 조정하고 그 대상으로부터 달아나거나 그 대상을 쫓는다. 후각이나 청각처럼 시각도 상당히 많은 정보를 수집할 수 있는 감각기관이다. 인간이 돌고래나 박쥐처럼 진화했다면 인간은 청각을 더 훈련했을 것이다. 그러나 인간은 눈으로 볼 때 가장 풍부한 정보와 느낌을 가지는 방식으로 진화했다. 본래 '나는 본다'라는 구체적인 뜻을 가진 영어 'I see'가 '알았다'라는 추상적인 뜻이 된 것도 이런 진화의 흔적일 것이다. 인간은 감각수용기의 70%를 장악하고 있는 시각을 통해 세계를 봄으로써 그것을 평가하고 이해한다.

그러나 시각적 이미지는 감정을 건드리는 도화선이며 그 감정이 사물을 보게 한다. 우리가 보는 세계는 눈에서 일어나는 것이 아니라 사실상 뇌에서 일어난다. 그리고 이 뇌에서는 수년 전의 풍경까지 자세하게 되살려 그려낼 수 있다. 그렇기 때문에 보는 눈을 훈련하지 않거나 보고도 느낌이 없는 뇌는 사물을 제대로 볼 수 없다. 사실 연인들이 키스를 할 때 눈을 감는 것은 시각적 방해물에서 해방되고픈 욕망 때문이다. 때로는 시각에서 해방되어야 감정을 가질 수 있을 때가 많다. 우리는 가끔씩 시장에서 아는 사람을 만나고도 그냥 스치는 경우가 있는데 이 모든 이미지, 몸짓, 동작들은 뇌에서 작업이 이루어질 때 작동하는 것이다. 우리는 눈을 감고 몇 년 전의 일을 기억하기도 하고 지금 본 것에 대한 감응을 전에 경험한 기억에 비추어서 보기도 한다.

눈은 항상 새로운 것을 좋아한다. 그러나 새로운 것에도 곧 익숙해지기 때문에 보았던 모든 것은 곧장 배경으로 사라지고 만다. 그리고 결국은 새로운 것도 익숙한 것처럼 흘려버리고 만다. 대부분의 사람들이 습관적으로 그런 광경을 놓치고 만다. 이것은 아마도 주변부 강화현상으로 인한 결과일 것이다. 새로운 적에 대한 경계를 놓칠 수 없으므로 원시인은 새로운 것에 항상 민감하게 대응해왔다. 그래서 오늘날 시각예술에서 '착시현상'을 설명할 때 이런 인류의 진화과정을 빼놓을 수 없다. 과학자나 예술가는 이 순간을 놓치지 않는다. 어제 똑바로 자랐던 식물들이 오늘 창가 쪽으로 몸을 돌리고 있다는 것을! 그러나 나는 섬진강에 가보았지만 김용택 시인처럼 그렇게 정밀하게 관찰하지 않는 나를 본다. 나는 그저 자동차 안에서 모래톱이나 내다보며 "와우! 멋있다." 하고서 지나가지만 시인은 "가문 섬진강을 따라가며 보라 / 퍼가도 퍼가도 전라도 실핏줄 같은 / 개울물들이 끊기지 않고 모여 흐르며 / 해 저물면 저무는 강변에 / 쌀밥 같은 토끼풀꽃, / 숯불 같은 자운영꽃 머리에 이어주며 / 지도에도 없는 동네 강변 […]"이라며 정밀한 관찰에 바탕한 감성적인 노래를 한다. 이렇게 언어화되지 않은 섬진강은 사실 우리의 시각에 궁극적으로 존재하지 않는다. 그저 물이 흘러가는 하나의 강일 뿐이다. 이처럼 우리의 시각이 얼마나 엉터리인지는 『마담 보바리』에서도 찾아볼 수 있다.

> 그에게 팔을 맡기고 있는 엠마는 그의 어깨에 몸을 약간 기댄 채 멀리 안개 속에서 눈부시면서도 창백한 빛을 발산하고 있는 둥그런 해를 바라보고 있었다. 그러나 고개를 돌리자, 샤를르가 거기에 있었다. 그는 챙달린 모자를 눈썹께까지 푹 눌러 쓰고 위아래의 두터운 입술을 덜덜 떨고 있었기 때문에 한층 더 바보스럽게 보였다. 그의 잔등을, 그 태연한 잔등을 보기만 해도 짜증이 났다. 그녀의 눈에는 프록코트에 덮인 그 잔등 위에 그의 사람됨의 진부함이 온통 다 진열되어 있는 것만 같았다.

> 짜증스러운 기분 속에서도 일종의 잔인한 쾌감을 맛보면서 그녀가 남편을 바라보고 있는 동안 레옹이 한 걸음 앞으로 나섰다. 그는 추위로 창백해졌지만 그 때문에 얼굴엔 한층 더 감미로운 우수가 서린 것 같아 보였다. […] 구름을 쳐다보고 있는 크고 푸른 두 눈이 엠마에게는 산 속의 하늘 비친 호수보다도 더 맑고 더 아름답게 보였다.[33]

엠마 보바리는 지금 레옹에게 사랑에 빠졌다. 나이 차이가 많이 나는 남편 샤를르에게는 냉담해졌다. 순간적으로 기대고 있지만 그를 레옹으로 착각하는 엠마에게 샤를르는 보잘것없는 존재일 뿐이다. 그 대신 레옹은 호수보다 더 아름답게 보인다. 감정이 개입되지 않고서야 어떻게 이런 일이 급작스럽게 일어날 수 있겠는가? 우리의 시각은 주변부 강화 현상을 통해 대상을 관찰하도록 설계되어 있다. 실제로 우리는 아름다운 여자와 팔짱을 끼고 가는 남자는 지적으로 보이고, 멋있는 남자가 어쩌다 밥을 흘리는 것을 보면 금방 그에 대한 좋은 이미지가 사라지는 것을 경험할 수 있다. 그러므로 우리는 늘 문학 독서를 통해 보는 법을 배워야 한다. 이런 맥락에서 우리는 다음과 같은 시각과 관련된 표현 연습을 할 수 있다.

- 풀잎과 이슬은 서로 다르지만 낯설어지는 법이 없잖아.
- 당신은 한겨울 눈이 펑펑 내린 솔밭에서 솔방울을 줍는 아낙의 모습입니다.
- 넌 언제나 내겐 닥스훈트!

감성독서

조절

chapter 2

모든 감정은 곧 행동하려는 충동이다. 그러므로 감정은 생존의 문제에 대처하기 위한 진화를 통해 우리 몸에 새겨진 예비동작이다. 이미 앞 장에서 지적했듯이 감정이란 말 'emotion'은 '움직이다'라는 뜻의 'motere'가 '벗어나다'라는 뜻의 접두사 'e-'와 결합된 말이다. 이는 행동하려는 경향성이 모든 감정에 내재해 있음을 뜻한다. 성인은 감정을 어느 정도 통제할 수 있지만 아이나 동물은 통제할 수 없다. 그들의 감정을 통해 우리는 그들의 행동이 임박했음을 보게 된다. 그런 감정이 문학과 영화에서 구체적으로 어떻게 재현되는지, 그리고 거기에서는 감정을 조절하기 위해 어떤 전략을 펴고 있는지를 살펴본다.

1. 문학 속의 감정과 조절

독서를 감성훈련에 응용하려는 사람은 문학의 정화기능을 전제하고 있다. 문학의 기능은, 우리가 작가든 독자든, 문학이 우리를 감정적, 정서적 압박에서 해방시켜줄 수 있다는 희망에서 비롯된다. 그렇기 때문에 문학이 진리를 말하면서도 철학과 필연적으로 다른 것은 바로 감정과 그에 대한 대책을 포함함으로써 단순한 효용성이 아니라 아름다움을 포함한 우회적 효용성을 가지고 있다는 데 있을 것이다. 괴테는 『시와 진실』 13권에서 자기가 『젊은 베르테르의 슬픔』을 씀으로써 "세계고(世界苦)"에서 벗어났다고 고백하였는데, 이는 우리 독자들에게도 마찬가지다. 그 작품을 읽음으로써 그 작품 속의 상황과 유사한 우리들의 감정이 해방되는 것이다. 먼저 독자가 문학 속에서 미적 체험을 하고 결국 마음의 위로를 받게 되는 문학 속의 감정과 조절들을 살펴보고자 한다.

1.1. 기쁨

기쁜 감정, 사랑의 감정, 행복한 감정이 생기면 두뇌중추는 모든 부정적인 감정을 막고 근심을 가라앉히는 활동을 증대시킨다. 사랑의 감정은 우선 두려움과 분노가 일으키는 공격(fight)/회피(flight)의 생리적 반응과는 반대로 부교감 신경의 각성을 일으킨다. 긴장완화반응이라는 별명이 붙은 부교감 신경의 패턴은 일반적으로 조용하고 만족한 상태의 반응을 보인다. 이는 불안한 상태에 있는 사람이 사랑에 빠질 수 없는 이유를 말해주고 있다. 쾌감의 반응이나 행복의 감정도 사랑의 감정과 마찬가지의 반응을 보인다.

행복한 감정을 경험하는 순간 뇌에서 다양한 반응이 일어난다. 대체로 외부의 자극이나 정보에 의해 행복에 관련된 의식의 창이 열리면 도파민과 같은 뇌의 신경전달 물질이 생성된다. 이 물질은 뇌의 다양한 영역에서 생성돼 기쁨으로 충만한 뇌의 상태를 드러낸다. 미국 에모리대학의 신경과학자 그레고리 번스는 "도파민은 '새로움'을 추구할 때 분비된다. 새로운 것을 찾으면 도파민이 계속 분비돼 기분이 좋아지고 만족감을 느낀다."라고 말했다. 우리는 기쁨의 감정을 『마담 보바리』에서 찾아 살펴보고자 한다. 로돌프에게 깊은 사랑의 감정을 느낀 엠마의 고백 부분이다.

> 처음에는 현기증 같은 느낌이었다. 나무들, 길, 도랑, 로돌프가 보였다. 나뭇잎은 떨리고 골풀들은 살랑거리는데 아직도 그를 껴안은 남자의 두 팔을 그대로 느낄 수 있었다.
> 그러나 거울을 들여다보면서 그녀는 거기에 비친 자기의 얼굴에 놀랐다. 그녀의 눈이 이토록 까맣고 이토록 깊게 보인 적은 일찍이 없었다. 미묘한 그 무엇이 그녀의 전신에 퍼져서 그녀는 몰라

보게 달라진 것이었다.

그녀는 혼잣말을 되풀이했다. '내게 애인이 생긴 거야! 애인이!' 이렇게 생각하자 마치 갑작스레 또 한번의 사춘기를 맞이한 것처럼 기쁨이 솟구쳤다. 그러니까 그녀는 마침내 저 사랑의 기쁨을, 이미 체념해 버렸던 저 열병과도 같은 행복을 가지게 되는 것이었다. 그녀는 지금 황홀한 그 무엇 속으로 들어가려하고 있었다. 거기에서는 모든 것이 정열, 도취, 광란이리라. 푸르스름한 빛을 띤 광대한 세계가 그녀를 둘러싸고 있었고 그녀의 상념 저 밑에서는 절정에 이른 감정이 빛을 발하고 있었다. 평범한 일상은 오직 저 멀리, 저 아래 어둠 속, 그 높은 꼭대기들 사이의 틈바구니에 처박혀 있을 뿐이었다.[1]

엠마가 사랑에 빠진 것을 묘사하는 이 부분에서는 그녀가 두려움이라든가 불안 등으로부터 완전히 격리되어 있음을 볼 수 있다. 사랑에 빠지면 눈이 먼다는 말을 여기서도 확인할 수 있다. 그러한 사랑의 감정은 자신의 행위를 정당화하기에 이른다. 문학사적인 이야기지만 당시 이 소설은 피나르(Pinard) 검사에 의해 제소되었는데 바로 이 구절 때문이었다.[2] 이 구절들이 독자를 간통예찬으로 이끌고 간다는 것이 피나르 검사의 제소의견이었다. 그런데 그런 감정에 빠지면 집이든 남편이든 사회적 파장이든 다 잊어버리게 되어있다는 것이 뇌과학자들의 설명이다. 우리는 이 점을 그 다음에 이어지는 구절에서 확인할 수 있다.

그때 그녀는 옛날에 읽었던 책 속의 여주인공을 상기했다. 불륜의 사랑에 빠진 서정적인 여자들의 무리가 그녀의 기억 속에서 공감어린 목소리로 노래하기 시작하며 그녀의 마음을 사로잡았다. 그녀 자신이 이런 상상 세계의 진정한 일부로 변하면서 그녀는 예전에 자신이 그토록 선망했던 사랑에 빠진 여자의 전형이 바로 자기 자신이라고 여기게 되었다. 이리하여 젊은 시절의 긴 몽상이 현실로 변하고 있는 것이었다. 게다가 그녀는 설욕의 만족감도 느끼고 있었다. 그녀도 그만하면 어지간히 고통 받지 않았는가! 그러나 이제 바야흐로 승리를 거둔 것이다. 오랫동안 억눌려 있던 사랑이 환희로 끓어올라 한 방울 남김없이 분출된 것이다. 그녀는 뉘우침도 불안도 고민도 없이 그 사랑을 음미하는 것이었다.[3]

그런데 이런 사랑의 환희 같은 뇌의 행복 시스템에도 오류가 발생할 수 있다. 예컨대 새로움을 탐닉하려는 뇌의 회로가 도파민의 협력 작용으로 바람둥이가 되고, 만족감에 대한 욕망이 지나치면 중독에 이른다. 애연가가 되는 것도 따지고 보면 뇌의 오작동이나 마찬가지다. 그러므로 우리는 기쁨이라는 감정의 루트가 일정한 것이 아니라는 점에 놀라움을 금치 못한다. 즐거운 게임을 자꾸 하다 보면 게임중독이라는 고통스러운 일을 반복하게 되는 것이다.

인간의 뇌는 행복의 쾌감보다 불행의 경험에 민감하게 반응하도록 프로그래밍되어 있다. 그러므로 행복이나 쾌감을 알 수 없다면 고통이나 불안을 줄이면 된다. 사실 뇌는 기쁨을 느낄 때보다 화가 나거나 슬픔을 느꼈을 때 반응이 빠르게 나타난다. 실제로 몸은 행복한 감정보다 스트레스에 대한 반응이 훨씬 빠르다. 순식간에 몸의 균형이 깨지면서 부신에서 에피네프린과 글루코코르티코이드(일명 코티솔)라는 호르몬이 분비되면서 근육에 에너지를 공급하고 혈압을 상승시켜 산소가 빨리 공급되도록 한다. 뇌는 행복의 순간보다 불안이나 강박증, 신경쇠약 등을 즐기는지도 모른다.

감정코칭에 있어서 사람들은 곧잘 부정적 감정만 코칭한다고 생각하는데 기쁨을 감출 수 있는 지혜도 감정코칭에 속한다. 기쁨의 배경에는 쾌감이라는 것이 자리하고 있기 때문이다. 「들장미 공주」라는 그림동화를 보자. 아이의 생일에 손님을 초대했는데 12명만 초대했고 13번째 손님은 거절한다. 12명이 기뻐한 것은 사실 아이에게 재앙이었다. 성경을 읽어보면 어디에도 웃음이라는 게 긍정적으로 인식된 곳이 없다. 그것은 그만큼 우리가 진지하게 살라는 뜻이기도 하다. 「사무엘 상」에 보면 다윗이 법궤를 찾아와 기뻐하는 동안 미갈이 분노를 일으키는 장면이 있는데 기쁨이 누군가의 분노를 일으키고 그것이 다시 기뻐하는 자에게 피드백 된다면 우리는 기쁨의 감정에 대해 선형적으로 이해할 수는 없는 일이다.

1.2. 분노

분노는 없어야 하는가? 그렇지 않다. 학자들은 분노가 절제되어야 한다는 것은 균형을 의미하는 것이지 감정을 억압해야 한다는 뜻은 아니라고 말한다. 그렇기 때문에 분노를 중지하는 것보다 다른 것으로 완화하는 것이 좋다. 만약 분노가 폭발하여 대뇌변연계가 흥분 상태에 이르면 인간은 동물과 같은 야수성을 보이며 거칠기 짝이 없는 존재가 되기 때문이다. 종교적 가르침에서도 분노를 경시하는 것을 알 수 있다. 그러나 적절한 분노가 무엇인지는 모르지만(법에 어긋나지 않을 정도? 상대방에 대해 무례하지 않을 정도?) 분노를 억누르면 우울증 같은 질병이 생긴다. 그리고 사람들이 가족에게나 가까운 사람에게 더욱 화를 잘 내는 것은 감정을 자제해야 한다는 강박감에서 해방되기 때문이거나 화를 낸다 하더라도 상대방이 어쩔 수 없는 경우가 많기 때문이라고 한다. 분노는 자신의 안전이 보장되어 불안이 없을 때 나오는 것이기 때문이다.

『젊은 베르테르의 슬픔』 속 1772년 3월 15일 자 편지에서 베르테르는 C 백작의 집에 초대받았고 거기서 백작과 이야기를 하는 동안 귀족들에게 무시를 당한다. 그는 곧바로 나와서 석양을 보면서 돼지 목동 오디세우스가 환대받는 장면을 떠올린다. 돼지치기 에우마이오스가 오디세우스를 환대하는 장면을 읽으며 화를 푸는 베르테르가 부럽기까지 하다.

> 나는 여기서 불쾌한 일을 당했기 때문에, 아마도 이곳을 떠나야만 할 것 같다. 나는 원통해서, 이를 갈고 있다! 제기랄! 이 불쾌감은 도저히 가실 길이 없다. 이렇게 된 것도 그 책임은 당신들에게 있다. 나를 선동하고 억지로 권하고 귀찮게 졸라대어 마음에도 없던 자리에 취직하도록 만든 것은 바로 당신들이었으니 말이다. 이제는 예측한 대로 끝장이 나버린 셈이다. 나도 그렇고, 당신들도 역시 마찬가지지! 나의 과격한 이념이 모든 일을 망쳐버리는 원인이 되었다고 당신들이 두 번 다시 말하지 못하도록, 사랑하는 친구여, 나는 여기에 솔직하고도 간결한, 마치 연대기를 기록한 듯한 이야기 하나를 피력하겠다.
>
> C 백작이 나를 좋아하고 또 각별히 두둔해 준다는 것은 누구나 다 아는 사실이고, 이제까지 벌써 몇 백 번이나 이야기해 왔던 일이다. 어제저녁에 나는 그 백작 댁 만찬에 초대를 받아서 갔었는데, 마침 상류 계급의 신사 숙녀들이 그 자리에 모이게 되어 있었다. 나로서는 그걸 알 길이 없었고 꿈에도 생각지 못했기 때문에 우리 같은 말단 공무원이 감히 그 속에 끼여들 수 없다는 사실도 미처 머리에 떠오르지 않았던 것이다. 요컨대 나는 백작과 함께 식사를 했으며, 식사가 끝나자 우리는 큰 홀 안을 이리저리 왔다 갔다 하면서 백작과 대화를 나누기도 하고, 마침 그곳에 왔던 B 대

령과도 이야기를 했다. 그러는 동안에 파티 시간이 다가왔다. 그런데 나는 전혀 아무런 눈치도 채지를 못했다. 거기에 굉장히 점잔을 빼는 S 부인이 남편과 잘 부화된 거위 새끼 같은 딸, 그 납작한 가슴패기에다 값비싼 코르셋을 두른 딸을 거느리고 나타났다. 이 세 사람은 지나가면서, 조상으로부터 대대로 물려받은 그 거만스러운 귀족의 눈짓과 벌렁거리는 콧구멍을 보여주었다. 나는 이런 족속들을 지긋지긋하게 싫어했기 때문에 물러갈 작정을 하고, 백작의 부질없이 수다스러운 잔소리에서 풀려날 때만을 기다리고 있었다. 그때 마침 내가 아는 B 양이 들어왔다. 나는 그녀를 만나면 언제나 약간 가슴이 후련해지기 때문에 그대로 머무르기로 하고 그녀의 의자 뒤로 가서 섰다. 그런데 조금 시간이 지난 다음에 눈치 챈 사실인데 B 양은 평소처럼 거리낌 없는 태도가 아니고 어쩐지 당황한 빛을 보였다. 나는 그것을 이상스럽게 여겼고 '그녀 역시 다른 사람과 다를 바가 없구나!' 하는 생각이 들어 가슴을 에는 듯 화가 치밀어 올라 바로 뛰쳐나오려고 했다. 그렇지만 나는 그대로 참고 머뭇거리고 있었다. 그것은 그녀에 대한 나의 오해를 풀고 싶었고, 또 그녀가 진심으로 그렇지는 않으리라고 생각했기 때문이었으며, 혹시나 그녀에게서 다정스러운 말 한마디라도 들어볼 수 있을까 하는 기대가 있었기 때문이기도 했다. 그러는 동안 손님들이 많이 모여들었지. 프란츠 1세의 대관식 때부터 내려오는 의상을 몸에 걸친 F 남작, 여기서 그 직책상 사회적 지위를 고려해서 귀족과 대등한 칭호로 불리고 있는 궁중고문관 R과, 그의 귀머거리 부인, 그 밖에도 고대 프랑켄 식 케케묵은 의상의 헐어서 떨어진 부분을 최신 유행의 천으로 꿰매고 기워 입은 허술한 옷차림의 J도 빼놓을 수 없을 것이다. 이런 사람들이 구름처럼 떼를 지어 몰려왔다. 나는 이미 낯이 익은 몇 사람과 이야기를 나눴는데, 이상스럽게도 모두들 아주 입이 무거웠다. 나는 의아하게 여기면서 오직 B 양에게만 신경을 쓰고 있었다. 그래서 나는 눈치조차 채지 못하고 있었는데 홀 안 구석에서 여자들이 서로 귀에다 대고 소곤거렸으며, 그것이 남자들에게도 전해지고, 드디어 S 부인은 백작에게 이야기를 했다. 이것은 모두 나중에 B 양이 나에게 들려주었던 바이다. 마지막으로 백작이 나에게로 다가오더니, 나를 창문 옆으로 데리고 갔다. "당신도 이미 알겠지만," 하고 백작은 말을 꺼냈다. "우리 모임의 관습은 정말 이상스러워서, 당신이 여기 있는 것이 모두들 불만인 것 같아요. 나 자신은 결코……." "각하," 하고 나는 이야기를 가로막았다. "대단히 죄송합니다. 진작 눈치챘어야 될 걸 그랬습니다. 그러나 각하께서 이런 실수를 용서해 주실 것이라고 믿습니다. 벌써 아까부터 물러가려고 벼르고 있었으면서도 그만 귀신에게 붙들려서 이러고 있었습니다." 나는 미소를 지으면서 그렇게 덧붙여 말했고 허리를 굽혀 인사를 했다. 백작은 나의 두 손을 덥석 잡았는데, 거기에는 모든 것을 이야기하려는 듯한 풍부한 감정이 깃들여 있었다. 나는 그 높은 양반들의 모임에서 살짝 빠져나와 이륜 마차를 타고 그것을 떠나서 M이란 곳으로 달렸다. 그리고 그 언덕 위에서 서산에 해가 지는 광경을 바라보며 내가 좋아하는 호메로스의 책을 펼치고, 오디세우스가 고상한 돼지 목동들의 대접을 받는, 아주 멋진 구절을 읽었다. 그 구절은 모두 훌륭했고 내 마음에 쏙 들었다.[4]

심리학자들에 따르면 인위적으로 화를 내는 것은 힘들다고 한다.[5] 그렇기 때문에 분노는 공포처럼 타자에 의해 유발되기는 하지만 타자가 원인자는 아니다. 우리가 전혀 모르는 사람한테 화를 내기가 어렵고 동시에 자기 자신에게 공포를 느끼지는 않지만 자신에게 화를 낼 수는 있다. 그래서 분노에 대한 임상실험은 대체로 자기가 언제, 누구에게, 얼마 동안, 얼마나, 왜 화를 냈는지를 조사하면서 이루어진다. 그런 조사를 우리는 손쉽게 문학텍스트에서 경험할 수 있다.

1.3. 슬픔

우리가 슬픈 감정을 가질 경우, 혈액순환이 약해지고, 호흡이 완만해지며, 안색이 창백해지고, 흔히 눈물을 흘린다. 그렇기 때문에 우리는 슬픔을 생각하는 즉시 눈물이라는 단어를 떠올린다. 그것은 아마도 슬픔과 눈물이 가장 잘 어울린다는 뜻일 것이다. 그러나 분노할 경우에도, 기쁠 경우에도 눈물은 흘릴 수 있다. 이는 인간이 하나의 감정만으로 살아갈 수 없다는 것을 보여준다. 우리는 대체로 자신, 또는 남의 상실이나 불행의 경험, 예측 또는 회고(回顧)를 수반한 감정을 슬픔이라고 말한다.

슬픔은 먼저 우울증이 있거나 저항력이 약한 사람이 느끼기 쉬운 것으로 특별한 불행이나 실패의 경험이 없는데도 가을에 비애를 느끼고 울기도 하는 것은 이에 속한다. 그리고 운명, 죽음, 마음의 깊은 상처 등 자극이 너무 강하여 감당할 수 없는 경우는 비통이라고도 한다. 비통할 때는 울거나 몸을 트는 신체적 반응을 수반한다. 슬플 때 사람은 자기 내부로 빠져들어 심한 경우는 자살까지 한다. 슬픔은 자기의 무력감이므로 인간에게 부정적(否定的)인 감정인 동시에 사물에 대한 허무감을 갖게 한다.

대니얼 골먼에 따르면 슬픔의 주된 기능은 가까운 사람의 죽음이나 큰 실망 같은 손실에 적응하도록 도와주는 것이다.[6] 슬픔은 삶의 에너지와 열정을 떨어뜨린다. 이런 자기성찰적 움츠림은 상실이나 좌절된 희망을 슬퍼하고, 그런 좌절이 삶에 가져온 결과를 이해할 기회를 주며 새로운 시작을 계획할 기회를 준다. 이것은 감정의 정화를 의미한다.

그렇다면 슬픔도 분노와 마찬가지로 부정적인 감정이며 인간에게 아무런 좋은 기능은 하지 않는가? 그것은 아니다. 슬픈 상태에서 인간은 가장 창의적이 된다고 한다. 슬픔을 가지는 즉시 얼마 동안은 기분전환과 쾌락에 대한 관심을 멀리하고 상실된 것에 대해서만 주의를 기울이게 된다. 그러니까 슬픔은 바쁜 삶에 성찰할 시간을 제공하며 상실의 의미를 깊이 음미하게 하여 새로운 삶의 의미를 깨닫게 한다. 슬픔으로 인한 자기 위축은 자신이 실패한 이유를 분석하고 재도약하는 발판이 될 수 있다.

슬픔의 두 번째 기능은 고통의 해소다. 슬픔이 없다면 즐거움도 없다. 행복이나 쾌감이 불행이나 고통을 전제하지 않고 가능하지 않는 것처럼 슬픔도 일종의 고통으로서 이를 해소해야 더 이상 지속되지 않는다. 이런 관점에서 슬픔과 눈물은 일종의 카타르시스의 역할을 한다. 슬픔의 또 다른 기능은 동정을 유발하는 공감의 힘을 불러오는 것이다. 슬플 때 나는 눈물은 공격하는 강자를 무력화시켜 약자가 살아남게 하는 기능을 한다. 아이들이 많이 우는 것은 바로 '나 지금 화가 났어요. 날 좀 위로해주세요.'라는 메시지를 말하고 있는 것이다. 이때 위로받은 아이나 어른들은 다른 사람을 위로할 수 있는 것이다. 그러나 반대로 이 경우 감정을 이해받지 못한 아이는 더 크게 울거나 더 과격한 행동을 통해 자기의 뜻을 전하고자 한다.

나는 어릴 때 두 가지 문제에 시달렸다. 하나는 부모님이 늘 싸우는 과정에서 엄마가 집을 나가곤 다시 돌아오지 않겠다는 말이 너무 충격적이어서 나를 불안에 시달리게 했다. 다른 하나는 부모가 내 말을 들어주지 않는 것이었다. 내가 물감을 사겠다고 해도 그 말은 그냥 묵살되기 일쑤였다. 나는 이것을 마음속에 묻어 오래오래 간직했다. 성인이 되고 난 뒤에 그것이 나를 분노로 몰아넣었다. 이런 슬픔의 마음은 어쩌면 우리 마음 깊숙이 들어있는지도 모른다. 독서는 유사한 감정의 유발을 통해 우리의 감각에 새겨진 이런 애상 기억, 또는 우리의 감정 기억을 불러올 수 있다. 미샤 마이스키의 〈해변의 노래〉를 배경음악으로 틀어 놓고 아래 『돼지가 한 마리도 죽지 않던 날』의 마지막 장면을 읽어보자.

> 아빠는 겨울을 보내고, 이듬해 5월 3일 외양간에서 주무시다가 세상을 뜨셨다.
> 아빠는 항상 나보다 일찍 일어났다. 그런데 그날 아침에는 외양간으로 나가 보니 정적이 감돌았다. 아빠는 짚단으로 만든 침대 위에 누워 있었다. 한눈에 아빠가 돌아가셨다는 것을 알 수 있었다.
> "아빠, 괜찮아요. 오늘 아침에는 푹 주무세요. 일어나지 않아도 돼요. 내가 아빠 일까지 다 할게요. 더 이상 일하지 않으셔도 돼요. 이제 푹 쉬세요."
> 나는 솔로몬과 데이지에게 사료와 물을 주었다. 그런 다음, 데이지에게서 우유를 짰다. 그리고는 닭들에게 모이를 던져 주었다. 물론 물도 주고, 달걀도 주워 담았다. 달걀 하나는 막 낳은 것인지 아직 축축하고 따뜻했다. 달걀은 항상 일곱 알을 주웠다. 하얀 달걀 다섯 알과 갈색 달걀 두 알이었다. 나는 달걀에 묻어 있는 닭똥을 닦아 집안으로 가지고 들어가서 부엌으로 갔다. 엄마와 캐리 이모가 아침을 준비하고 있었다. 이제 열세 살이 된 내가 세 사람 가운데 제일 키가 컸다. 나는 엄마와 이모를 팔로 꼭 껴안았다.
> "내가 먹을 건 바구니에 담아 주세요. 솔로몬을 데리고 읍내로 가

서 윌콕스 아저씨를 만나야 하겠어요. 아빠는 식사하러 오지 않을 거예요. 오늘 아침은 안 오세요. 앞으로도 계속……. 두 시간 정도면 돌아올 거예요. 우선 매티 이모와 흄 숙부네 집에 들러야겠어요. 그리고 다른 집도 들렀다 올 거예요."[7]

이 글을 읽고 우리가 슬퍼지는 것은 물론 주인공인 로버트 뉴턴 팩의 아버지가 돌아가셨다는 내용 때문이다. 길버트 라일은 슬픔을 "죽음으로 인해 방해받은 감정"이라고 정의했다. 누구에게나 죽음이라는 것은 피할 수 없는 일이기에 상실감 또한 클 것이다. 그러나 여기서 감정이 더욱 슬프게 되는 것은 이야기의 묘사가 가져다주는 힘 때문이다. 주인공은 아버지가 돌아가신 것에 대해 직접적으로 감정표현을 하지 않는다. 그보다 슬픔을 참고 "아빠, 괜찮아요. 오늘 아침에는 푹 주무세요. […] 내가 아빠 일까지 다 할게요."라고 말하는 대목이 우리를 더욱 슬픔의 감정으로 몰아간다.

여기에는 자기인식이라 볼 수 있는 '자각(self-awareness)'의 흔적이 보인다. 슬픔의 감정이 일어남과 동시에 그 감정이 일어나는 상태를 인지하는 것을 우리는 초인지(metacognition)라 한다. 우리 인간이 동물과 구별되는 것은 바로 느끼는 자기를 관찰하는 자아가 있다는 점이다. 프로이트는 이를 두고 '고르게 떠있는 주의력'이라고 말했는데 이를 관찰하는 자아라고 부르는 이들도 있다. 감성적 독서는 텍스트에서 인물들이 어떻게 감성적인 태도를 가지는가를 관찰할 기회를 제공한다. 어린 왕자에게 여우는 이렇게 말한다. "마음으로 보아야만 잘 보인다. 본질적인 것은 눈에 안 보인다는 거."[8] 충분히 울 만한 일인데도 주인공 로버트는 그 슬픔을 승화시켜 아버지에게 이젠 쉬시라고 말한다. 우리는 마음으로 볼 때 무엇이 중요한 것인지 알 수 있다. 그것이 아버지가 자식에게 원하는 바라는 것을 로버트는 알기 때문이다. 슬픔의 대상은 여러 가지가 있을 수 있다. 꼭 죽음만이 슬픔을 가져오는 것은 아니다. 집에서 기르던 개가 없어지거나 자기가 원하는 햄스터를 못 가졌을 때도 우리는 슬픔을 느낀다.

1.4. 불안(걱정)

걱정거리나 걱정은 사실 인간이 진화의 과정에서 살아남는 데 필수적이었던 잠재적 위협에 대한 조심스러움이다. 그런데 그런 걱정거리에 주의가 완전히 쏠리고 나면 얼마 동안은 다른 일을 할 수가 없다. 걱정은 이 일이 잘못되면 어쩌나 해서 이에 대한 예행연습을 하는 것과 같은 일이다. 그러니까 사실은 내가 성적을 잘 못 받아서 시험에 떨어지면 뭘 하나, 뭘 먹고 사나 하는 데 대한 긍정적인 해결책에서 시작되지만 그것이 심할 경우나 만성으로 갈 경우 우리의 삶은 큰 타격을 입게 된다. 걱정의 이면에는 불안이 도사리고 있다. 이런 불안은 대체로 두 가지 특성을 지니고 있는데 "하나는 인지적 형태인 불안한 생각이고, 다른 하나는 땀이나 두방망이질 치는 심장, 근육의 긴장 등 생리적 불안 징후 같은 육체적 형태로 나타난다."[9] 이런 불안장애나 만성적인 걱정은 사실 어떤 구체적인 사실에서 출발하는 경우가 많다. 『꼬마 니콜라』가 제공하는, 그런 걱정과 그에 대한 대처를 알아보자.

> 오늘은 학교에서 하나도 즐겁지 않았다. 오후에 교장 선생님이 우리 반에 와서 한 사람 한 사람 성적표를 나누어주었기 때문이다. 우리들 성적표를 팔에 안고 들어온 교장 선생님은 기분이 안 좋아 보였다. […]
> 내 성적표에는 이렇게 쓰여 있었다.

'부산스럽고 종종 주의가 산만해지는 학생. 점차 나아질 것임.'

외드의 성적표엔 '산만한 학생. 친구들과 자주 다툼. 차츰 나아질 것임'이라고 쓰여 있었고, 뤼퀴스의 성적표엔 '수업시간에 호루라기를 불다가 수없이 압수당하고도 끈질기게 불어댐. 조금씩 나아질 것임.' 이렇게 쓰여 있었다.

나아질 게 아무것도 없는 건 아냥뿐이었다. 우리 반 일등에다 선생님의 귀염둥이인 아냥 말이다. 교장 선생님은 우리에게 아냥의 성적표를 읽어주었다.

'열심히 공부하는 똑똑한 학생.'

교장 선생님은 우리에게 아냥을 본받으라고 말했다. 우리 같은 악동들은 감옥에나 가게될 텐데, 그건 우리에게 많은 기대를 갖고 있는 엄마 아빠들한테는 큰 고통이 될 것이라는 말도 했다. 이 말을 남기고 교장 선생님은 교실을 나갔다.

우리는 무척 난감했다. 성적표에 아빠 사인을 받아와야 하는데, 언제나 그렇듯이 그건 즐거운 일이 아니기 때문이다. 그때 수업 끝나는 종이 울렸다. 우리는 늘 하던 대로 모두 문 쪽으로 몰려가 이리 밀치고 저리 밀치면서 책가방을 집어던지지 않고, 조용히 입을 다문 채 교실을 나갔다. 담임 선생님도 우울한 얼굴이었다.[10]

이런 불안은 실제로 문제를 해결하기보다는 일정한 행동패턴을 따르려는 무의식적 관념을 가진다는 점에서 파괴적이다. 이런 불안을 가진 사람은 인지적인 문제만 있는 것이 아니라 변화하는 상황에 적응하지 못하는 감성두뇌의 능력에도 결함이 있다. 걱정을 함으로써 우리는 일부 불안의식을 완화할 수 있지만 결코 해결하지는 못한다.

꼬마 니콜라는 열 살이나 열한 살 정도 되는 초등학생인 듯하다. 성적이 좋지 못해 아빠에게 성적표를 보여주어야 한다는 불안에 시달리자 친구의 집에서 잘 것까지 궁리하지만 그것도 여의치 않다. 이 글은 이런 불안을 추체험할 수 있는 좋은 상황들로 가득하다. 우리가 일반적으로 불안에 시달리는 사람들에게 "걱정 마!" 또는 "걱정을 버려!"라고 말하지만 말처럼 걱정을 버리는 것이 쉽지 않다. 그것은 이런 걱정이 편도체에서 발생하는 일이기 때문이다. 또한 불안은 또 다른 불안을 양산한다. 이런 상황에 대처하는 방법을 대니얼 골먼은 다음과 같이 제시한다.

"첫 단계는 자기인식이다. 걱정이 생겼을 때 가능한 한 가까이서 그것을 포착하는 일이다."[11] 가장 이상적인 방법은 재난의 이미지가 걱정과 불안을 야기하자마자 혹은 바로 직후에 이 이미지를 포착하는 방법이다. 그리고 그것으로 인해 야기되는 긴장을 이완하도록 훈련해야 한다. 대체로 꼬마 니콜라는 우선 걱정거리들을 피하려고만 하지 직면하려 하지 않는다. 걱정이나 불안은 사실보다 관념에서는 더 크게 보인다. 그러므로 마음 챙김과 건강한 의심을 통해 불안이 활성화되는 것을 막아야 한다. 그런데 다행히 이 글에서는 여기에 대한 다양한 방안이 제시되어 있다.

> 우리는 다리를 질질 끌며 천천히 걸어갔다. 그리고 빵집 앞에 서서 알세스트를 기다렸다. 초콜릿 빵 여섯 개를 사러 들어간 알세스트는 빵을 입 안에 우겨넣고 우물거리면서 밖으로 나왔다. 알세스트가 우울한 목소리로 말했다.
> "몇 개는 남겨둬야 돼. 오늘 밤 후식 대신 먹게……."
> 알세스트는 빵을 씹으면서 푸우, 하고 크게 한숨을 내쉬었다. 알세스트의 성적표엔 이렇게 쓰여 있었다는 걸 말해둬야겠다.
> '이 학생이 먹는 데 쏟는 열성을 학업에 쏟는다면 반에서 일등을

할 것임. 점차 향상될 가망이 있음.'

그나마 가장 괜찮은 얼굴을 하고 있는 건 외드였다.

"난 하나도 겁 안 나. 우리 아빠는 나한테 아무 말도 안 하거든. 내가 아빠 눈을 똑바로 쳐다보기만 하면 아빠는 성적표에 사인을 해 줘. 그걸로 땡이야!"

외드는 정말로 운 좋은 녀석이다.[12]

걱정이 지속되면 범불안장애가 된다. 헬리콥터 엄마들은 늘 자기 아이가 어떻게 잘못되지나 않을까 불안해하면서 아이 주변을 맴돈다. 심지어 이 걱정이 다른 걱정을 재생산하는 경우도 많다. 꼬마 니콜라의 태도에서 우리는 불안을 어떻게 해소할 수 있는지를 살펴보았다.

1.5. 혐오

나는 대체로 감정에 솔직한 편이다. 하지만 이런 솔직한 감정표현으로 얻은 게 무엇인가? 내가 여기서 가짜 감정을 만드는 것을 가르치고자 함은 아니나 사회적 감정의 경우 우리가 알아서 받아들여야 할 것 또한 많다. 가령 필자의 할머니는 어머니 이상으로 자상하셨는데 항상 밥을 드시다가 내 밥그릇에 밥을 덜어주시는 것이었다. 나는 그게 너무 싫었다. 예민한 성격이기도 하지만 그게 '더럽게' 느껴졌기 때문이다. 그런데 한번은 더럽다고 했다가 아버지에게 혼나고부터는 다시는 그런 말을 못했다. 아버지는 "고맙습니다." 하고 말씀드리라고 했다. 이것은 결국 '네가 느끼는 진짜 감정이 사랑하는 사람에게 상처를 줄 수 있을 때는 그 감정을 숨겨라. 그 대신 가짜지만 상처를 덜 주는 감정으로 대체해라.'[13]와 같은 규칙일 것이다. 하지만 내가 그렇게 말하는 순간에 인상이 좋을 리가 없다. 그러면 결국 할머니는 행복해하는 대신 상처를 입고 그 표정을 다시 나에게 보이니 나 또한 감정이 좋을 리가 없다. 이후로 나는 누가 나에게 밥을 덜어주는 상황 자체를 혐오하게 되었다.

폴 에크먼은 얼굴에 표현되는 다양한 감정을 '표출 규칙(display rule)'[14]이라는 개념 하에 다음과 같이 구분하여 설명한다.

1. 감정 표출의 최소화
2. 감정 표출의 과장
3. 감정 표출의 대체

맨 처음 규칙은 우리 문화에도 깊이 뿌리박혀 있고 전형적인 일본 식이라 할 수 있는 규범으로서 무표정한 얼굴로 자신의 당혹감을 감추는 것을 말한다. 두 번째 규칙은 청소년의 경우에서 흔히 찾아볼 수 있는 것으로서 오빠가 괴롭힌다고 울면서 엄마한테 고자질하는 경우를 들 수 있다. 세 번째 규칙은 싫지만 좋다고 말하거나 거절을 다른 방식으로 하는 고맥락 사회에서 찾아볼 수 있는 방법이다. 먹지도 않는 술을 추석 선물로 주는 사람에게 감사하다는 말을 전해야 할 경우 아마도 이런 규칙이 적용될 것이다.

이런 상황에 잘 적응하지 못하는 나는 항상 혐오에 대한 문제를 안고 살아왔다. 이런 문제를 안고 있는 나는 몇 년 전 대학생들과 동남아시아에 봉사활동을 다녀온 적이 있다. 그곳에서 밥을 먹을 때 밥에서 개미가 나온다든가, 더러운 손으로 밥을 먹는 것 같은 혐오스런 장면들을 목격하고도 큰 혐오감 없이 밥을 먹을 수 있었다. 그러나 그것은 나의 감정을 감추는 것이었다. 겉으로는 잘 드러나지 않는 혐오감이 심지어 학교폭력에도 깊이 개입되어 있다는 것을 알면 우리는 혐오라는 감정에 앞서 위에서 말한 표출 규칙을 새겨볼 필요가 있다. 이 혐오의 감정이 없었으면 원시인들이 독성으로부터 개체를 보호하는 힘이 없어 적응하지 못하고 개체가 위험에 처할 수도 있었을 것이다.

펜실베이니아 대학교의 심리학자 폴 로진은 혐오가 학습에 의한 것임을 입증했다. 일정한 연령(약 7세)이 지난 아이들은 대변 모양으로 만든 초콜릿을 먹지 않았으며, 깨끗한 요강 모양에 담긴 주스를 마시지 않았다.[15] 학습과 감정 사이의 상호작용에 대한 안토니오 다마지오의 의견을 들어보면 나의 학습은 암암리에 이루어진 신체적 표지에 의한 것이지 '정말로' 더러운 대상(밥)과는 관계가 없는 것이다. 다마지오는 겉으로 보기에 논리적인 결정에서조차 의외로 감정이 암암리에 작용을 한다는 것을 입증했다.[16] 이 말은 내가 감정적으로 부모에게, 그리고 할머니에게 이해받지 못한다는 불쾌한 경험으로 내 몸에 "신체적 표지(somatic marker)"[17]를 만들었고 그것이 매번 논리적 결정을 할 때조차 작동하게 만드는 것이다. 혐오의 감정을 방금 말한 역겨움과 증오감으로 나눌 수 있다. 우선 문학에 등장하는 혐오감을 살펴보자. 박완서의 「너무도 쓸쓸한 당신」에 나오는 구절이다.

> 남편과 만날 장소를 파바로티로 정해준 것은 딸 채정이었다. 채정이 졸업식 때도 그들 부부는 별거중이었다. 시골서 당일로 올라오는 남편과는 졸업식장 근처에 있는 초대 총장 동상 앞에서 만나기로 했는데 그 대학에는 그 동상말고도 동상이 너무 많았다. 남편은 누구 동상이라는 것은 확인해보지 않고 제일 먼저 눈에 띄는 동상 앞에 마냥 죽치고 앉아 있었으니 식구들하고 만나질 리가 없었다. 더군다나 그날은 채정이가 오랫동안 연애하던 남자 친구네 부모하고 처음으로 상견례를 치르기로 한 날이기도 했다. 식이 다 끝난 후에 찾아 헤맨 끝에 가까스로 만나긴 했지만 그날 촌스럽고

> 변변치 못한 남편 때문에 속상하고 초조했던 일은 나중에 생각해도 새록새록 울화가 치밀었다. 사돈 될 집에 비해 내세울 거라곤 없는 집안이라는 자격지심 때문에 그날의 조바심은 더욱 피를 말리는 것이었다. 그러나 하객들이 반 이상 빠져나간 후에 겨우 만나진 남편은 차라리 안 만나니만 못했다. 그 추운 날 오버도 없이 세탁을 잘못해 모양이 망가진 누비 파카에다 색 바랜 껑뚱한 면바지를 입은 모습은 사돈을 의식하지 않는다고 해도 못 봐주게 추비했다. 채정이가 울상을 하고 엄마 귓전에다 '난 몰라. 아빤 우리들이 미워서 일부러 거지처럼 하고 왔나봐'라고 속삭일 정도였다. 평소에도 마음에 안 드는 건 뭐든지 거지에다 빗대는 건 채정이의 아주 나쁜 버릇이었지만 그때는 듣기 싫지도 않았다. 그쪽 식구들 앞만 아니라면 더 심한 말도 해주고 싶었다.[18]

남편의 스타일 자체를 싫어했다면 이 여인은 처음부터 결혼하지 않았을 것이다. 또 결혼했다 하더라도 갈라졌을 것이다. 그러나 지금 혐오하고 있는 이유는 남편의 행동에서 도덕적 경멸감이 유발되었기 때문이다. 말하자면 도덕적 수치심에서 비롯된 것이다. 그런데 이런 경멸감을 느낄 때 뇌섬(insula)이 활성화되는데 이것은 동물의 배설물에 대해 혐오감을 느낄 때와 동일하다. 혐오감은 그 감정을 불러일으키는 대상이 자신에게 해를 끼치지 않도록 하는 감정이므로 우선 개체의 건강을 지켜주는 감정이다. 그리고 사회생활에서도 마찬가지로 중요하다. 몸을 씻지 않거나 몸에서 냄새가 난다거나 양치질을 하지 않아 구내염이 발생한 사람을 혐오하는 것은 그 사람이 자신의 위생을 해칠 수 있다고 생각하기 때문이다.

1.6. 공포

공포 감정을 훈련할 수 있는 아동문학으로 『오래 슬퍼하지 마』라는 그림책을 보자. 인간이라면 누구나 죽음에 대한 공포를 가지지 않을 수 없다. 하지만 이 책은 죽음을 의인화하여 죽음에 대해 공포를 갖기 보다는 친절한(?) 설명을 듣는 감성훈련에 적절한 책으로 꾸며져 있다. 만약 누군가가 죽어가는 현장을 경험하지 못했다면 우리는 어떻게 죽음을 받아들이는 훈련을 할 수 있을까?

> 네 남매가 작은 식탁에 앉아 있어요. 식탁 끝에는 검은 옷을 입은 사람이 앉아 있고요.
> 망토에 가려져 날카로운 코만 삐죽 나온 얼굴이 무서워요.
> 문 밖에는 그 사람이 가져온 커다란 낫이 있지요.
> 그 사람의 이름은 죽음이에요.
>
> 죽음은 휘파람 소리를 내며 무겁게 숨을 쉬지요.
> 부시무시해요.
> 하지만 아이들은 조금도 겁나지 않았어요.
> 너무 슬퍼서요.
> 위층에는 병든 할머니가 계셔요.
> 죽음은 할머니를 데리러 온 거지요.
>
> 아이들은 시간을 끌려고 애썼어요.
> 죽음은 밤에만 다니기 때문에 아침이 오기 전에 떠나야만 한다는 걸 알고 있었거든요.
> '계속 커피를 따라주면, 시간 가는 줄 모르고 있다가 할머니를 못

데려갈 거야.'

아이들은 이렇게 생각했어요."[19]

"코만 삐죽 나온 얼굴이 무서워요."라는 직접적 표현이나 "죽음은 휘파람 소리를 내며 무겁게 숨을 쉬지요."라는 은유적인 표현은 공포에 대한 자연적인(주어진) 감정이거나, 자연적인 학습이다. 아이들이 사랑하는 할머니에 대한 애정을 놓칠 수 없다는 마음을 작가는 죽음에게 커피를 주며 시간을 끌어보려는 마음으로 표현함으로써 어느 정도 죽음의 공포를 완화해 나가고 있다. 특히 이야기의 중간에 "슬픔이와 눈물이", 그리고 "기쁨이와 웃음이"를 등장시켜 삶과 죽음이 사람에게는 항상 같이 있는 것이라는 점을 잘 설득하고 있고, 세련된 이미지로 감동시키고 있다.

2. 감정불능

앞에서 여섯 가지 일차 감정의 양상을 문학적 상황에서 찾아보았다. 그러나 우리는 감정이 모두 표현된다고 믿어서는 안 된다. 감정불능도 하나의 감정 현상으로 보아야 한다. 감정불능을 보여주는 좋은 사례로 우리는 〈홀랜드 오퍼스(Mr. Holland's Opus)〉라는 영화의 한 장면을 들 수 있다. 영화의 내용은 이렇다. 1964년, 글렌 홀랜드는 자신의 궁극적인 길은 위대한 곡을 쓰는 것이라 믿고 항상 작곡만을 염두에 두고 살아가는 음악가다. 그러나 현실 때문에 어쩔 수 없이 음악 교사의 길을 택한다. 무릎 밑까지 내려오는 치마를 입어야하는 60년대의 존 F. 케네디 고등학교, 여유만 되면 언제든지 그만두리라 마음먹고 찾아간 학교였다. 꽤나 여유 시간이 많을 것 같았던 교직 생활은 생각과 영 딴판으로 흘러간다. 음악 시간은 학생들의 침묵과 무관심, 무성의로 점철되어 있었고 빽빽한 시간표, 구제불능의 오케스트라만이 그를 기다릴 뿐이었다. 그런 와중에 아내 아이리스는 임신을 하게 되고 돈을 벌어야 하는 홀랜드는 어쩔 수 없이 학교에 매이는 몸이 된다.

시간이 지나며 차츰 아이들의 심리를 이해하는 홀랜드 선생님에게 학생들은 조금씩 호기심과 친밀감을 보인다. 홀랜드는 스스로 재능이 없다고 생각하는 학교 오케스트라의 클라리넷 연주자 거츄드 랭이 연이은 연주 실수에 좌절해 오케스트라를 끝내고 돌아서려고 할 때 이렇게 말한다.

홀랜드: 처음부터 잘못된 거야. 악보만 보고 연주하려고 했으니…

거츄드: 그럼 뭘 연주하죠?

홀랜드: 악보가 음악의 전부는 아니야.

(그러면서 홀랜드는 로큰롤 음악을 틀어주고 들어보라고 한다.)

홀랜드: 이 친구들은 그저 코드 3개 갖고 음악을 만들었어. 그런데 좋지? 왜 그런지 알아?

거츄드: 몰라요.

홀랜드: 알 수 있어, 대답해봐.

거츄드: (망설이더니) 재미있어요.

홀랜드: 바로 그거야 연주란 재미있어서 하는 거야. 감정이 있어야 감동을 주지, 그런데 그건 악보가 하는 게 아냐. 악보는 배우면 되지만 감정은 배우는 게 아냐. 부탁이 있어. 클라리넷을 들고 나랑 연주해보지 않겠어?

거츄드: 좋아요.

(거츄드의 말이 끝나자 홀랜드 선생님은 자기가 반주하는 피아노 옆으로 그녀를 데리고 간다.)

홀랜드: 이번엔 악보를 생각하지 말고 한번 연주해 봐.

(홀랜드 선생님이 그렇게 말하면서 보면대를 치우자 거츄드는 당황한다.)

홀랜드: 네 머리와 가슴과 손가락에 그 모든 것이 있는데 다만 네 스스로를 못 믿기 때문에 그래. 좋아 시작해볼까? 준비. 하나, 둘, 셋, 넷.

(거츄드는 연주를 하지만 실수를 저지른다.)

홀랜드: 좋아. 클라리넷에 입술을 너무 붙이지 말고 다시 시작해 봐. 하나, 둘, 셋, 넷.

(학생은 연주하지만 다시 실수를 한다.)

거츄드: 오오…

홀랜드: 괜찮아. 상관 마. 다시 해봐.

(연주를 잠시 중단하고 홀랜드 선생님은 거츄드를 보며)

홀랜드: 뭐 하나 물어봐도 될까? 거울로 널 보면 어디가 제일 맘에 드니?

(거츄드는 잠시 생각에 빠지면서)

거츄드: 제 머리카락이요.

홀랜드: 왜?

거츄드: 아빠는 늘 제 머리카락이 저녁노을 같대요.

홀랜드: 그러면 노을을 생각하면서 연주해 봐.

(홀랜드 선생님은 피아노를, 거츄드는 클라리넷을 다시 연주한다. 거츄드는 감정을 갖고 연주하고 이번에는 연주에 성공한다.)

우리는 학교의 수업현장에서나 가정에서 이런 감정불능의 경우를 자주 대하곤 한다. 언뜻 보면 감정 없음이 예의 바르거나 조용한 인격으로 보일 수 있다. 그러나 감정 없음, 나아가 감정불능은 또 하나의 문제를 갖고 있다. 제1장에서 지적했듯이 감정은 사회화를 위해 조절될 수 있지만 통제되어서는 안 된다. 그렇게 되면 자발성과 창의력이 상실되어 버린다. 거츄드도 사실은 형제들에 비해 콤플렉스가 많은 아이로 자신의 개성과 장점을 살릴 수 없는 지경에 이르게 되었다. 홀랜드 선생님의 중재는 거츄드에게 참으로 중요한 자발성과 예술적 자질을 갖추게 한다.

즐거움 없이 악보만 보고 음악을 하는 학생 거츄드는 분명 감정불능자임에 틀림없다. 감정이 없음으로 해서 자발성은커녕 음악에 대한 흥미마저 잃어버린다. 거츄드에게 감정을 불러일으키기 위해 홀랜드 선생은 "거울로 널 보면 어디가 제일 맘에 드니?" 하고 묻는다. 그러자 거츄드는 아빠가 자신의 머리카락이 저녁노을 같다고 한 말을 추억한다. 기억할 수 있는 것은 대체로 아름다운 것들이다. 이렇게 보면 감정불능자에게 문학적 표현, 문학적 내용이 효과 있어 보인다.

3. 감정조절

동물이었을 때 인간은 감정을 조절할 이유를 찾을 수 없었다. 그러나 사회화의 과정을 겪으면서 감정은 조절되어야 할 그 무엇이 되었다. 왜냐하면 인간은 혼자서 살 수 없기 때문이다. 우선 감정을 조절하기 위해서는 감정과 생각을 구분할 수 있는 능력이 필요하다. 비폭력 대화에서 말하는 방법을 토대로 정리해본다.[20]

3.1. 생각-감정-욕구

우리는 감정이 제대로 표현되는지, 어떻게 표현되는지를 관찰해야 한다. 왜냐하면 앞 장에서 살펴본 길버트 라일의 말대로 많은 경우에 생각과 감정이 혼동되기 때문이다. 우선 관찰을 해보자. 다음 중 감정을 표현하는 것이 아닌 경우를 말해보자.

1. 나는 당신이 나를 사랑하지 않는다고 느껴요.
2. 당신이 떠나게 되어서 슬퍼요.
3. 당신이 그런 말을 할 때는 겁나요.
4. 당신이 인사를 하지 않을 때 나는 무시당했다는 느낌이 들어요.
5. 당신이 와서 행복해요.
6. 당신을 한 대 때려주고 싶은 느낌이에요.
7. 저는 오해를 받고 있는 느낌이에요.
8. 당신이 내게 해준 것에 대해 좋게 느껴요.
9. 저는 보잘것없어요.
10. 빨리 하라는 소리를 들으면 초조해요.

우리는 생각과 감정, 판단과 감정을 혼동할 때가 있다. 1, 4, 6, 7, 9는 느낌이 아니라 판단 아니면 생각이다. 대체로 '-한다고', '-과(와) 같이', '마치 -처럼'이 붙어 있으면 뒤에 '느껴(요)'란 말이 있어도 그것은 느낌(감정)이 아니라 생각일 가능성이 많다. 그리고 8번처럼 느낌을 표현했더라도 '좋다' 또는 '안 좋다'는 표현은 생각인지 감정인지 애매하다. 우리는 실제 느낌과 생각을 구분할 줄 알아야 한다. "나는 기타 연주자로서 부족하다고 느낀다."라고 말하는 것은 판단이지 느낌이 아니다. 그 대신 우리는 부족하다는 평가 뒤에 있는 실제 느낌을 이렇게 표현할 수 있다. "나는 기타 연주자로서 좌절감을 느낀다."

자, 그러면 실전에 들어가 보자. 『나만 빼고 뽀뽀해』란 책을 읽거나 읽어준다고 하자. 독서토론에서는 다음과 같은 다양한 반응이 나올 수 있다.

1. 주인공은 신발집 누나를 매우 좋아한다는 느낌이 들어요.
2. 주인공만 빼고 모두 짝이 있다면 불안해질 것 같아요.
3. 그렇지만 주인공은 정말 행복한 것 같아요.
4. 어떻게 저런 멋진 이야기를 할 수 있을까?
5. 자기의 사랑을 두더지와 강아지의 사랑이라는 비유로 말하고 있어요.

우리가 이런 다양한 해석에 대해 다시 해석을 하기보다는 생각을 해 보는 게 옳다.

1은 느낌을 피드백하는 것이 아니라 생각에 속한다(판단).
2는 느낌이 아니라 생각이다.
3은 느낌을 표현하고 있다.
4는 상상인지 느낌인지 애매하므로 말하는 사람의 표정을 보아야 한다.
5는 학교에서 벌어질 수 있는 전형적인 해석이다.

우리가 살펴본 문학 독서에서만 느낌보다는 판단이 지배적인 것이 아니라 우리의 일상 전반에 걸쳐 이런 일이 일어나는데 감성훈련은 바로 그런 자동화된 언어를 그만두도록 하는 데 있다. 가령 "넌 여태까지 내가 본 사람 중에 가장 이기적인 사람이야."란 말을 선생님에게 듣는다고 치자. 우리가 이런 판단을 받아들일 경우, 우리의 감정은 긴장되거나 답답하거나 불안하여 결국은 우리에게 2차 감정인 당황, 죄의식, 수치심을 일으키고, 그리고 오래 지속되면 우울, 공격성, 중독으로 전이될 수 있다.

그렇기 때문에 우리는 평소에도 판단하는 말에서 벗어나는 노력을 할 필요가 있다. 예를 들어, 1. 그녀는 매우 희생적인 사람이다. 대신 1-1. 점심 먹을 돈을 아껴서 아이 옷 사주는 걸 보면 희생적인 사람이라는 생각이 들어. 2. 우리 아들은 게을러. 대신 2-1. 우리 아들은 학교 가기 삼십 분 전에 겨우 일어나 세수해. 3. 이 영화는 형편없어. 대신 3-1. 이 영화는 주제가 무엇인지 알 수 없어라고 표현할 수 있다. 학교에서 교육을 할 때도 이는 마찬가지다. 1. 그 대답은 틀렸어요. 대신 1-1. 만약 그 대답이 옳다면 이러이러한 면은 어떻게 될까요? 2. 책을 읽지 않으니까 생각이 없지. 대신 2-1. 어떠어떠한 책들을 읽어본다면 좋은 생각을 얻을 수 있을 거야. 3. 답을 못하는 걸 보니 숙제 안 했구나. 대신 3-1. 숙제한 것을 자세히 살펴보면 대답을 잘 할 수 있어.

비폭력 대화를 창시한 마샬 로젠버그는 "자신에 대한 판단은, 모든 판단들이 그러하듯이 충족되지 않은 욕구들의 비극적 표현이다(Self-judgements, like all judgements, are tragic expressions of unmet needs)."라고 말했다.[21] 그는 자기의 원활한 감정표현에 이르는 과정을 3단계로 구분하여 설명하는데, 그 제1단계로 '다른 사람에게 나의 욕구를 말하기'를 제시하고 있다. 예를 들면, "나는 네가 그렇게 말하면 화가 나. 네가 나를 존중해주길 바라. 그런데 너의 말투는 나를 무시하는 것처럼 들리거든." 그러면 상대방은 일반적으로 "나는 너를 무시하지 않았어." 또는 "나는 그런 말 한 적 없어."라는 반응을 할 수 있다. 그러나 우리는 훈련을 해야 한다. 어떻게? “아, 그랬구나. 내가 이런 말을 할 때 너는 화가 나는구나.” 결국은 충족되지 않은 욕구를 알아차리는 것이 상호적이 될 때에만 온전하게 문제가 해결된다. 그러나 상대방이 그렇지 않을 경우에라도 우리는 스스로 상대방이 나를 화나게 하려고 하지 않았다는 것을 의식하는 훈련을 해야 한다. 그것은 자기공감 훈련을 통해 가능하다. 자기의 감정을 스스로에게 표현해본다. 이런 표현에 서투른 사람이 결국은 감성능력이 뒤떨어진 사람이기 때문에 스스로 이런 어휘를 찾아 표현하기란 힘들다. 그래서 우리는 독서를 통한 훈련을 권한다. 우리는 문학에서 이런 표현이 들어있는 많은 사례들을 찾아볼 수 있다.

모든 감정의 조절을 다 열거할 수는 없고 여기서는 분노를 진정시키는 방법을 생각해보자. 대니얼 골먼은 두 가지 방법을 제시하는데, 그 하나는 분노의 상승을 촉발하는 생각을 잘 활용해 그것과 다른 생각을 제기하는 방식이다.[22] 하나의 실험을 예를 들어 소개하자면 화가 난 사람에게 화를 내게 하는 사람의 사정을 말해주는 것이다. 아래 3.2.에서 소개될 사례에서 엄마가 아빠에게 “오늘 애가 시험 끝내고 이제 방금 컴퓨터를 쓰려는데….”라고 말하면 분노가 좀 누그러진다. 다른 방법은 분노의 상황을 환기하는 방법이다. 몹시 화가 난 사람이 집을 나가 바깥에서 좀 거닐다 보면 자연에서 위로를 받게 된다는 것이다. 나는 이 두 번째 방법에서 분노의 진정제로서의 문학을 이야기하고 싶다. 앞에서 제시한 『젊은 베르테르의 슬픔』에서 베르테르가 사용하는(결국 괴테가 사용한) 방법이다. 이 방법은 주의를 딴 데로 돌림으로써 생리적으로 차분하게 되는 길이다. 그러니까 화가 난 사람은 즐거운 시간을 보낼 수 있는 자리로 가면 분노를 식힐 수 있다.

3.2. 조절의 방법

분노는 자신의 욕구 실현이 저지당하거나 어떤 일을 강요당했을 때 이에 저항하기 위해 생기는 부정적인 정서 상태이다. 목표 획득을 저해하는 장애물이 무엇인지 의식할 때 분노는 더 잘 유발되고 그 장애물에 대하여 공격적인 행동으로 표현되기 쉽다. 분노의 표출은 가볍게는 인상을 쓰거나 짜증을 내는 수준에서, 소리를 치거나 격분하는 수준의 강한 흥분 상태에 이르기까지 다양한 감정 상태로 나타날 수 있다. 발 구르기나 폭력, 총기 난사와 같은 표현적 운동, 심폐운동의 증가와 같은 생리적 반응 등의 형태로도 나타날 수 있다.

사례 1 어느 미국 기자가 "한국의 운전자는 앞차가 끼어들 때 배우자를 잃은 것만큼 큰 스트레스를 받는다."라고 썼다. 정말이지, 이 경우면 한국 사람들 대부분이 화를 낼 것이다. 아마도 차에서 내려 그 운전자를 맘대로 하라면 그 운전자의 목을 졸랐을지도 모른다. 이것이 그 사람이 좌회전 차로로 잘못 들어서서 할 수 없이 끼어들었다 해도 그럴까?

사례 2 아이가 컴퓨터를 이미 두 시간 이상 하였다. 아빠는 그만하라고 경고를 한다. 하지만 아들은 계속한다. 그래서 컴퓨터를 빼앗는다. 잠시 후 아이가 문 닫는 소리를 쿵 하고 낸다. 옷장 문 닫는 소리도 쾅 하고 들린다. 이번에는 아빠가 화를 낸다. 큰 소리로 야단을 친다. 하지만 아들은 아빠에게 대꾸를 하고 반항한다.

사례 3 과외 선생님이 수학 문제를 잘 못 푸는 중학생에게 "너는 맞게 답을 하는 경우가 없어!" 아이는 기분 나쁘고 실망하지만 아무 말을 하지 않는다. "선생님은 나를 볼 때마다 무시해!" 그리고는 다시는 그 선생님께 가지 않기로 마음먹는다.

사례 4 백화점 완구 코너다. 아이는 자기가 갖고 싶은 장난감을 모조리 갖고 와 카트에 싣는다. 엄마는 소리친다. "갖다 놔…그거…도로 갖다 놔." "싫어, 갖고 싶단 말이야!" "내가 정말이지 미쳐버려!" 엄마는 차츰차츰 분노의 강도를 더해 간다.

위의 사례에서 보듯이 우리는 좋은 사람이든 나쁜 사람이든 화를 내며 살아간다. 그렇다면 분노의 원인은 무엇인가? 분노, 즉 화는 자신이 공정하게 대우받지 못한다는 느낌에서 비롯된 것이다. 그렇기 때문에 이 분노는 자기가 싫어하거나 관심이 없는 사람에게보다는 자신과 가깝거나 자신이 무언가를 기대한 사람에게 대해 일어난다. 그래서 남보다는 가족 간의 관계, 특히 부부나 부모 자식 간에서 발생할 확률이 높다.[23] 그런 의미라면 사례 2)와 사례 4)의 분노의 강도가 더할 것이다.

앞절 1.2. 분노에서 살펴본 베르테르의 경우는 분노를 잘 조절하고 있다고 볼 수 있다. 다이앤 나이스가 말하듯이 냉정을 찾기 위한 가장 좋은 책략 중의 하나는 말없이 사라져 혼자 있는 것이다. 산책이나 심호흡, 요가 운동 등이 이런 방법 중의 하나이다. 쇼핑을 하거나 음식을 먹는 데 몰두하는 것은 별 효과가 없으나 책을 읽는 것은 좋은 방법 중의 하나다. 책읽기에서 나아가 분노를 글로 쓸 수 있다면 이보다 더 좋은 길은 없을 것이다. 더구나 독서는 긴장을 완화해주는 데도 큰 역할을 한다.

다른 사례를 〈성질 죽이기(Anger Management)〉라는 영화에서 살펴보자. 영화의 스토리가 사실이냐 허구냐 하는 것을 떠나서 이 영화는 성격의 형성과 역기능, 특히 감정조절에 대한 대답을 제시한다. 우선 여기서는 주인공 데이브의 성격, 즉 폭발하는 분노를 핵심적으로 보여주는 첫 15분간을 살펴보겠다. 순한 사람으로 보이는 데이브 버즈닉은 사실 성질을 죽일 필요가 전혀 없는 남자다. 어느 날 출장 때문에 비행기를 탔다가 성질 나쁜 말썽꾼이라는 오해를 사는 바람에 법원에서 그에게 분노를 억누르는 '성질 죽이기' 치료를 받으라는 판결을 받는다. 할 수 없이 버디 라이델 박사가 운영하는 '성질 죽이기' 프로그램에 참여하긴 했지만, 라이델 박사를 비롯해서 같이 모인 사람들이 하는 행동은 어딘가 모르게 수상하다.

비행기 안에서 자신을 방해했던 라이델 박사에게서 치료를 받으라니! 그런데 나중에 알고 보니 이것은 데이브의 아내가 라이델 박사와 공모하여 남편의 성격을 고치기 위해 꾸며낸 일이었다. 영화는 첫 부분에서 데이브가 어릴 때 친구들에게 수치심을 당하는 장면을 보여줌으로써 그 기억이 데이브의 성격과 관련이 있음을 암시한다.

이 영화를 보고 난 후 지금 우리의 기분은 어떤가? 마음이 답답하고 울화가 치밀어 오르는 사람들도 있을 것이다. 그렇다면 그는 평소에 잘 분노하는 성격이다. 데이브가 왜 그런 처우를 받아야 하는지 모르겠다면 대체로 문제점이 인식되지 않는 경우라고 할 수 있다. 앞의 경우가 공격성으로 표출된다면 뒤의 경우는 우울증으로 표출될 수 있다. 나는 처음 영화를 봤을 때 매우 답답했다. 그리고 지금 글을 쓰는 순간도 저 정도라면 나도 폭발하겠다는 생각을 가지고 있다. 나와 비슷하게 느끼는 사람들이 있다면 그들도 마음속에 화나 분노 같은 것들이 있거나 수치심이나 죄의식이 도사리고 있을 수 있다. 특히 라이델 박사의 능청스런 태도는 더욱 짜증나게 하지 않는가. 그런 느낌이 드는 것은 나로서는 어쩔 수가 없는 일이었다. 우리가 누구인가라는 질문보다는 라이델 박사가 데이브에게 묻는 질문에 집중해보겠다. 라이델 박사는 치료 프로그램에 왔지만 자신은 치료와 아무 관계도 없다는 데이브와 이런 대화를 나눈다.

라이델 박사: 데이브, 이제 당신에 대해 말해보게. 자네는 누군가?

데이브: 전 애완동물용품회사에 다니고 관리팀에서 일하죠.

라이델 박사: 직업이 아니라 자신이 누군지를 말해보게.

데이브: 전 좋은 사람이고 가끔 테니스를 치죠.

라이델 박사: 취미를 물었나? 그냥 간단하게 자기가 누군지 말해 보라니까.

데이브: 난 그저… 예를 들어 주신다면 다시 해보죠. (루를 바라보며) 뭐라고 말씀하시겠어요?

라이델 박사: 자네가 누구냐고 루한테 물어볼까? (모두 웃는다.)

데이브: 저는 선량하고 평범한 남자고 어떨 땐 좀 우유부단하며…

라이델 박사: 데이브, 누가 자네 성격 물었나? 자네가 누구냔 거야.

데이브: (화를 내며 말한다) 대체 어떤 대답을 원해요? (상황을 알아차린 듯 갑자기 톤을 낮추며) 내 말은… 미안해요… 난 그 질문에 대답하긴 좀 모자라나 봐요.

라이델 박사: 데이브, 대충 자네가 누군지 알겠네.

마지막 말을 하며 데이브는 결국 불쑥 화를 낸다. 라이델 박사의 진단과정일 수 있는 전략에 데이브가 말려든 것 같다. 데이브는 스스로 자신이 누군지 말하지 않았는데 라이델 박사는 "대충 자네가 누군지 알겠네."라고 하였다. 이것은 서로 모순되는 것 같아 보인다. 이렇게 우리는 우리가 어떤 성격을 가지고 있는지 잘 모를 때가 많다. 이런 모순된 관계에서 우리는 상담을 하는 사람들이나 많은 심리학적 전략에 관한 책들을 접한다. 그리고 그때 어떤 행동을 해야 할 것인지를 읽을 수 있다. 흔히 우리는 '그래 맞아, 나도 잘 알고 있어, 그런 상황이라면 모두 그렇게 된다는 것을.'이라고 생각한다. 하지만 조절의 길에 들어서기는 매우 어렵다. 왜냐하면 몸에 새겨진 기억인 습관은 생각보다 오래가기 때문이다.

우리는 라이델 박사의 행위를 상담 또는 치유라고 말한다. 치유는 자아(ego)와 자기(self)가 분리된 것을 통합시키는 과정이다. 말로 표현할 수 있는 상황이라면 상담으로 가능하겠지만 그렇지 않은 경우 심리치료나 예술 치료가 필요한데, 그러자면 촉진자나 참여자 자신이 먼저 자신이 누군지 알아야 한다. 불통합 상태를 알고 스스로 느끼지 못한다면 다른 사람을 치유로 이끌어가는 데 문제가 된다. 우선 어떤 인자가 불통합을 유발하는지 알 수 없고, 안다 해도 그런 문제를 자신이 갖고 있으면 참여자나 내담자에게 전이[24]되기 쉽다. 우리는 전문 치료사나 의사가 아니기 때문에 간단하게 이런 상황에 대처하는 방법을 알고 어떻게 상담해야 할지 배우는 것이 좋겠다.

앞에서 본 영화에 나오는 라이델 박사의 촉진법은 역동적 정신치료로 볼 수 있는데, 그 중에서도 가장 많이 사용되는 표준적 치료방법인 통찰지향형 정신치료라 할 수 있다. 참여자들과 함께 있게 되면 치료사는 참여자들의 문제를 들어보고 그것을 해결하기 위해 가장 적합한 치료방법을 시뮬레이션하게 된다. 만약 이런 심리치료가 부담이 되거나 여러 가지 현실적인 여건상 치료를 받는 것이 어려울 경우에는 상담이나 예술치료 같은 다른 촉진법을 권유하게 된다. 촉진이 시작되면 촉진자는 참여자가(들이) 자유롭게 떠올리는 생각(자유연상이라고 부름)을 그 내용이 무엇이든 가능한 한 솔직하게 터놓고 얘기할 수 있도록 권장하고 자유연상 도중에 촉진자가 적극적으로 개입하는 것은 될수록 자제

한다. 특히 독서모임에서는 누가 잘했고 누가 못했다면서 가치 평가하거나, 누가 말한 것은 무슨 의미가 있다는 식으로 정신분석학의 도움을 얻어 해석하거나, 자기 스스로 문제를 해결하고 선택하는 대신 이건 옳고 저건 나쁘다는 식으로 판단하는 것을 삼가야 한다. 그 이유는 환자의 자유연상을 통해 앞서 언급한 무의식에 속하는 감정이나 생각을 끌어내기 위해서이다.

이렇게 무의식을 끌어내는 데는 자유연상 이외에도 꿈이나 공상, 춤, 그림 그리기, 책읽기, 글쓰기, 음악 듣기 같은 것을 이용하기도 한다. 데이브 스스로는 부정하지만 라이델 박사는 이런 전이 감정을 끌어내어 데이브가(또는 다른 참여자들이) 현재 겪고 있는 정신적 고통의 뿌리를 찾아가는 작업을 진행하므로 이것은 참여자들의 문제를 해결하기 위해 매우 중요한 소재가 될 수 있다.

이런 도입과정을 통해 참여자가 자신의 심리적 문제에 대해 어느 정도 통찰력을 갖게 되면 이런 통찰력을 통해 실제 생활에서 변화된 모습을 끌어내기 위한 훈습(durcharbeiten, working through)이 필요하게 된다. "구스 프라바"라고 외치는 것도 그것 중의 하나일 것이다. 촉진에 흔히 오랜 시간이 소요되는 이유는 대개 이런 훈습과정에 많은 시간이 필요하기 때문이다. 이런 과정을 통해 참여자는 자기의 분리된 인격을 현재에 통합하게 된다. 데이브는 이런 과정이 없이 지적인 통찰력만 갖고 촉진이 끝났으면 하는 희망을 갖는데, 그렇게 되면 데이브는 머리로는 자신의 문제를 이해하지만, 실제 생활에서는 별다른 변화나 진척이 없다. 촉진의 현장에서 잘 관찰할 수 있는 일이다. 이런 작업과정에서 보통 용서하기, 제대로 인식하기, 지지받기, 지지해주기, 다르게 보기, 사랑해보기, 참아내기 등의 다양한 방법들을 사용한다.

4. 감정코칭

자녀들이 행복하려면 부모가 행복해야 하고 학생들이 행복하려면 교사들이 행복해야 한다. 그러나 내가 경험해본 가족들이나 학교는 대체로 모두가 그런 것은 아니었다. 가령, 어떤 부모를 상담해보면 자녀 문제가 그 부모들의 불행의 원인이 된다는 의미를 전달받을 때가 많다. 그러나 돌려 생각하면 자녀의 불행이 사실은 자신들의 불행 때문일 것이다. 사실 아이들과 부모는 많은 대화를 나누기는 하지만 감정적인 말들은 아이들이 먼저 꺼내는 경우가 많고 그것을 받아서 엄마가 주로 얘기를 나눈다. 하지만 엄마는 보통 아이들이 말하는 감정에 대해 별것 아닌 것처럼 대하고 가르치려하는 경우가 많다. 그러면 실제로 아이들은 자기감정을 표현할 수 있는 시간과 공간을 충분히 가지기엔 역부족이다. 그리고 이는 학교에서도 마찬가지다. 주로 교사가 일방적으로 교육을 하지 학생들의 감정을 들어주는 일은 거의 없다. 이런 사례를 우리는 아동문학 중『겁쟁이 빌리』라는 책에서 살펴볼 수 있다.

걱정이 많은 빌리가 걱정에 대해 이야기하면 아빠는 "걱정 마라, 얘야. 그런 일은 절대 일어날 수 없단다. 다 네 상상일 뿐이야."라고 말하고, 엄마는 "걱정 마라, 아가야. 무슨 일이 있더라도 엄마 아빠가 널 꼭 지켜줄 거야."라고 말한다.[25] 발달적 관점에서 감정코칭을 하려면 오히려 교사가 약간 물러서서 학생을 걱정하고 그가 감정을 표현할 수 있는 기회를 주고 신뢰를 가지고 그의 말을 들어줄 수 있어야 한다. 그림책『겁쟁이 빌리』에서 예를 든다면 할머니의 자세가 오히려 좋은 감정코칭의 자세라고 할 수 있다. 아빠 엄마에 비해 할머니는 빌리에게 이렇게 말한다. "참 재미있는 상상이로구나. 그건 네가 바보같아서 그런 게 아니란다. 나도 너만 했을 때는 너처럼 상상을 많이 했지." 이같이 부모는 수용하고 공감하는 분위기를 만들어야 하고 동시에 "아이의 세계"에 몰입해야 한다.[26] 그 이유에 대해 지노트(Ginott)는 다음과 같은 이유를 든다.

> 아이가 격렬한 감정을 표현할 때 아무 얘기도 듣지 않는다. 충고나 위로, 좋은 얘기 따위는 받아들이지 않는다. 그 아이는 우리가 자기 말을 들어주기를 바란다. 그 아이는 그 특별한 순간에 자기 마음속에 일어난 일을 이해해주기를 바란다. 나아가, 그 아이는 자기가 느끼고 있는 것을 있는 그대로 이해받기를 원한다. 이것은 마치 그가 느끼는 것을 조금만 알려주고 나머지는 우리가 추측하도록 만들어놓은 게임과 같은 것이다.[27]

사실 이런 아이의 감정구조는 어른의 그것과 다를 바가 없다. 만약 어른이 감정에 충실하지 못하거나 감정조절에서 성장이 멈춘 경우는 더욱 그러하다. 헨릭 입센의 『인형의 집』을 보자.

> 노라: 그거에요. 당신은 한 번도 나를 이해해주지 않았어요……나는 아주 잘못된 대우를 받고 있었던 거예요. 처음에는 아버지로부터, 다음에는 당신한테서.
>
> 헬머: 뭐라고! 우리 두 사람한테서……누구보다도 당신을 사랑한 두 사람한테서?
>
> 노라: (고개를 저으며) 당신들은 나를 사랑하고 있었던 게 아녜요. 단지 귀엽다고 재미있어하고 있었을 뿐이에요.[28]

여기서 보다시피 노라의 감정은 부모에 의해 사실 전혀 고려되지 않았고, 그것이 다시 남편으로부터도 이해되지 않았다. 그런데 우리가 이런 상황에서 의문시하는 것은 노라 남편의 입장이다. 자기들은 사랑했고 이해했다고 생각하지만 노라는 그것이 사랑이 아니라는, 다시 말해 감정에 대해 들어준 적이 없다는 생각이다. 사실 부모가 자녀들의 불쾌한 감정을 들어주거나, 들어줄 때 어떻게 들어주느냐 하는 것은 부모의 메타감정에 달려 있다.[29] 즉, 부모가 감정을 어떻게 생각하느냐에 달려 있기 때문에 필자가 살던 시대의 감정관을 필자의 자녀에 적용한다는 것은 무리일 것이다. 다음의 체험에서 우리는 메타 감정에 대한 인식을 새로이 할 수 있을 것이다.

> 질문자: 남부러울 것 없는 환경에서 유복하게 자란 걸로 압니다. 아버지와의 관계는 어땠나요?
>
> 이민아: 초등학교 2학년 때부터 고도근시가 있었어요. 굴절된 렌즈로 세상을 바라보다 어느 순간 왜곡된 상이 내 안에 굳은 확신으로 남아버린 것이죠. **저는 사랑한다는 말을 듣고 싶었고, 아빠 품에 안기고 싶었어요.** 제가 터치에 아주 민감하거든요. 그런데 **아버지는 유교적인 가정에서 자란 분이어서 사랑의 표현에 익숙지 않았어요.** 작가, 교수, 논설위원이란 직함을 달고 늘 바쁘게 사셨죠. 한날은 제가 떼를 쓰며 매달리자 너무 시장하고 피곤하셨는지 "저리가. 아빠 밥 좀 먹고!" 하면서 **소리친 적이 있어요.** 아버지 목소리가 워낙 크시거든요. 저는 그 말에 **너무 상처를 받아서** 앞으로 아빠한테 매달리지 않겠다는 생각을 했고.[30]

선생님이 아이의 (부정적) 감정을 대할 때 무의식적으로 이를 판단하면서 보이는 감정을 메타감정이라 한다. 위의 글에서도 아버지가 자신의 어린 시절부터 경험한 초감정이 어느 순간 아이에게 작동하는 것을 볼 수 있다. 적어도 감정코칭에 동의하고 그것이 필요하다고 보는 부모는 아이들의 부정적 감정표현에 대해서도 관심을 가지고 적극적으로 수용하려고 한다. 감정코칭이란 아이들의 감정 상태를 수용하고 그것을 말로 표현할 수 있게 하고 올바른 행동으로 이끄는 것으로서 다음과 같은 두 단계로 시작된다.

1. 아동(학생)에게 발생한 감정을 말로 표현하게 한다("화가 났구나." 등). 그리고 이 감정 상황에 대해 대화한다(원인이 무엇이고 어떤 결과가 발생했는지).

2. 문제를 해결하기 위해 같이 생각해보기(스스로 해결할 수 있도록 돕기) 또는 경우에 따라 행동의 한계를 정해주기("물건을 부수어서는 안 된다." 등)

위에서도 언급했다시피 감정코칭이 중요하다고 보는 교사와 그렇지 않은 교사는 위의 두 가지를 실행하느냐 하지 않느냐에 달려 있다. 우리나라에도 잘 알려진 가트맨 박사의 저서에 나오는 예를 들어 보자면, 학생이 화를 내는 경우 교사들은, "화를 내는 것은 나쁜 애들이 하는 짓이야, 그러니까 다른 사람 앞에서 표시하면 안 돼." 하면서 화내는 것에 대한 불신을 나타낸다.[31] 대부분의 교사들은 아이들의 감정을 대할 때 그것이 별 것 아닌 것처럼 대한다. 장난감을 빼앗겨 우는 아이에게 "뚝 그쳐, 그만 울어!" 하고 야단친다든가, 아니면 친구 생일에 초대받지 못해 속상해하는 아이에게 "우리 오늘 테마파크 가자!"와 같은 보상을 한다든가, "그래, 알겠다. 이제 그만 해!"와 같이 빨리 감정에서 벗어나길 종용하는 경우도 있다. 가트맨은 이런 상황을 두고 "마치 그들이 부정적인 감정 그 자체를 못 견디기라도 하는 것처럼, 정해진 시간 안에 위로하려고 든다(comfort, but within specified time limits, as if they were impatient with the negative emotion itself)."라고 말한다.[32] 가트맨은 아이의 감정을 인정하지 않거나 사소한 것으로 여기는 부모의 이런 자세를 "묵살하거나 탐탁찮게 여기는(dismissing/disapproving)" 행위라고 지칭한다. 감정코칭은 일반적으로 하임 지노트(Haim Ginott)가 제일 먼저 한 말, "모든 감정은 받아 주되 행동은 다 받아 줄 수 없다."는 말로 요약할 수 있다. 그러니까 "다 큰 애가 울면 못써요(Big kids don't cry so much)."라든가, "그렇게 큰 소리로 울지 마, 제발(I wish you wouldn't scream like that)." 같은 부정적인 말들은 아이의 감성능력과 사회능력에 부정적인 영향을 미친다.[33]

그러면 다음 단계로 아이가 어떻게 자신의 감정을 해결할 것인가 하는 문제로 넘어갈 수 있다. 이때 중요한 것은 부모가 가능한 한 아이 스스로 이 문제를 해결하도록 지지하는 일일 것이다. 가트맨은 이것을 비계-칭찬(scaffolding-praising) 기법이라고 불리는 칭찬과 부모의 따뜻한 사랑 두 가지라고 말한다. 비계(飛階, scaffolding)란 건축공사 때에 높은 곳에서 일할 수 있도록 설치하는 임시 가설물을 말하는데 이 개념은 우드(Wood)에 의해 제일 먼저 아동심리학에 도입되었다.[34] 이는 감정적인 문제에 직면했을 때 지지와 공감을 통해서 아이가 자율적으로 문제를 해결할 수 있게 하는 방법이다. 어른의 눈높이로 봤을 때, 그것도 못하냐는 식이 될 수 있는 것을 아이의 눈높이로 보면서 목표를 설정하고 전략을 짜도록 칭찬하고 격려하는 방식을 말한다.

예를 들어, 아이들은 자기 집에 온 또래가 자기 장난감을 만지는 것을 참지 못한다. "안 돼, 내 장난감이야." 하고 외치고 화를 내기가 일쑤이다. 이때 보통의 부모들은 "너 장난감 많잖아. 친구 하나 줘, 응?" 또는 "친구랑 같이 가지고 놀아!" 등의 말을 해서는 안 된다. 먼저 "친구가 네 장난감을 갖고 놀아서 화가 났구나." 하고 공감을 해주어야 한다. "하지만 친구도 그 장난감이 맘에 드나봐. 잠깐만 갖고 놀게 해주면 어떨까?" 이때 아이에게 전략을 짜게 해서 같이 놀 수 있도록 격려해주는 것이 감성발달에 도움이 된다. "우리 창욱이는 산타 할아버지처럼 친구에게 선물을 나누어준대요." 등과 같은 칭찬이 바로 비계-칭찬 기법이다. 주의를 딴 데로 돌리거나 미끼를 던져 화를 순식간에 멈추게 하는 방법도 있다. 아이가 아래에 나오는 주영이처럼 운다면 엄마는 어떻게 할까?

> 주영: (화가 나서 소리치고 있다) 엄마 미워! 엄마는 세상에서 제일 못된 엄마야! 엄마는 계모야!
>
> 엄마: 주영아, 전에 크리스마스 선물로 커다란 돌고래 인형 받고 싶다고 하지 않았니? 근데 네가 울면 산타 할아버지가 네 소리를 들을 수 있을까?
>
> 주영: (코를 훌쩍이며 귀여운 척) 정말? 내가 산타 할아버지한테 돌고래 선물을 받으면 돌리라고 이름을 지어줄 거야.[35]

일반적으로 현실적인 언어를 사용하는 상담이나 감정코칭에서는 이 정도면 충분한 것 같다. 앞의 "산타 할아버지"에서 보았다시피 인간은 환상을 가지고 있는 동물이기에 자율적인 의지의 발생에 있어서 문학적인 감정표현이 매우 중요하다. 아래에서는 미하엘 엔데의 소설 『마법의 설탕 두 조각』에 등장하는 주인공 렝켄을 중심으로 이 문제를 바라보고자 한다. 우선 줄거리를 살펴보자.

렝켄은 아주 착한 아이이다. 착한 아이 렝켄이지만 엄마 아빠가 자기 뜻을 전혀 존중해 주지 않아 화가 나게 되었다. 렝켄은 요정(마법사)을 찾아가서 이 문제를 상담한다. 손가락이 여섯 개 달린 요정은 렝켄에게 그 해결책으로 설탕 두 조각을 준다. 그리고 그걸 몰래 엄마, 아빠의 찻잔 속에 타 먹이면 엄마, 아빠가 렝켄의 말을 들어주지 않을 때마다 키가 반으로 줄어든다는 말을 남긴다. 렝켄은 엄마 아빠가 자기 말을 들어주지 않을 때마다 설탕을 몰래 넣는다. 설탕을 넣은 차를 마신 렝켄의 부모는 차츰 키가 줄어져 자기를 돌봐 줄 수 없을 만큼 작아지자 슬픔과 두려움을 느낀다. 렝켄은 다시 요정을 찾아가 이 마법을 풀 수 있느냐고 물었더니 요정은 렝켄이 그 설탕을 삼키는 것이 유일한 해결책이라고 말한다. 대신 렝켄이 그걸 삼키면 반대로 렝켄이 부모의 말을 거역할 때마다 반으로 줄어들게 된다고 말한다. 고민 끝에 렝켄은 차라리 부모라는 든든한 보호자 없이 살기보다는 부모의 말에 순종하는 쪽을 선택한다. 그러나 이제 렝켄에게는 그런 일이 일어나지 않는다. 왜냐하면 렝켄이 부모가 원하는 것이 무엇인지를 헤아릴 줄 아는 아이가 되었기 때문이다.[36]

아마도 대개의 아이들과 가정은 이런 갈등을 갖고 있을 것이다. 감정은 힘의 논리로 만들어지는 것이다. 여기서 렝켄이라는 이제 갓 초등학교에 입학한 소녀가 이 감정을 어떻게 수용할 수 있을까? 렝켄의 인식 수준으로는 부모가 자신을 억압하는 힘의 논리가 그냥 힘으로만 느껴진다. 그래서 화가 난다. 그 외의 것은 아직 이 나이에 받아들여지지 않는다. 작가는 그 점을 겨냥하고 있다. 결국 초자연적인 힘을 빌리는데 이것이 하나의 시뮬레이션이다. 이 시뮬레이션은 결국 감정코칭이나 치료에서 매우 중요하다. 결국 이야기는 렝켄이 공감할 수 있도록, 다시 말해 렝켄 스스로도 상대의 처지에 빠져 봐야 한다는 플롯을 만들어낸다. 렝켄은 부모가 자기 말을 안 들어주어 불편하고 화나는 일이 있지만 부모가 없이는 아무것도 할 수 없다는 사실을 알게 된다. 그래서 다시 요정에게 찾아가 해결책을 요구한다. 하지만 요정은 그 결정을 강요하지 않는다.

> 물론 그 결정은 네가 지금 이 자리에서 내려야 해. 너무 많은 시간이 지나고 나면 다시 원래대로 되돌아갈 수 없게 되거든. 그럼 계속 그렇게 지내야 한단다. 살다 보면 그런 일이 종종 있잖아. 이해할 수 있겠지? 정말로 계속 이렇게 지내길 원하니? 어서 네 생각을 말해봐.[37]

렝켄은 결정을 내리지 못한 채 요정을 가만히 쳐다본다. 요정은 천천히 또박또박 다시 말한다.

> "난 네 결정에 어떤 영향도 미치고 싶지 않단다. 네가 옳다고 생각하는 대로 결정을 내려야 해. 난 앞으로 어떻게 될지 네게 사실대로 이야기해 주고 싶었을 뿐이야. 이해할 수 있겠지?" "네." 렝켄이 침을 꼴깍 삼켰다.[38]

아이의 말을 잘 들어주고 스스로 결정하게 하는 기법은 칭찬하는 것과는 조금 다르다. 하지만 스스로 결정할 때 훌륭하게 된다는 의미가 암묵적으로 이야기에 깔려 있다. 가트맨/최성애는 이런 과정을 감정코칭 5단계로 분류하고 있다.[39]

1. 아이의 감정 인식하기
2. 감정적 순간을 좋은 기회로 삼기
3. 아이의 감정 공감하고 경청하기
4. 아이가 감정을 표현하도록 도와주기
5. 문제를 해결할 수 있도록 하기

사실 정신분석의 모든 이론들이 유년기 아동들의 부모와의 애착관계가 모든 성격을 형성한다고 보고하고 있는데 결국 이것이 감정과 밀접한 관련을 맺고 있다. 어릴 때 부모의 마음 챙김 배려를 받고 스스로 자율적으로 감정조절을 익힌 아이들은 성장해서 행복하게 되고 행복이 무엇인지를 알게 된다. 오늘날 회자되는 감성지능 또는 정서지능이 바로 이런 감정 다스리기에서 나온다는 것을 알 수 있다. 즉, 행복의 근원은 다름 아닌 감정을 표현하고 이해하고 다스리는 것으로 요약될 수 있다.

이런 감정코칭에 좋은 수단이 언어뿐 아니라 미술이나 음악 같은 것을 매개로 한 미적 교육인데 여기에 더하여 문학 독서 또한 좋은 수단이 될 수 있다. 하지만 부모나 교사는 하지 않고 자녀나 학생만 하는 독서는 유용하지 않다. 그리고 감정의 교육이 상담이나 일상적인 언어로도 가능하겠지만 "무척 화가 나 있는 것 같구나." "뭔가 두려운 게 있는 것 같은데?" "나도 너만할 때 무서운 게 많았어."라고 말하는 것보다 『돼지가 한 마리도 죽지 않던 날』의 로버트 이야기를 하면서 감정을 코칭하는 게 더 이로울 수 있다. "만약에 네가 로버트처럼 소가 난산을 하는 과정을 보고 있었다면 어떤 느낌이었을까?" 그러면 아이는 책 내용을 통해서 자기감정에 빠져들 수 있을 것이다. 로버트가 난산하는 소와 사투를 벌이는 과정을 읽는 아이는 곧 실제적인 감정을 가지게 되고 그 감정을 촉진자와(또는 교사와) 함께 나눌 수 있다.

감성독서

독서

chapter 3

문예학자이자 독서이론가인 그라프(Werner Graf)는 독서의 정황을 다음의 세 가지 상태로 요약한다.

1. 개인적 삶에 도움이 되는 독서
2. 사회생활에 참여할 수 있게 도움을 주는 독서
3. 예술적 경험을 하게 하는 독서[1]

아마도 페나크가 주장하는 감성독서의 모습, 이를테면 소설을 삶의 일부로 간주하는 것, 몇 장이라도 건너뛰어 가면서 책을 읽을 권리, 책을 읽고 난 후 말하지 않을 권리, 진지하게만 읽는 것이 아니라 장난스럽게 읽어나갈 권리, 심지어 책을 끝까지 읽지 않을 권리는 바로 1번의 경우를 말하는 것이다.[2] 우리의 학교에서는 독서를 거의 2번의 경우를 도덕적으로 재편하여 가르치려고 한다. 윤리학을 논술로 대체하는 경우가 많은 것도 같은 원칙에서다. 문학의 본질이 그러하듯 교사나 작가나 독자는 문학 독서를 의무나 도덕이 아니라 선물 같은 즐거움으로 대해야 한다.

감성능력을 함양하기 위한 독서, 달리 말해 독서를 통한 감성능력의 함양은 (나는 항상 교육이라는 것의 무용성에 무게를 둔다. 독자는 어떠한가?) 침묵 속에서 이어지는 가치판단을 위한 독해행위가 되지 말아야 될 것이다. 토론을 하더라도 분위기는 어떤 특정한 가치관에서 결정되는 것이 아니라 경험한 세계, 그리고 아직 경험하지 못한 세계에 대한 의미로 가득 차 있어야 한다. 이를 위해 이 장에서는 무엇보다 독서현장의 관찰, 독서의 심리과정인 독서행위, 말로 표현되지 않은 여백, 플롯과 발문의 구조를 살펴보는 것이 좋겠다.

1. 독서의 현장

이미 책의 허두에서 다니엘 페나크의 말을 인용하며 언급하였듯이 독서의 현상은 다양하다. 지식으로서의 독서가 있는가 하면 오성감각을 자극하는 독서가 있고 감성을 환기하는 독서도 있다. 그리고 일반적으로 문학은 이 모든 것을 모두 포함하고 있다. 그렇다면 우리가 스스로 또는 다른 사람에게 감성독서를 어떻게 시행하고 촉진할 수 있는지 독일의 학교에서 수업모델로 정하여 교육하는 한 장면을 예로 들면서 시작해보자.

엉터리 마술

마술사 마멜로크가
황금 마술 지팡이를 치켜들고는
묵직한 소리로 말했습니다.
"아주 용감한 남자아이 두 명이
필요합니다."

모여 있던 사람들 사이에서
프리츠와 프란츠가 무대 위로 올라갔습니다.
마술사는 검은 보자기로 아이들을 덮고서
중얼중얼 마술 책을 읽어댔지요.
마술사가 지팡이를 잠시 흔들고서
보자기를 벗기자……아이들이 사라졌어요!

관객들은 놀라서 술렁이기 시작했습니다.
아이들을 어디로 보낸 것일까?
하지만 아이들은 사람들이 생각한 것처럼
멀리 간 게 아니라 바로 거기,
마루 밑으로 내려간 거였어요!

프리츠가 프란츠에게 말했습니다.
"저기 사다리가 있어요."
그들은 살금살금 올라갔어요.
마술사는 한동안 뜸을 들인 뒤에
수건을 집어 들어 넓게 펼치고
지팡이를 위아래로 휘둘렀지요.

하지만 프리츠와 프란츠는
다시 나타나지 않았습니다!
마술사는 놀라 자빠졌습니다.
관객들도 놀란 건 마찬가지였어요.

프리츠와 프란츠는 재미있다는 듯
살그머니 건물을 빠져 나왔습니다.
그 뒤 마멜로크는 오늘도
아이들을 찾고 있답니다.[3]

에리히 캐스트너(Erich Kästner)라는 독일 작가의 「엉터리 마술」이라는 발라드 형식의 시다. 그리고 이 텍스트는 독일에서 초등학교 4학년에 알맞은 독서 수준으로 채택되는 글이다.[4] 대체로 유치원 아동들에게 동화를 읽어주거나 초등학교 저학년 때 읽어주는 아동문학은 이 아이들에게 하나의 세계를 만들어주는 역할을 한다. 인생을 살면서 필요한 모델 또는 롤 모델을 만들어주는 이야기다. 그렇기 때문에 이런 이야기를 읽고 감정이 발생하지 않을 수 없다. 더군다나 장기 기억에 저장하기 위해서는 아동들에게 이런 뚜렷한 감정적인 반응을 보이는 텍스트가 매우 유용하다. 그런 모델은 다시 아동들이 창작하는 또는 살아가는 이야기를 담은 텍스트 모델의 모범이 된다. 그러므로 문학텍스트는 세계 모델과 텍스트 모델의 차이에서 비롯된 것이기도 하다. 문학이 세계 모델과 다른 것은 문학화를 통해 "삶의 세계에서 비롯된 특정한 경험의 세계를 넘어서는 것"[5]이다. 그럼에도 불구하고 텍스트는 세상 어디서나 이해될 수 있는 보편성을 가지고 있어야 한다. 보편성이란 결국 세상 어디 사람이나 그 이야기를 읽을 때 같은 감정을 갖는다는 것을 말한다.

감성을 자극하는 것은 사건이다. 사건은 이야기가 아니라 당연히 플롯에 의해 결정된다. 발단-문제-해결이라는 3단계의 플롯 진행과정이 당연한 사건으로 귀결되지 않는다. 독자는 당연히 서커스에서 마술사가 어떤 행동을 하고 그것이 어떤 순서에 의해 진행된다는 것을 알아야 한다. 다시 말해 세계모델에 대한 지식을 전제로 한다.

많은 문학들이 일반적으로 지닌 특성이기도 하지만 독자의 즐거움은 이 이야기의 플롯이 세계 모델과 다르게 끝나게 된다는 점에서 온다. 아이들, 프리츠와 프란츠는 자신들이 하고 싶은 대로 한다. 그래서 그들이 한 행동은 마술사와 관중의 기대와는 배치된다. 아이들이 처음에 용기를 갖고 나왔다는 것은 일종의 계약이다. 우선 마술사와 관중과의 약속인 셈이다. 다시 말해 자신들을 마술사의 마술에 맡기겠다는 의도다.

그런데 그런 의도와는 배치되게 아이들은 마술사들의 요구대로 하지 않고 자신들이 하고 싶은 대로 길을 찾아 나선다. 이것이 이야기를 더욱 재미있게 만든다. 여기서 독자들은 우선 이 이야기의 의미를 찾으려 할 것이고, 또한 어떤 도덕성을 찾으려 할 것이다. 그리고 다른 해석을 하는 독자들은 아이들이 어른들을 이겼다고 해석할 수도 있을 것이다.

마술사의 마술은 결국 해프닝으로 끝나고 관중들에 미치는 마술사의 지배적 힘은 해체되고 만다. 우리가 여기서 이 시 텍스트를 만약 감성능력에 관련된 텍스트로 읽는다면 단 한 가지의 해석에 머물 수는 없을 것이다. 처음에 마술사가 어떤 요구를 하는데, 이는 두 아이들에 의해 적극적이고 빨리 해결된다. 마술사가 가진 지팡이는 막강한 힘을 보유하고 있는 것이다. 그때의 기분은 어떤가? 그리고 난 뒤 약속을 지키지 않은, 또는 지키지 못한 아이들의 태도와 행동에 대한 감정을 우리가 짚어볼 수 있다. 이때 마술사가 무능함을 적나라한 상태로 보여주었다는 것에서 쾌감을 느끼는가? 아니면 아이들이 약속을 지키지 않고 제멋대로 굴어 마술사를 어렵게 만든 것에 대한 죄의식의 감정이 드는가?

그런데 텍스트를 잘 살펴보면 재미있는 단어가 있다. 그것은 "용기 있는"이라는 단어인데 마술사에게 '위험을 무릅쓰고 나올 사람'이라는 뜻으로, 아이들의 입장에서는 '위험을 무릅쓰고 사다리를 타고 밖으로 나올 수 있는 사람'이라는 뜻으로 쓰일 수 있다. 이때 우리는 공감 능력을 발전시킬 수 있다. 아직도 아이들을 찾고 있다는 화자의 말을 염두에 둔다면 아이들이 나중에 마술사를 만난다면 무슨 말을 할까? 아이들은 왜 그렇게 행동했을까? 그리고 우리는 이런 질문을 할 수 있다. '이 마술사는 어떤 모습일까?'

1. 광대의 모습
2. 서커스 단장

3. 체조 선수

4. 조련사

광대의 모습과 비슷하다고 생각한 아이들은 어떤 고소함 같은 것을 느끼거나 '웃긴다', '재미있다', '마술사가 애들을 골탕 먹이려고 했다' 등의 반응을 할 수 있다. 그리고 '서커스 단장 같다'는 사람들은 '아주 당당하다', '멋있는 것을 보여준다', '관객들을 환호하게 한다' 등의 감정을 표현한다. 조련사와 같다든가 체조선수와 비슷하다는 반응을 보이는 아이들은 적을 것이다. 그러나 무응답의 아이들도 많을 것인데 대체로 이들은 감정 반응이 없을 것이다. 비슷한 사람이 없다고 반응하는 아이들도 있을 것이다. 이들은 자신만의 예민한 감정을 가지고 상상할 것이다.

독서에 대한 태도는 교사나 촉진자의 자세에 따라 달라진다.[6] 그런데 항상 말하지만 촉진자나 교사가 다소 느슨한 분위기에서 특별한 방법으로 독서 촉진이나 독서 토론에 임하지 않고 기존의 학교에서 늘 사용하던 방식을 고수한다면 거기에서 솔직한 감정표현을 얻기는 힘들어진다. 그것은 꼭 감정표현에서만 일어나는 일이 아니라 문학 수업 또는 독서 토론에서도 마찬가지다.[7] 그렇다고 하여 대학이나 문학자들이 하는 방식의 전문적이고 미학적인 문학 이해 또한 어느 정도는 쉽고도 일반적으로 적용되지 않으면 아이들에게 문학 능력이나 감성능력을 배양시키는 데 도움이 되지 않는다.

또한 우리가 보통 교육학자 피아제 같은 이들의 인지능력에 따른 텍스트를 채택한다고 하여 그것이 이상적인 문학이나 감성교육을 위한 텍스트가 아닐 수 있음을 상기해야 한다. 아이들이 좋아하는 텍스트란 만화에서부터 그림책, 나아가 탐정소설 같은 것도 될 수 있다. 그러므로 우선 독자의 독서이력을 알아보는 것도 좋은 방법일 수 있다. 가령 전혀 책을 읽지 않은 아이일 경우 매우 파악하기 쉬운 보편적인 그림책이 좋을 수 있다.

감정과 행동으로서의 독서는 인식으로서의 독서와는 판이하게 구별된다. 후자는 대부분 시험이나 학교에서 이루어지는 것이 많다. 그러나 전자는 개인적 독서나 촉진, 그리고 상담에서 일어나는 경우가 많다. 독서는 생각과 느낌을 자극한다는 점에서 수동적일 수 없다. 독서는 능동적인 정신행위이고 상상이나 창의성 사고력과 연결되는 주관적인 잠재능력을 일깨우는 것이다. 물론 독서의 목표는 서로 다를 수 있으며, 책과 동일시하는 독서와 책과 거리감을 두는 독서, 글자 그대로 믿는 독서와 창의적 생각을 해내는 독서 등으로 다양하게 전개될 수 있다. 아이들의 독서와 청소년의 독서가 서로 다르며 청소년의 독서와 성인들의 독서가 다를 수 있다. 개인적인 삶에서 보더라도 이직이나 이사, 결혼과 이혼, 사고, 삶의 위기에 따라 다르게 읽을 수 있다.

독서를 통해, 특히 문장과 단어, 의미를 통해 우리는 문화적 관습을 배운다. 그러므로 국어 수업에서처럼 문식성(literacy)과 문해성(文解性)이 매우 중요한 것은 말할 필요도 없다. 그러나 이 과정을 넘어서면 감성적 문학수용이 큰 의미를 띤다. 문학 장르를 통한 다양한 문학적 영향도 배울 것이며, 문학이 시대를 지나면서 다양한 의미를 띠는 것도 배울 것이다. 아이들은 학교에서 당시의 상황에 따라 지정된 정전들을 읽어간다. 하지만 동시에 잊지 말아야 할 것은 학교에서 제공하는 정전이 아닐지라도 아이들에게 큰 인기를 얻는 작품들이 있다. 또한 문화적 공동체의 일원이 아닌 자기 개성을 위한 독서도 존재한다. 나아가 문화적 정전 또는 학교에서의 필독서라 할지라도 개인적 체험적 관점에서 다르게 읽을 수도 있다.

그러므로 우리는 독서를 의무적인 학교 독서와 자유로운 개인독서로 나누어 정리할 수 있다. 전자는 독서 능력과 관계하고 후자는 독서 동기와 관계한다. 그리고 이것은 결국 외적 동기와 내적 동기로 구분된다. 이런 독서 사회화는 독서의 현상을 이성, 감정, 그리고 그것의 통합인 감성, 이 세 가지 동기로 나누어서 바라보게 한다. 우리는 전통적인 이해지평으로서의 독서가 아니라 개인적 교양의 수준에서 독서와 감정을 이야기할 수 있어야 한다. 과거에는 주로 문화적 정통성의 관점과 대학 입시, 규범의 확립, 윤리적 가치라는 틀 안에서 독서가 이루어졌다면 지금 세대는 개인의 인성발달과 문학을 통한 사회화라는 관점에서 독서가 중요한 역할을 한다는 것을 인식하여야 한다.

2. 내포독자와 독서행위

독자가 책을 읽는 과정에서 어떤 심리과정을 가지는가 하는 것을 독서의 현장에서는 확인할 수 없다. 그러므로 독자와 텍스트의 상호작용에 대해서 살펴볼 필요가 있다. 먼저 영향미학과 독서행위의 권위자인 이서(Wolfgang Iser)의 이론부터 살펴보자. 일반적으로 독자는 책을 다르게 그리고 다양하게 읽는다. 읽는 사람마다 중요시하는 부분이 다르고 감동을 받는 부분이 다르다. 그러나 우리가 잘 알다시피 전통적인 국어수업에서는 작가가 자신의 작품에서 의미하는 바는 하나고 학교는 그것을 교육하고 학생은 그것을 교육받아야 한다고 생각했다. 이런 이념 뒤에는 전체주의라는 사회적 배경이 깔려 있는데, 작품과 독자 사이에 쌍방향이 아닌 일방적 영향력만이 존재했다. 그러니 비평가나 문학연구가들, 교수들, 교사들은 모두가 작품의 한 가지 의미를 파악하는 데 주력하였다. 얼마 전 하나의 해프닝이 있었다. 어떤 시인이 수능 시험에

출제된 자신의 시에 대한 문제의 답을 맞힐 수가 없었다고 한다.

그런데 지금은 독자의 자율성을 중시하는 교육이 세계적으로 대세다. 수용미학을 주창한 야우스와 이저가 독일에서 이 이론을 시작한 것이 68학생운동과 맥을 같이하는 것도 같은 이유다. 이미 50여 년이 흘러간 이야기다. 지나간 이야기를 왜 반복하는가? 그 이유는 텍스트를 감성훈련에 사용하기 위해서는 독자의 자율성을 인정하지 않으면 안 되기 때문이다. 학교 수업을 담당하는 교사들이나 대학의 교수들은 자기들의 권위가 빼앗길까 봐 이런 이론을 당연히 반대하여 난리 법석인 것이다. 텍스트의 깊은 의미에는 아무나 접근할 수 없지만 그렇다고 독자가 무조건 비평가나 학자, 때로는 작가의 읽기 방식대로 읽을 필요는 없을 것이다.

더구나 교육적인 측면에서 문학을 다루려는 사람들은 우리를 더욱 실망시킨다. 이들은 감성적으로 독서에 접근하는 사람들이 작품을 왜곡한다, 작품을 자의적으로 해석한다는 비판을 늘 되풀이한다. 이들이 주장하는 것은 작품을 해석하는 것도 어려운데 언제 독자의 다양성까지 해석해야 하느냐는 것이다. 그럼에도 불구하고 독자는 언제나 자기방식으로 책을 읽는다. 우울한 독자가 시를 우울하게 해석하고 생기발랄한 독자는 생기발랄하게 해석하는 것이 현실적이지 않는가? 이들을 우리는 현실독자(the real reader)라고 부른다. 현실독자가 살아야 문학수용이 온전히 일어난다. 누군가 제빵점에서 다 구워놓은 빵만 산다면 뻔한 종류의 빵만 사게 될 것이다. 마찬가지로 애정 없는 엄마를 둔 아이는 『돼지책』(앤서니 브라운)에서 얼굴 없는 엄마를 동정심 없이 바라보는 형태의 독서를 할 것이다. 그러나 현실독자들은 작품을 다양하게 읽어낸다. 말하자면 만두를 빚을 때 다양한 모습으로 다양한 종류로 빚어내듯이 말이다. 그렇게 되면 이제 한 종류의 문학작품은 문학텍스트란 개념으로 바뀌게 된다. 텍스트와 작품은 다음과 같이 구별하면 된다. 작품은 제빵점에서 만든 것, 텍스트는 내가 직접 만든 것. 그러므로 텍스트는 독자에 의해 완성된다. 오늘날 어떠한 학자라도 어떠한 비평가라도 이러한 독자의 고유한 권한을 빼앗지 못한다.

일례를 들어보자. 감정을 다루는 책이라 해도 전래동화는 특정한 도덕이나 교훈을 포함하고 있다. 그러나 셰익스피어의 『베니스의 상인』을 그렇게 읽을 수는 없는 노릇이다. 비록 유대인 샤일록이 도덕적으로 비난받을 만한 인물이라 해도 독자는 유대인으로서 그가 안고 있는 안타까운 현실에 대해 공감을 할 수도 있다. 특히 텍스트가 감성훈련에 사용될 때는 독자/참여자들에 의해 더욱 다양한 수용이 일어난다. 독자가 교훈적으로 수용하든지 아니면 유대인을 옹호하는 방식으로 수용하는데 이 경우의 독자가 현실독자가 된다. 〈트로이〉라는 영화를 보면서 아킬레우스가 아니라 프리아모스 왕과 그의 아들 헥토르에게 더 연민의 정을 느꼈다고 독자가 말할 때, 이 독자는 현실독자이다. 그러나 현실독자가, 또는 작품의 저자가 현재 독자의 현실적 수용을 넘어 아킬레우스의 용맹함을 표현한 그리스 서사시의 함의를 잘 알고 있다고 할 때 우리는 그를 내포독자, 그리고 그 함의하는 작가를 내포화자(내지는 내포작가)라고 부른다.

내포독자가 반드시 이상독자일 수는 없다. 그러나 이상독자가 내포독자일 수는 있다. 현실독자가 반드시 내포독자일 수는 없다. 그러나 내포독자는 현실독자일 수 있다. 그러면 어째서 이런 구별이 발생할 수 있을까? 우리가 다음 장에서 다루게 될, 텍스트가 포함한 여백이 문제의 핵심이다. 물론 여백은 문장과 문장 사이에도 발생하고 문법적으로도 발생한다. 그러나 여기서 말하는 여백은 작가가 의미하지 않는 의미를 가리킨다. 독자는 여백을 채워가면서 작품을 구체화하는데 여백을 풍성히 충족시키는 독자를 우리는 이상독자라고 하며 그것을 구현하는 경우를 내포독자라고 말한다. 그런데 작품에는 여백이 많은 것도 있고 여백이 적은 것도 있다. 대체로 신화나 서사시와 교훈적 내용을 담은 우화나 동화 등에서는 여백이 크게 만들어지지 않는다.

그런데 감성독서라는 주제에서 중요하게 관찰해야 하는 것은 감정이 금방 노출되는 작품이나 자기를 투영할 여백이 없는 작품은 자신의 감정을 적절히 매개할 수 없다는 사실이다. 목표가 너무나 분명하여 더 이상의 생각이나 느낌을 가져볼 수 없는 작품, 패턴이 너무 분명한 작품(한국의 드라마 같은 경우)은 긴장이 떨어져 독서촉진에 큰 의미가 없다. 이런 작품을 폐쇄형식의 작품이라고 하는데 여기에 심층심리학이 개입한다. 현상하는 것 뒤에 있는 모순들, 무의식들이 작품에 내재되어 있지 않다면 그것은 좋은 텍스트라고 할 수 없다. 반대로 독자가 구성하기에 작품구조가 너무 어렵거나, 나이브한 독자가 답답함을 느끼는 작품이나 어떠한 해석의 가능성이 보이지 않는 작품 또한 독서의 촉진에 적절하다고 볼 수 없다.

결국 독서에서 중요한 점은 책에 있는 것 이외에 내 경험의 기억을 불러오고 그 경험을 텍스트와 연결지으면서 다양한 상상을 불러일으키는 것이다. 그러나 여백이 적은 책은 자신의 상상을 구조화할 수 있는 가능성이 적은 책이다. 한국 동화작가들에게서 자주 찾아볼 수 있는 점은 교훈 같은 것, 아름다운 감정 같은 것을 일정 부분 패턴화하여 (아동) 독자들을 일정한 틀 안에 가두고자 하는 점이다. 이렇게 되면 좋은 감정, 좋은 의도를 받아들일 수는 있을지언정 새로운 차원에서 자율적으로 생각하고 느끼는 것을 받아들이게 하지는 못한다. 이런 상황은 만화나 시리즈물에도 적용이 되는데 설령 그런 작품들에 여백을 통한 서스펜스가 있더라도 창의력을 기대하기는 힘들다. 우리는 작가에게서만 창의력을 찾지만 실제로 많은 작품들은 독자의 창의력을 요구하는데, 이때의 창의력이 바로 여백에서 만들어진다.

그렇기 때문에 아이의 상상력을 길러주기 위해서는 그런 작품을 아이들에게 소개해도 안 되고 일정한 패턴으로 답을 요구하는 독서활동을 요구해서도 안 된다. 여백이 독자에게서 다양하게 파문을 일으키도록 두어야 한다. 교육이라는 것을 염두에 두지 않은 독서활동이 얼마나 유익한지를 유념해야 한다. 이런 분위기에서 능동적으로 이야기에 함몰되어 스스로 상상하기 시작할 때, 즉 작품을 구체화할 때 독자들은 텍스트에서 읽은 것을 자신의 경험 속에 든 이미지에 환원하고 그것을 통해 상상을 시작한다. 이때 공감을 하지 않고 문자적으로 이해하려는 독자는 이야기의 결론이 뭔지 판단하려 할 뿐 자신만의 세계를 만들지 않는다. 그래서 논리와 사고, 감성과 상상이란 말이 구별되기 시작하지만 실제적으로 관심을 가지고 작품에 감정이입하는 독자에게는 이들 사이의 경계가 무너지고 없다. 나이브한 독자가 아니라면 프리아모스와 아킬레우스의 행동에 특정한 논리가 놓여있지 않나는 것을 안다.

그리면 작품이 인지적 이해를 넘어서는 독자의 상상력을 어떻게 일깨울까? 다시 말해 이미지로 바뀌는 과정이 어떻게 일어날까? 이런 맥락에서 독서행위에서의 환기 능력을 제일 먼저 탁월하게 지적한 사람이 바로 볼프강 이저다. 우선 이저는 홀랜드라는 학자가 문학텍스트에 대한 반응을 말하면서 심미적 경험과 일상적 경험을 구별하지 않는다고 비판한다. 그것은 방금 위에서 말한 대로 상상력과 판단을 구별하는 중요한 기준이다. 우리가 독서에서 일상적 언어가 아니라 여백이 있는 언어를 사용한다는 점은 매우 중요한 시사점을 던져주고 있다. 아래에서 우선 이저가 비판한 홀랜드의 텍스트를 읽어보자.

먼저 나는 문학이란 주로 하나의 소통의 형식이며, 표현방식이며 어떤 예술품이라는 말을 하고 싶다. 하지만 이 책에서 이야기하는 문학이란, 하나의, 다른 경험과 단절되지 않은 경험임을 말하고자 한다. […] 우리는 문학을 객관적으로 분석할 수 있다. 그러나 어떻게 혹은 왜 반복되는 이미지와 구조들이 개인의 주관적인 반응을 이끌어내는지에 대해서는 말해지지 않았는데 이 책이 그에 대해 대답하고자 한다. 그러한 대답들은 내 자신의 반응을 토대로 분석되겠지만 이런 분석이 전적으로 옳다거나 다른 사람들에게도 똑같이 적용된다는 말은 아니다. 다만 문학을 통한 나의 반응들이 어떻게 환기되어지는가를 보여줄 수 있다면 다른 사람들도 똑같은 경험을 할 수 있으리라 믿는다. 대부분의 정신분석학적 연구에서처럼 우리도 또한 어떤 사례연구를 통해 작업해야 하는데 이 경우에는 그 사례가 나 자신이다. 하나의 대상물인 텍스트로부터 그 대상의 경험으로 넘어가기 위해서는 어떤 심리학의 도움이 필요한데, 내가 선택한 것이 정신분석학적인 심리학이다.[8]

만약 "문학을 객관적으로 분석할 수 있다면", 다시 말해 문학텍스트가 "다른 경험과 단절되지 않은" 일상적 경험이라면 문학텍스트가 독자에게 경험을 어떻게 유발할 수 있는가 하는 점이 문제가 된다. 그 이유는 독자가 일상에서 한 경험은 아무런 미적 경험 가능성을 유발할 수 없기 때문이다. 이저의 이런 비판은 매우 추상적으로 들릴 수 있기 때문에 구체적인 작품을 두고 설명하는 것이 좋을 것이다. 미하엘 엔데의 『마법의 설탕 두 조각』이라는 작품을 예로 들어보자.

렝켄은 말할 나위 없이 착한 아이입니다. 엄마, 아빠가 다정하게 대해주고, 렝켄이 원하는 걸 들어주기만 한다면 말입니다.

다만 엄마, 아빠가 그렇게 해주는 일이 거의 없다는 게 문제였지요.

렝켄이 아이스크림이 먹고 싶어서 돈을 달라고 하면 아빠는 언제나 이렇게 말했습니다.

"안 돼, 벌써 두 개나 먹었잖아. 아이스크림을 한꺼번에 많이 먹으면 배 아파요."

엄마한테 조심스럽게 부탁해도 마찬가지였습니다.

"엄마, 내 신발도 좀 빨아주세요!"

"네가 해. 너도 이제 다 컸잖아."

렝켄이 올해는 바다로 휴가를 가고 싶다고 하면, 엄마와 아빠는 굳이 산으로 가겠다고 했습니다.

렝켄은 이렇게 계속 참고 지낼 수만은 없다고 생각했습니다. 그래서 요정을 찾아가기로 했지요. 착한 요정이든 나쁜 요정이든 별로 중요하지 않았습니다. 중요한 것은 마법을 쓸 줄 아는 요정을 찾는 것이었습니다.[9]

홀랜드가 말한 대로 이 작품을 일상적 경험으로 간주한다면, 그래서 텍스트가 인도하는 대로 독자가 따라간다면 그것은 텍스트에 있는 것만 다루는 국어 수업이 될 것이다. 그렇게 될 경우에는 독자의 능동적인 반응을 기대할 수 없을 뿐더러 독자는 이야기 전체를 갈등과 해결 구도로만 파악하려 할 것이다. 그리고 책을 읽어주는 사람이나 촉진자가 있더라도 일상적인 대화를 엮어가는 것 이상을 기대할 수 없다. 결국에는 이 이야기도 교훈적인 요소를 품고 있는 이상 "렝켄이 한 행동은 옳은가요, 옳지 않은가요?"라는 문제로 귀결되고 만다. 그리고 독자는 갈등을 해결하고 카타르시스를 얻었다고 생각할 수 있다. 그러나 이렇게 되면 이 텍스트는 문학적 심미성의 측면에서 아무런 역할도 하지 않는다. 이저의 주장에 따르면 이런 방식의 텍스트 해석은 정신분석적 해석이 아니더라도 이미 정서이론에서 리차즈가 주장한 것과 전혀 다를 바가 없다.

이와는 반대로 문학텍스트를 심미적 허구로 본다면 이 텍스트는 전혀 달라진다. 예를 들어, "렝켄은 말할 나위 없이 착한 아이입니다. 엄마, 아빠가 다정하게 대해주고, 렝켄이 원하는 걸 들어주기만 한다면 말입니다."라는 첫 문장만 보아도 심미성이 뚜렷이 드러나고 또 독자의 예상을 깨뜨리는 심미적 이질성이 독자로 하여금 자신의 경험을 환기하는 계기를 마련해준다. 즉, 두 번째 문장은 누구에게나 다 통용될 수 있는 말인데도 첫 문장 뒤로 오면서 묘한 여백과 여운, 긴장을 남긴다. 동시에 렝켄이 착한 아이라는 독자의 기대가 깨지면서 독자는 자신의 과거 경험을 환기하게 된다.[10] 이저는 홀랜드가 이런 의미에서 정신분석을 문학 독서에 잘 이용한 것이 아니라 오히려 정신분석의 개념을 퇴색시켰다고 주장한다.[11]

나아가 정신분석이 위의 이야기에서 렝켄의 행위를 그저 감춰진 '남근적 욕망'으로 해석하고 말 때, 이를 통해서 우리가 얻는 바가 없기는 마찬가지다. 왜냐하면 그런 해석은 "상징적" 해석을 밀어내고 "진부한 것"을 진술할 뿐이기 때문이다. 다시 말하면 그렇게 해석하는 동안 독자는 방어기제만 강화할 뿐이다. 그렇기 때문에 홀랜드가 말한 "문학적 작품에 체현된 심리적 과정은 어느 정도 독자의 심리적 과정이 된다. 문학작품이라는 '바깥'에 있는 것이 마치 '여기' 너의 마음속에 또는 나의 마음속에 있는 것처럼 느껴진다."라는 말은 나이브한 생각이다. 왜냐하면 이것은 이미 동류원칙을 말한 플라톤의 인식론이지 정신분석의 발견은 아니기 때문이다. 이는 홀랜드가 정신분석에서 가장 중요한 것이 방어기제이고 그 방어기제가 바로 독자의 반응을 제어한다는 것을 고려하지 않았기 때문에 발생한 문제다.

> 문학은 그 안에 일종의 축제적 성격을 지닌다. 초자아는 자아가 어떤 제한된 시간 동안 모든 종류의 금기들을 위반할 수 있게 한 뒤 다시 자아를 통제하게 되는데 이런 통제를 다시 하는 것 자체가 어떤 안도감과 승리감을 가져다준다.[12]

그런데 이것이 그렇게 말처럼 쉽지 않다. 이런 상태가 현실원칙이라는 강한 방어기제 앞에서 무력화되기 때문이다. 이저가 말하는 것은 이미 프로이트가 그의 『정신분석강의』에서 말한 바 있는 심리과정을 말한다.

> 글로스터: 켄트가 그런 식으로 추방되다니! 프랑스 왕은 격분하며 헤어졌고! 왕도 간밤에 떠났어! 권력을 제한해! 수당만 받아! 이 모든 게 창졸간에 끝났어!
> 에드먼드, 웬일이냐? 무슨 소식이라도?
> 에드먼드: 죄송하오나 아버님, 없습니다. (편지를 넣는다)
> 글로스터: 왜 그렇게 서둘러 편지를 넣으려 하느냐?
> 에드먼드: 아는 소식이 없습니다, 아버님.
> 글로스터: 읽고 있는 서류가 있지 않았느냐?
> 에드먼드: 없습니다, 아버님.
> 글로스터: 없다고? 그럼 뭣 때문에 그걸 그렇게 황급히 주머니에 넣었느냐? 없음의 본질은 그 자체를 숨길 필요가 없는 것이다. 어디 보자. 자, 그게 아무것도 아니라면 안경은 필요 없을 게다.(제1막 2장)[13]

셰익스피어의 『리어 왕(King Lear)』에 나오는 대목이다. 에드먼드가 이복형 에드거를 모함하기 위해 일부러 편지를 감추는 듯한 행동을 취한다. 독자는 이런 행동의 배후에 의미심장한 그 무엇이 감추어져 있다고 생각할 수 있다. 굳이 감추기 위한 것이 아니라면 이것은 어린아이가 굳게 쥔 손을 펴보이지 않고서 엄마한테 손 안에 아무것도 없다고 할 때와 같은 심리과정이 있는 것이다. 그 아이의 손에는 필시 그 아이가 가져서는 안 되는 것이 있기 때문일 것이다. 이런 예는 흔히 문학에서 내포독자의 가능성을 열어둔다.

학문적으로 말하자면 내포독자라는 개념은 "문학텍스트의 구조화된 효과를 서술할 수 있는 선험적 모델이다. 그 개념은 텍스트 구조와 그 구조화된 독서행위라는 개념으로 설명할 수 있는 독자의 역할을 언급하고 있다."[14] 현실독자에서 이상독자 사이를 부유하는 내포독자의 존재를 우리는 지칭할 수 없다. 그러므로 우리가 관심을 두는 감성독자는 어느 학교나 교사, 독서교육자, 교수처럼 일반화의 경우를 상정하는 독자가 아니라 자신의 정념을 최고의 자리에 두고 있는 독자/참여자가 처한 상황에서 보이는 일반적 태도다. 이저에 따르면 "텍스트 구조는 이렇게 독자에 대한 입장을 만들어내면서, 세상에 대한 우리의 관점이 항상 투시도적 성격을 지니듯이, 인간 인지의 기본 규칙을 따른다."[15]

> 관찰하는 주체와 재현된 객체는 서로 특정한 관계를 가지며, 주체-객체의 관계는 재현이라는 투시도적 방식으로 결합된다. 그리고 그 관계는 또한 관찰자가 보는 방식이 되기도 하는데 그 이유는 예술가가 관찰자의 입장에 따라 자신의 작품을 재현하는 것과 마찬가지로 관찰자도 - 바로 이 재현이라는 기술 때문에 - 어떠한 특정 관점으로 기울게 되고 그 관점과 일치하는 단 하나의 유

일한 입장을 찾을 수밖에 없기 때문이다.[16]

이런 견해에 따르면 독자는 텍스트의 관점이 인도하는 의미를 구성하는 입장에 놓이게 된다. 하지만 이런 의미는 주어진 외재적 사실성도, 의도된 독자 자신의 세계에 대한 모방도 아니다. 그것은 독자의 마음에 의해 떠오른 상상이다. 그의 내면에 존재하지 않는 사실성은 표상을 통해서만 존재할 수 있고, 그 결과 텍스트의 구조는 일련의 이미지들을 만들어내게 되며 이것으로 텍스트는 독자의 의식 속으로 전이된다. 이런 이미지들의 실제 내용은 독자의 경험 내용에 의해 채색되고 그 내용은 낯선 내용들이 인식되고 처리되는 관련 배경의 역할을 한다. 그리하여 내포독자라는 개념은 텍스트 구조들이 관념화 과정을 거쳐 개인적 경험으로 바뀌어가는 과정을 말하는 것이다.[17]

독서행위는 이렇게 어렵고 복잡한 과정을 통해 수행된다. 그러나 좀 더 쉽게 내포독자를 설명하자면 독자를 우선 제멋대로의 독자라고 보면 된다. 누가 어떻게 말하든 텍스트를 자기 마음대로 읽겠다는 뜻을 위험한 것으로 보거나 자의적인 것으로 보는 것은 옳지 않은 일이다. 사실 작품에서 느끼는 감동, 관심을 끄는 소재, 작품에서 받는 의미는 개인마다 다르다. 예전에 우리는 어느 시작품을 읽고 모두 비슷한 감상을 가지고 있었다. 그러나 그런 문학이론, 비평, 작가의 견해는 공허할 뿐이다. 읽은 텍스트는 하나도 생각나지 않고 그냥 독자의 이미지만으로 가득한 경우도 있다. 전문적인 용어로 텍스트보다는 텍스트의 여백이 큰 경우라고 할 수 있다. 이제 우리는 아래에서 여백에 대해 면밀히 관찰하는 것이 필요하다.

3. 여백의 이해

감성독서에서 중요한 것 중의 하나는 독자와 텍스트의 소통, 즉 상호작용일 것이다. 그러나 문학텍스트가 구어적 상황처럼 직접제시를 통하여 이루어진 것이 아니기 때문에 소통의 어려움은 가중된다. 오히려 문학텍스트는, 에코의 표현에 의하면, "그 해석적 운명이 고유의 생성적 메커니즘의 일부를 이루어야하는 산물"[18]이기 때문에 직접제시가 아닌, 그 표현하지 않은 것에 의해 성격이 규정된다. 그러므로 문학을 대하는 독자는 텍스트에서 여백으로 제시된 여러 관점 사이의 모순을 해결하고 텍스트를 자신의 의식 안으로 끌어들여 자신의 경험이 되게 할뿐만 아니라, 텍스트로 인해 환기된 자신의 경험을 해석할 수 있어야 한다.

이런 의미에서 볼 때, 문학 독서에 있어서 텍스트를 선정하거나 텍스트를 읽는 법을 지도할 때마다 문제점으로 부각되는 것은 여백(또는 빈자리)의 이해라고 볼 수 있다. 독서에서는 이런 여백에 대한 이해를 통해 독자가 문학텍스트를 구체화하고 텍스트가 생략한 부분에서 상상력을 확장해 자신의 상황에 적용할 수 있다. 근래 독서법은 텍스트 수용 과정에서뿐 아니라 텍스트 수용 이후의 여백의 역할에 대해 더욱 많은 관심을 보인다.[19] 그러나 기존의 독서교육은 텍스트의 구조에 강조점을 둔 것이어서 엄밀한 의미에 있어서 독자의 구체화를 강조한 발생텍스트가 아니라 현상텍스트에 가깝다. 그러므로 문학의 자율성보다는 문학의 권위에 더 관심이 많았다는 것을 부정할 수 없다.

볼프강 이저는 문학텍스트에 독자만이 채울 수 있는 여백이 항상 있다고 주장하며, 움베르토 에코 역시 텍스트를 독자가 의미의 생산에 참여하는 열린 텍스트와 독자의 반응을 미리 결정하는 닫힌 텍스트로 나누고 있다.[20] 이는 텍스트가 모든 것을 다 말해주는 수사학의 시대에서 독자가 텍스트의 미정성을 채워나가는 호소력의 시대로 이행하는 과정에서 독자의 역할이 중요하다는 것을 역설하고 있다. 하지만 에코나 바르트의 경우 한걸음 더 나아간 텍스트, 즉 열린 텍스트의 저자가 죽고 독자가 살아나는 텍스트를 염두에 두고 있다. 독서가 텍스트에 주어진 명제나 진술, 기호나 말해진 것에 의존하지 않는 시대에 어떤 방식으로 텍스트를 읽을 수 있는지에 대한 대답은 그리 쉽지 않다.

3.1. 여백의 개념

여백(餘白)을 우리말로는 빈자리라고 할 수 있다. 이 표현은 '문학과 여백'이란 말에서처럼 다소 추상적인 의미로 사용될 수도 있지만, 독일 문학 영역에서 볼프강 이저의 개념을 번역할 때 사용한 "빈자리"라는 말은 다소 부자연스러우므로 그대로 사용하고자 한다.[21] 여백은 때로는 숨겨진, 때로는 드러났으나 지각되지 않은 부재의 표현이라고 할 수 있다. 채워질 수 있거나 채워져야 할 '간(間) 공간'으로 이해할 수 있는 이 틈은 움베르토 에코(Umberto Eco)가 『이야기 속의 독자』 서문에서 언급한, "텍스트가 말하지 않은(그렇지만 가정하고, 약속하고, 암시하고, 내포하는) 것"[22]을 지칭한다. 텍스트가 말하지 않은 것, 그러니까 텍스트에서 말해지지 않은 것은 표현이란 층위에서 표명되지 않았다는 것을 의미하며, 바로 그 때문에 "다른 모든 메시지 이상으로 독자의 능동적이고 의식적인 협력활동"[23]을 통해 구현된다. 아래에서 제시된 라이너 쿤체의 텍스트를 통해서 여백을 생각해보자.

> 그 소녀는 치마를 입고 있는데 그것은 뭐라고 설명할 수 없다. 왜냐하면 한 마디라도 한다면 그것은 이미 너무 긴 말이 될 것이기 때문이다. 그에 비해 그 소녀의 숄은 두 마리 소가 끄는 쟁기의 봇

줄과 비슷하게 보였다. 말하자면 그 숄은 목 주위에 헐렁하게 둘러있었고, 완전히 펴진 채 정강이와 장딴지 위로 늘어져 있었다(아마도 그 숄이 적어도 세 명의 할머니가 2년 반 동안 짠 나이아가라 폭포만큼 긴 털실로 된 숄이었다면 그 소녀에겐 가장 좋았을 것이다. 그런 숄이 있기라도 하다면, 내 생각에 그 소녀는 자기 생활 감정과 딱 맞아떨어진다고 주장했을 것이다. 하지만 누가 2년 반 전에 그러한 숄이 오늘날 이렇게 유행할 것이라고 짐작이라도 할 수 있었겠는가). 숄을 걸치고 그녀는 테니스 화를 신고 있었는데 그 위에 그 소녀의 모든 남자 친구들과 모든 여자 친구들이 싸인 같은 낙서를 해놓았다. 그 소녀는 열다섯 살이고 늙은 사람들의 생각에 대해서는 개의치 않는다. 늙은 사람들이란 여기서는 서른 넘은 모든 이를 지칭한다.

그들 중의 하나가 그 소녀를 이해하려고 노력한다고 할지라도 과연 그 소녀를 이해할 수 있을까? 나는 서른이 넘었다.[24]

이 텍스트에는 독자가 읽어내야 할 많은 여백이 있다. 그것은 바로 텍스트 속의 화자와 독자가 상호작용하면서 이루어낸 결과물이다. 왜냐하면 이 텍스트가 한 소녀의 외양을 서술하고 있지만 독자들은 그것을 다양하게 바라보기 때문이다. 독자들은 시간과 공간이라는 맥락 속으로 진입하지만 거기서 만나는 것은 특정한 소녀가 아니라 각자가 바라보는 청소년 중의 한 사람이다. 엘러스(Swantje Ehlers)는 이 텍스트가 유발한 다양한 독자의 체험을 이렇게 열거했다.[25] 이를테면, "비판적, 낯선, 따뜻한, 긍정적인, 부정적인, 사랑스러운, 아이러니한, 재미있는, 동정심을 가진, 거리감을 가진" 등이다. 이것은 결국 텍스트가 독자에게 다양한 영향을 자극하고 독자 또한 다양하게 텍스트를 해석하고 있다는 뜻이다.

이런 여백, 즉 해석의 다양함은 사건 때문에 생기기도 하지만 주로 사건을 서술하는 방식 때문에 생긴다. 이것을 우리는 문체라고 말하기도 하는데 가령 '그 소녀의 숄은 매우 길었다.', 또는 '그 소녀의 숄은 너무 길어 땅에 질질 끌렸다.', 그것도 아니면 위 인용문에서처럼, "그 소녀의 숄은 두 마리 소가 끄는 쟁기의 봇줄과 비슷하게 보였다."라고 서술할 수도 있다. 우리는 여기서 사건의 내용이 아니라 문체, 즉 시점이 부수의미(connotations)를 지니고 있고, 그것이 여백을 만들어낸다는 것을 짐작할 수 있다.

라이너 쿤체는 과장법을 사용하여 화자의 시점을 보여주고 있다. 방금 언급한 "두 마리 소가 끄는 쟁기의 봇줄" 이외에도 "그 숄이 적어도 세 명의 할머니가 2년 반 동안 짠 나이아가라 폭포만큼 긴 털실로 된 숄이었다면" 같은 표현이 그 예다. 이런 부정적 묘사에도 불구하고 텍스트와 독자 사이의 상호작용이 활발하게 유발된 것은 바로 유머와 아이러니 사이를 부동(浮動)하는, 작가가 생산한 부수의미 때문일 것이다. 부재하는 어떤 것의 상상은 존재하는 것으로부터 구성되는데 그나마 쿤체의 텍스트에서는 그 실마리가 어느 정도 제시되어 있다.

독서행위 이론을 고안한 이저는 앞에서 말했다시피 심미적 문학텍스트는 형식에서나 의미에 있어서 항상 "여백"을 갖고 있으며 독자는 그 여백을 자신의 고유한 의미로 채운다고 한다.[26] 이저는 이러한 생각을 현상학자 메를로-퐁티와 현상학적 문예학자 로만 잉가르덴에게서 차용해왔다. 메를로-퐁티는 언어에 관한 그의 글 「간접적인 언어와 침묵의 목소리」에서 다음과 같이 말한다.

> 기호의 부재도 하나의 기호일 수가 있으며, 표현이라고 하는 것은 담화의 어떤 요소를 의미의 각 요소에 맞춰 놓은 것이 아니라, 돌

연 초점에서 일탈되어 의미로 향하는 언어의 언어에 대한 작용인 것이다.

고로 말한다는 것은 하나하나의 사유에 단어를 끌어다 붙이는 일이 아니다. 만일 그렇다면 무엇인들 발언하되 결코 본 적이 없을 것이다. 우리는 언어 속에 살고 있다는 느낌을 갖게 되지도 않을 것이며 침묵한 상태로 있을 것이다. […]

언어는 그것이 사물 그 자체를 표현하기를 단념할 때 결정적인 발언을 한다. […] 언어는 사유를 복사하는 대신 그 스스로를 해체되어 있는 것으로 해 놓았다가 다시 그것에 의해 결합되게 될 때 무엇인가를 의미하게 된다.[27]

우리는 메를로-퐁티의 현상학적 담론에서 문학의 언어가 만든 여백이 무엇인가를 이해할 수 있으며, 그 여백이 어떤 작용을 하는지를 이해할 수 있다. "언어가 언어 자체를 포기한다."라는 말은 곧 잉가르덴이 말한 "미정성" 개념과 동일한 선상에서 이해할 수 있다. 이런 의미에서 미정성이나 여백, 침묵의 목소리는 모두 같은 의미로 파악할 수 있다. 그런데 『젊은 베르테르의 슬픔』의 첫 문장들을 읽어본다면 우리는 그것의 정도가 한층 더 심화되어 있다는 것을 알 수 있다.

1771년 5월 4일

훌쩍 떠나온 것이 나는 얼마나 기쁜지 모른다! 친구여! 인간의 마음이란 대체 어떤 것일까! 내가 그렇게도 사랑하고, 헤어질 수 없었던 자네 곁을 떠나와서 이렇게 기뻐하고 있다니![28]

우선 이 텍스트 발췌문을 읽고 독자가 당황하게 되는 것은 (그래서 독자가 서스펜스를 가지게 되는데) 그, 즉 "나"가 누군가 하는 것이다. 떠나온 장소 또 도달한 장소, 나아가 떠나가게 된 상황, 편지를 쓰는 상황 등은 일체 언급되지 않은 부재 속에 있다. 그러므로 서술된 것이 아니라 서술하는 과정이 곧 내용을 채우고 있다. 위에서 언급했다시피 쿤체의 텍스트에는 '소녀의 모습'에 대해 어느 정도는 서술하고 있지만 여기서는 그런 과정조차도 생략되어 있다. 그러므로 독자는 이 말해지지 않은 부분을 자신의 상상을 통해 채워야 한다. 특히 "자네 곁을 떠나와서 이렇게 기뻐하고 있다니!"에서 독자는 모순을 발견하고 어떤 이야기가 계속될 것인지 궁금해한다. 단순하지만 매우 훌륭한 트릭이다. 독자는 상술한 것을 토대로 여백을 채워나갈 것이기에 끊임없이 시점을 바꿔나가야 한다. 이런 서술방식은 전지전능 시점의 비교적 정상적인 서술, 다시 말해 이문열이나 공지영의 소설 같은 전지적 서술(auktoriales Erzählen)[29]과는 판이하게 다르다.

나아가 이 문장에서 대표적으로 찾아볼 수 있는 파격구문(Anakoluth)[30]은 있는 그대로의 사상(事象)을 상상하게 하는 것이 아니라 비약적으로 보충하고 있다. 그리고 이런 문장구조가 생산해내는 여백은 언어 시스템 자체에 있다. 우리는 이것을 소쉬르의 구조주의에서 배울 수 있는데, 소쉬르는 언어기호의 의미가 처음부터 주어진 표상에 의해서가 아니라 언어체계가 가지는 다른 요소와의 관계에 의해서 만들어진다고 주장한다. 이런 관점에서 본다면 우리는 "자네 곁을 떠나와서 이렇게 기뻐하고 있다니!"라는 문장이 두 개의 문장으로 만들어져 있다는 것을 알 수 있다. '자네를 떠나서 나는 슬프다. 그러나 다른 상황으로 인해 나는 기쁘다.'

그러나 이렇게 풀어 쓴다고 해도 여백은 완전히 채워지지 않는다. 그 이유는 여백이 독자의 체험에 의해 완성되기 때문이다. 비슷한 사례를 우리는 기형도 시인의 시 「빈집」에서 찾아볼 수 있다. "사랑을 잃고 나는 쓰네"로 시작되는 이 시의 첫 문장도 파격구문이다. 해석한다면 '사랑을 잃고 나는 슬픔에 빠져 있네. 그 슬픔에 대해 글을 쓰네' 정도라고 할 수 있기 때문이다. 이는 구조주의 언어학이 계열적 축과 통합적 축을 토대로 문장의 종속관계를 구별한다고 할 때, 생략에 의한 통합적 축의 파괴라고 할 수 있다. 작품에서 통합적 축인 결합관계는 현재에서(in praesentia) 형성되고, 계열관계는 부재에서(in abstentia) 형성된다. 그러므로 여백이 생기는 것은 계열관계에서 발생하는 요인이라는 것을 가늠할 수 있다.

3.2. 호소구조와 여백

인간이 환영을 갖고 있다는 점이 예술 행위의 출발점이라는 것을 강조하는 학자들이 많다. 『예술과 환영』을 집필한 곰브리치는 "미술 감상을 지도하는 교사들이 버려야 할 최초의 편견은, 미술적인 탁월함이 사진과 같은 정확성과 일치한다고 믿는 사고방식이다."라고 말하면서 미술에 있어서 환영이 얼마나 중요한 것인지 한 쪽으로는 토끼 머리가 보이고 다른 쪽으로는 오리의 머리가 보이는 그림을 통해 물어본다. 이런 그림을 우리는 매우 호기심이 있게 보면서도 한편 환영의 원리에 대해서는 등한시하는 경우가 많다. 우리가 지적으로는 어떤 주어진 경험이 환영임에 틀림없다고 알고 있는 경우에도 그것이 환영이니 그러지 말라고 자신을 자경(自警)하는 것이 어렵다는 것을 안다. 나아가 곰브리치는 편안하게 고양이를 그리는 방법에서도 우리가 여백을 채워가는 법과 유사한 하나의 사례를 들고 있다. 동그라미를 그려가는 드로잉(또는 기호)에서 동그라미 하나에서 동전이나 빵을, 그것이 지갑이나 가방으로, 결국 고양이로 변해가는 과정에서 인간이 어떻게 환영을 가지는 것일까? 그것은 아마도 인간이 환영을 갖고 있다는 것을 의미하고 그 환영은 원시적 흔적, 즉 충동이나 감정에서 비롯된다는 것을 의미할 것이다.

겔렌은 헤르더가 말한 바 있는 "결핍의 존재"인 인간은 동물에 비해 본능적 열세를 지니고 있다고 전제하면서, "의미심장한 사건의 경험"을 할 때마다 행동하라는 욕구를 자아내는 호소력을 가지는데 이것이 미정의 의무감이라고 했다. 그는 이렇게 말한다.

> 그 때문에 특별한 사건, 즉 의미심장하고 경악할 사건의 지각은, 그것이 아직 극복하거나 완화되지 않은 이상, 분명한 결과를 초래하는데. 그것은 바로 그 지각의 인상에 호소력이 따른다는 점이다. 다시 말하면 그 지각의 인상은 필연적으로 내적인 응답을 요구하고 이것이 욕구로 변하고, 필경 (지진과 같은) 범상치 않은 경험을 위협적으로, 불가해한 것으로, 알 수 없는 것으로 느끼면 느낄수록 그 욕구는 더욱 커진다.[31]

이런 욕구를 고대인들은 제의나 신화로 해소했고, 현대인들은 심미적 상황에서 재현한다. 환영은 바로 이 원시적 직접성의 여백에서 만들어진 본능적인 것이나. 프로이트는 이런 환상충동을 그의 소원사고에서 찾았다. 그것은 의식의 수면 밑에서 지속적으로 성숙된 자아에 의해 통제될 수 있지만[32] 그 흔적이 완전히 지워지는 것은 아니다. 그러므로 텍스트가 범상치 않은 경험을 여백에서 요구할 때 독자가 반응한다는 사실을 알 수 있다.

1763년 레싱은 『라오콘』에서 이렇게 말한다. "문학은 몸체를 단지 한쪽 측면에서만 드러낸다. […] 나머지 모든 것은 미정의 상태로 둔다. […] 작가들이 그의 본질들을 한 가지 모습으로 묘사하는 바로 그 이유 때문에 작가는 정해지지 않은 본질들, 즉 순수한 환영의 본질들을 묘사할 수 있다."[33] 이 레싱의 견해 또한 그런 환영의 토대를 암시하고 있는 것이 분명하다. 레싱의 말을 토대로 마이어(Theodor A. Meyer)는 "이해를 목표로 한 환영의 의미는 아무리 강조해도 지나치지 않는다."라고 하면서 "언어가 현실을 축소해놓은 것이라면" 그 자체로 기능하기 위해 "현실의 한 단면만"을 집어낼 수 있어야 한다고 힘주어 말했다. 그것은 곧 "감성적인 것들의 단편이거나 전체를 아우르는 조망 같은 것들"[34]이라는 확신을 갖게 한다.

이 두 선구자들의 사유를 바탕으로 잉가르덴(Roman Ingarden)은 "미정성 자리"라는 개념을 확립한다. 잉가르덴은 모든 문학작품은 그것이 묘사하는 대상들에 대해 단 하나의 "도식적 형상"[35]만 제공한다고 말한다. 이 형상은 "다양한 미정성 자리와 그 형상에 구체적으로 제시된 확정성"을 포함하고 있다. 수많은 미정성 자리로 채워져 있는 모든 예술작품은 독자의 구체화를 통해 그 미정성 자리를 채운다. 마이어가 환영을 중시했듯이 잉가르덴은 "독자와의 접촉"을 필수불가결한 것으로 보고 있다. 그리고 거꾸로 "순수한 문학작품이 여러 가지 관점에서 도식적인 형상이라면, 그리하여 틈, 미정성 자리를 포함하고 있다면 문학을 그 내용으로만 파악하지 말아야한다."[36]

이렇게 하여 세 사람, 레싱과 마이어, 잉가르덴을 넘어 이저에 이르면 하나의 공통분모가 발생하는데, 그것은 텍스트가 읽혀지는 동안 활성적이 되고 여백은 "텍스트 내에서의 독자의 활동"[37]에 영향을 미친다. 이들 이론들이 약간씩의 차이를 보이지만 여기서 그런 차이를 일일이 다 나열할 필요는 없을 것인즉 그 윤곽만을 찾아본다면 이렇다. 잉가르덴의 개념은 묘사 대상의 조형성에 우선적인 초점을 맞추고 있다. 텍스트의 구체화에 있어 독자의 몫은 사물을 제대로 그려내는 것이다. 가령 쿤체의 텍스트에서 열다섯 살의 소녀가 어떤 모습을 하고 있는가, 『젊은 베르테르의 슬픔』에서 베르테르는 어떤 옷을 입고 어떤 행동을 하는 사람인가 하는 것이 주된 관심사다. 이렇게 본다면 푸른 연미복에 노란 조끼를 입은 베르테르는 텍스트에서 찾아볼 수 없고 그저 로테의 얼굴을 그리는 데 실패한 베르테르 자신처럼 그의 얼굴도 단지 그 텍스트에서 "실루엣"[38]으로만 존재할 뿐이다.

그에 반해 이저의 여백 개념은 주로 서술의 응집성(Kohärenz der Darstellung)에 초점을 맞추고 있다. 텍스트를 만들어가는 데 있어서의 독자의 협력은 텍스트의 내용 기술보다는 관계를 구성해나가는 독자의 측면에서 파악되고 있다.[39] 예를 들면, 위에서 언급한 쿤체의 텍스트, "그녀는 열다섯 살이고 늙은 사람들의 생각에 대해서는 개의치 않는다. 늙은 사람들이란 여기서는 서른 넘은 모든 이를 지칭한다."에 나타난 대로 이 소녀의 모습보다는 이 소녀가 화자와 맺는 관계 또는 화자가 갖는 소녀와의 대비에서 여백이 만들어진다. 이런 관계를 우리는 6월 16일자 베르테르의 편지에서 찾아볼 수 있다.

> 왜 내가 자네에게 편지를 쓰지 않느냐고? 그걸 질문이라고 하는가? 그러면서 자네는 학지라고 자부하나? 내가 건강한 몸으로 잘 있으리라는 사실을 자네도 알 만할 텐데. 그뿐 아니라, 간단히 말하자면, 나는 어떤 사람과 사귀게 되었고 내 마음은 전적으로 중요한 그 일에 쏠리고 있네. 나는 이미 그녀와 — 어떻게 말해야 될지 모르겠네.[40]

"편지를 쓰지 않는 것"과 "그것을 질문이라고 하는가?" 사이의 관계에서 여백이 만들어진다. 이와 관련하여 이저는 "주어지지 않은 것은 상상을 통하여 떠올릴 수 있기 때문에[41] 상상이 연속적으로 일어나는 동안 텍스트 구조가 독자의 수용의식으로 넘어간다."[42]라고 설명한다. 이렇게 보면 이저는 자기 이전의 학자들과는 달리 여백이 소설인물에 대한 주어지지 않은 정보를 말한 것이 아니라, 텍스트와 텍스트 사이에서의 맥락이 끊어진 것을 말하는 것임을 보여주고 있다. 또한 "나는 이미 그녀와 — 어떻게 말해야 될지 모르겠네."에도 우리는 여백을 찾아볼 수 있는데, 여기서는 "나는 사실 사랑에 빠졌다네."란 말을 추측할 수 있으나 "나는 잘 모르겠네."하고 얼버무린다. 그러나 여백이 꼭 "나는 사실 사랑에 빠졌다네."란 것만 의미하지는 않는다. 롤랑 바르트에 따르면 여백이 그런 식으로 대답할 수 있는 것이라면 수사학적 문체에서도 구성상의 단절이나(파격구문) 종속관계의 단절(연사생략)을 통해 생겨날 수 있다. 플로베르의 언어와 같은 괴테의 이런 문체에서는 "서술성이 해체되지만 이야기는 읽혀진다."[43] 그리고 문체들의 이면에는 더 이상 언어체가 존재하지 않으며, 모든 논리적인 변화는 여백 안에 있다.

3.3. 여백의 유형

위에서 설명한 여백은 작가나 화자의 측면에서도 가능하지만 독자의 측면에서도 가능하다. 그런데 그런 여백 구조에 대해서는 이야기가 있어왔지만,[44] 여백의 유형에 대해서는 아직까지 이렇다 할 논의가 없다.[45] 그 이유는 아마도 여백의 현상에 대해서는 공감을 하지만 그 구체에 대해서는 실제로 규정할 마땅한 기준이 없기 때문이며, 나아가 여백에 대해 추상적으로 이야기할 수 있기는 하지만 그 여백을 실제로 규정할 범주가 없기 때문이기도 하다. 그리고 또한 학자들이 여백을 그 실체로 규정할 일은 아마 독자의 몫이라고 보았기 때문이기도 할 것이다. 실제로 여백은 각운이나 운율처럼 서술범주를 갖는 대상 영역은 아니다. 여백은 특정한 분석 수준의 선택과 관계되고 그 선택이 곧 대상을 구성하기 때문이다.

그러나 이런 유형을 장님이 코끼리 더듬는 식으로라도 시도하는 것이 무의미한 일은 아닐 것이다. 그래서 우리는 이 장에서 그런 패턴을 시도하고자 한다. 우리가 이미 앞 장에서 다루었던 논의를 토대로 우리는 먼저 (1) 통사론 수준에서 생략법과 같은 유형을 생각할 수 있다. 다음으로는 (2) 내용, 사상(事象)을 보완함으로써 채워나갈 수 있는 여백이 있다. 여기서는 (a) 설명이 많지만 그래도 채워야 할 여백이 있다(수수께끼). 엔데의 『모모』나 쿤체의 「열 다섯 살」이 여기 속한다. 그리고 (b) 말이 없어 해석을 요하는 여백이 있다. 거의 완벽하게 서술하는, 에리히 아우어바흐가 『미메시스』에서 제시한 범주, 즉 수사학적 형식(호메로스의 서사시)과 여백을 만들어내는 반수사학적 형식(성서 텍스트)을 꼽을 수 있다. 『젊은 베르테르의 슬픔』의 문장들도 이에 속할 것이다. 부재서술법, 즉 minus prijom(Minus Verfahren)과 같은 방법의 여백도 여기에 속한다고 볼 수 있다. 페터 빅셀의 「딸」이나 윌리엄 포크너의 「에밀리를 위한 장미」처럼 주어진 것을 최소화하여 부재하는 것을 상상하게 하는 서술방식이다. 텍스트가 환기하는 결여된 인상은 다양한 기대를 가능하게 한다. 유리 로트만은 prijom(프리좀)이란 예술적 구성과 처리방법이라고 정의한다. 이것은 텍스트에서 메타포를 찾는다든가 비교의 제3점을 찾는 것, 작가가 말하는 것 등과는 판이하게 다른 것으로 물질적인 수사법이 아니라 두 개 이상 여러 문장 요소가 이루어낸 기능이다.[46]

마지막으로 (3) 공간들의 체계 사이들에 놓여 있는 여백을 들 수 있다. 푸코는 언표(das Gesagte)의 특성들을 열거하면서 "현존들의 제한된 체계를 정의하는 것"으로서의 언표의 양상에 대해 논의한다. 그는 언표들을 "언제나 그들의 고유한 자리에 존재하는 것으로서" 분석하고 있다. "우리는 그들(언표들)을 완전히 펼쳐질, 그리고 어떠한 중복도 포함하지 않을 공간속에 다시 위치시킨다. 그 아래에는 어떤 텍스트도 없다. 따라서 어떤 충일성도 없다. 언표적 영역은 전적으로 그의 고유한 표면에 존재한다. 각각의 언표는 그곳에서 오직 그에게만 속하는 하나의 자리를 차지한다."[47] 그러므로 여기서 수용자는 중요하지 않다. 다시 말하면 이저가 말한 대로 여백이 "독자를 사건으로 몰아가 그로 하여금 말하지 않은 것을 함의한 것으로 상상하게 만들"[48] 필요가 없는 종류의 것이다. 그저 말해진 것, 말해지지 않은 것을 그대로 두고도 장소의 이전을 통해 여백이 발생할 수 있다는 것이 푸코의 생각이다.

조창인의 『가시고기』는 이렇게 시작한다. "아빠는 멍텅구리입니다. 나는 지금 멍텅구리 아빠를 보고 있답니다." 백혈병으로 시달리는 아이의 시점으로 기록된, (그래서 글자체를 달리 써놓은) 이 문장들은 독자에 의해서 비로소 그 여백이 채워진다. 아이는 아빠가 비를 맞고 있는 것, 담배를 피우고 있는 것이 안타까워 아빠를 "멍텅구리"라고 표현했을 것이라는 상상은 순진한 일이다. 몇 쪽 뒤, 화자의 목소리로 이루어진 본 텍스트가 시작하자마자 화자는 아이가 아니라 아이의 아빠로 시작하는데 처음 독자가 상상한 차원의 "멍텅구리 아빠"가 고민하고 있는 것이 본격적으로 말해진다. 이 말해진 것, 다시 말해 '언표'는 다른 의미를 연출하고 있다. 아이의 백혈병을 "참혹하고도 살벌한 고문"으로 여기는 아빠는 여간 마음이 아프지 않다. 아빠라는 언표가 그 자리 바뀜으로 인해 생기는 여백이다.

4. 플롯과 발문

아이들이 장난감을 갖고 놀고 있을 때 엄마가 "이 모양은 뭐야, 우주인이야?" "이 차는 뭐하는 거야? 경주용이구나." 하고 물으면 아이는 방해받았다는 듯이 "엄마 나 그냥 좀 놀면 안 돼?"라고 대답하는 경우를 본다. 이런 경우와 마찬가지로 독서에서 인지를 학습의 목표로 정했을 때 학습자는 오히려 독서를 멀리하게 된다. 더구나 문학텍스트가 유희와 환영으로 가득 찬 여백 없이, 모든 게 서술된 인지적, 교훈적 문장으로 가득 차 있다면 학습자는 그 독서에서 더 이상 흥미를 얻지 못할 것이다. 이때 현명한 교사가 있다면 문학을 철학(논술)이나 사회학의 시녀로 전락하는 것을 막아줄 것이다.

일반적으로 독서에서의 여백은 대체로 플롯에 의해 만들어진다. 플롯은 갈등과 동기 같은 심적 에너지에 의해 만들어지는 이야기의 구조다. 왜냐하면 우리는 독서를 어떤 이야기로 이해하는데 사실은 이야기에 스며있는 내적 에너지를 이해하지 못하면 아무것도 이해하지 못하는 게 된다. 이야기가 무엇을(what)에 관한 것이라면 플롯은 왜(why)에 관한 것이다. 예컨대 '한 청년이 군에서 제대하여 돌아온다.', '청년은 옛 애인을 만난다.', '그는 그 여인을 살해한다.'라는 사건이 있다고 가정해 보자. 이것은 개별 사건들을 단순히 시간적 순서에 따라 순차적으로 배열한 것이며, 여기서 개별 사건들은 상호 독립적이다. 이들 사이를 논리적으로 끈끈하게 이어 주는 연결 고리가 필요한데 그것이 인과 관계이다. 가령 '제대한 청년이 돌아와 그토록 그리던 여인을 만나게 되었지만 그 여인은 이미 다른 남자와 깊이 사귀고 있다. 그는 그러한 사실을 알게 되자 배신감과 복수심에 불타올라 그녀를 살해한다.'라고 한다면, 이는 앞의 스토리를 인과 관계에 따라 논리적으로 재배열하는 것이며, 이로써 이 사건들은 플롯의 구조를 갖추게 되는 것이다.

로젠블랫이 지적하였듯이 우리는 문학 수업이 "인간의 다양하고 개인적이며 사회적인 관계 속에서 불가피하게 이들의 경험을 다루는" 것을 인정해야만 한다. 서정시가 기쁨에서 공포까지의 정서를 다루고, 소설이나 극작품이 인간을 둘러싸고 있는 사회를 이해하려고 애쓰는 동안 독자는 삶의 갈등과 긴장, 새로운 세계에 대한 호기심, 자기성찰과 자기실현을 고민하게 된다. 이런 긴장관계를 독자는 개방된 텍스트의 행간 사이에 투영하게 된다. 그러니까 플롯은 곧 독자의 마음, 내적 에너지 등을 반영한다. 아래에 인용한 『모모』의 첫 부분을 통해 이를 살펴본다.

> 그러던 어느 날, 마을 사람들 사이에 요즘 들어 누군가가 극장 터에 살고 있다는 소문이 돌았다. 어린 아이, 아마도 어린 소녀인 것 같다는 얘기였다. 이렇게밖에 말할 수 없는 것은 그 애의 옷차림이 약간 이상했기 때문이었다. 이름은 모모라든가, 아무튼 그와 비슷한 이름이었다.
>
> 아닌 게 아니라 모모의 모습은 약간 이상했다. 깔끔함과 단정함을 중요하게 생각하는 사람이라면 조금 놀랄 정도였다. 키는 작았고, 대단한 말라깽이였다. 그래서 아무리 자세히 봐도 겨우 여덟 살짜린지, 아니면 벌써 열두 살이 된 소녀인지 도무지 알 수가 없었다. 아이의 머리는 칠흑같이 새까만 고수머리였는데, 한 번도 빗질이나 가위질을 한 적이 없는 듯 마구 뒤엉켜 있었다. 깜짝 놀랄 만큼 예쁜 커다란 눈은 머리 색깔과 똑같이 까만색이었다. 거의 언제나 맨발로 돌아다녀서 발 역시 새까맸다. 모모는 겨울에만 가끔 신발을 신었다. 하지만 그 신발은 언제나 짝짝이인데다가 너무 헐렁했다. 하지만 그 애가 가지고 있는 것이라곤 어디선가 주웠거나 선물로 받은 것뿐이어서 그럴 수밖에 없었다. 색색가지 알록달록한 천을 이어붙여 만든 치마는 복사뼈까지 치렁치렁 내려왔다. 모모는 그 위에 다 낡아빠진 헐렁한 남자 웃옷을 걸치고 있었다. 기다

> 란 소매는 손목까지 걷어올렸다. 하지만 소매를 잘라 낼 생각은 없었다. 앞으로 키가 더 커질 것을 미리 계산했기 때문이다. 게다가 또 언제 그렇게 주머니가 많이 달린, 멋있고도 실용적인 웃옷을 얻을 수 있겠는가.[49]

만약에 이 텍스트 부분이 '모모처럼 바보같이 행동하지 말자.'라든가 '모모 같은 아이는 경계해야 한다.'라는 메시지를 전달하거나, '모모는 부모님이 없는 아이이다.'라는 사실을 말해준다면 여기서 우리는 아무런 여백도, 플롯도 찾을 수 없게 된다. 그렇게 되면 호기심은 없어져 버리고 과연 '독자인 내가 그렇게 산다면 어떻게 될 것인가?', '모모는 어디에서 왔는가?', '앞으로 모모는 어떻게 될 것인가?'에 대한 상상은 불가하기 때문이다. 이에 대해 잉가르덴은 이렇게 말한다. "세련된 교양을 갖추지 못한 독자는 […] 그러한 미정성 자리를 없애는 것에 대한 금지를 대수롭지 않게 여기고, 채워나갈 필요가 없는 것을 수다스럽게 채움으로써 잘 형상화된 예술작품을 […] 가십거리(Klatschliteratur)로 만들고 만다."[50] 참으로 옳은 말이다. 독서를 통해 감성능력을 함양하려는 사람이나 촉진자는 이 말을 명심해야 한다.

나아가 이야기가 여백을 만드는 것이 오로지 비교의 제3점(tertium comparationis)[51]인 구체화를 통하여만 가능하다면 독서는 애초부터 진부한 것이 되고 만다. 그것이 국어수업이라는 것이다. 항상 주제가 있고 의미가 있어야 하며 없는 것은 수업 대상이 아니라는 식의 국어 수업 말이다. 그러나 사실상 이 모든 논리나 주제 같은 것을 만드는 수업이 가능하려면 우리는 1차 감정의 토대를 인정해야 한다. 거기에는 기쁨과 분노, 혐오와 공포의 감정이 있다. 결국 비교의 제3점은 이념소설이나 테마소설에서 분명하나 개방적 텍스트에서는 분명하게 드러나지 않는다. 또한 비교의 제3점은 플롯이 없는 텍스트나 상세한 설명을 곁들인 텍스트에서도 분명할 수 있다. 그러므로 독서에서 비교의 제3점이 어차피 독자에게서 만들어지는 플롯 같은 것이라면 여백은 독자의 구체화를 통해 가능하다. 그런데 독자가 뻔한 비교의 제3점을 가지고 있다면 – 가령 모모는 탈선 소녀다, 이렇게 사는 것이 싫다 등 – 여백과 플롯은 존재하지 않는다. 현진건의 「운수 좋은 날」을 읽고 대부분의 독자가 '주인공과 같은 바보 같은 짓을 하지 않겠다.'라고 반응한다면 그것은 여백이라고 보기도 힘들고 구체화를 단순화한 독자들은 제대로 된 플롯을 찾아낼 수도 없을 것이다.

여백을 품고 있는 텍스트를 읽으면서 촉진자는 독자가 제일 먼저 플롯을 파악하도록 해야 한다. 이것은 곧 텍스트의 주제이기도 하다. 그러나 주제는 분명하게 드러나지도, 일정하지도 않다. '미하엘 엔데의 이 텍스트는 무엇을 말하려고 하는가?'란 물음에 대한 대답은 우선 (1) 모모는 누구인가? (2) 모모는 어디에 사는가? (3) 모모의 외모는 어떤가? 이다.[52] 그러나 이것은 이미 텍스트에 제시되어 있다. 텍스트의 여백을 파악하는 것은 지금부터다. 그런 물음은 모모가 '도대체' 어디서 왔으며 '왜' 왔는지에 대한, 개방적 맥락을 지닌 질문에서 시작된다. 이런 질문들은 경우에 따라 이어지는 텍스트에서 그 대답을 찾을 수도 있고 못 찾을 수도 있다. 그래서 여백에 관한 질문은 학생들에게 호기심을 유발하고 긴장감을 조성하기 위한 기술에 속한다.

플롯과 여백 때문에 텍스트는 환영예술로서의 생명을 얻는다. 여백은 독자에게 말을 걸고, 플롯의 상정은 텍스트와의 대화를 활성화한다. 독자들은 텍스트와 자기만의 고유한 대화를 나눈다. 그러므로 독서 촉진자는 이런 여백과 관련된 발문들을 통해 독자들을 동기화하고 그들로 하여금 다양한 형상들을 구하게 활용할 수 있다. 하지만 이 경우에 엘러스가 적절하게 지적하듯이, "모모는 항상 맨발로 다녔는가?"와 같은 발문은 적절치 않다. 왜냐하면 독자들은/학생들은 그것을 텍스트에서 찾을 수 있기 때문이다. 그리고 이런 발문은 주제에서 벗어난 것이다.

주제를 찾아가는 과정 다음으로 플롯을 찾아가는 과정에서 중요한 것은 화자의 시점이다. 엘러스는 다음과 같은 발문을 제시한다. (1) 화자는 모모에 대해 어떤 시점을 갖고 있는가? (2) 모모에 대한 화자의 태도를 찾아볼 수 있는 표현들을 골라보라. (3) (독자들이) 주관적으로 보는 화자의 시점을 나타내는 표현을 찾아보라. 여기서 (1)과 (2)는 어느 정도 객관적으로 텍스트에서 찾을 수 있는 것이기 때문에 절대적인 플롯의 요소로 보기에는 어렵다. 그러나 (3)은 비교적 주관적인 요소이므로 플롯의 자격이 있어 보인다. 결국 플롯 추적의 과정은 쉬운 것에서 어려운 것으로, 단순한 것에서 복잡한 것으로, 구체적인 것에서 추상적인 것으로 이행한다는 것을 알 수 있다. 플롯의 구성은 개개인의 특수한 경험을 텍스트가 짜놓은 그물망(스키마) 안에서 구성하는 주관적 작업이다. 독자들은 잘 알려진 것 위에서 낯선 것을 조망하고 직조한다.

직관이란 텍스트의 여백을 감성적으로 파악하는 것을 말하는데 텍스트 내용을 개념으로만, 즉 머리로만 이해하려는 것이 아니라 감정적으로, 그리고 형상을 그림으로써 수용하는 것을 말한다. 이것이 독서의 활성화에서 가장 중요한 부분이지만 학교 수업에서 배제되기 쉬운 영역이다. 그러므로 우리는 먼저 물어본다. 독자들은 텍스트의 어떤 부분에 대해 다르게 반응하는가? 그리고, 그들은 텍스트 전체에 대해 어떻게 다르게 반응하는가? 이 문제를 우리는 주의 깊게 살펴보아야 한다. 이때 보이는 독자들의 반응은 그들의 경험을 바탕으로 한 상상력이기 때문이다. 낯선 텍스트의 세계는 곧 자신의 익숙한 경험의 매트릭스에서 출발하는데 이것을 가다머는 "선입견(Vorurteil)"이라고 이름하였다.[53] 그러므로 텍스트와 독자의 상호작용은 결국 낯선 텍스트의 내용을 얼마나 자신의 경험에 수용하는가 하는 점이다. 여기서 독서를 통한 세계의 변화가 가능하고 독자/학생 개인의 세계 변화의 기능이 시작된다. 이저의 말대로 "대안이 기대의 성취와 동일시된다면, 문학(수업)은 사실상 기능을 상실하고 만 것이다."[54] 그런 텍스트에 대한 친밀감을 소유하지 못한 독자는 현대 문학의 의사소통 방식을 놓치고 말 것이다.

문학이 언어적 기호를 통해 현실을 반영할 뿐이라면 환영예술로서의 문학은 과장일 것이며, 문학텍스트에서 말해지지 않은 것을 통해 미학이 성취된다는 믿음은 흔들릴 수 있다. 이런 의미에서 여백과 플롯의 중요성은 미학적 차원뿐 아니라 독서(문학)에서 매우 중요한 위치를 점하고 있다. 그런데 기존의 학교 수업에서는 구조주의적 관점에서 "작품"이라는 단일하고 안정된 의미를 띤 기호체계를 다루어 왔던 만큼, 문학텍스트의 여백과 플롯을 타율적인 의미로 제한해 이해해온 경향성이 많다. 바르트는 텍스트가 지향하는 총체적이고 단일한 의미의 발견과 재구성에 대한 이런 의견을 크리스테바의 생각을 빌어 '현상텍스트'라고 이름 붙이는 데 주저하지 않았다. 그에 반해 그는 독자에 의한 여백의 자율적, 창의적 생성을 보장하는 텍스트를 '발생텍스트'라고 명명하고 "저자의 죽음"과 "독자의 탄생"을 강조하였다.[55]

감성독서

촉진

chapter 4

1. 촉진과 촉진자

회의에서 촉진자는 촉진 기술을 잘 이해하고 수행하는 사람이다. 그는 토론과정 및 시간 관리, 적절한 참여유도, 주제에 초점을 맞추도록 함으로써 참여자들을 관리한다. 그러나 촉진자는 회의 진행의 도움자(Helper)이지, 리더(Leader)가 아니다. 그는 모든 구성원들이 적극 참여할 수 있도록 유도하고, 해야할 일에 집단이 몰입하도록 유도하며, 개인차를 극복하고 자기를 표현할 수 있도록 지원한다. 그는 우선 참여자의 욕구(needs)가 무엇인지를 파악하도록 돕는다. 그리고 모든 사람이 적극 토론에 참여하도록 한다. 나아가 적절한 피드백을 제공한다. 개방적인 태도를 유지하며, 적극적으로 경청하고, 시선을 마주친다. 할 수 있다면 유머감각을 갖고 속도와 타이밍을 체크한다. 마지막으로 관심사항과 문제를 표면으로 끌어내며 상황을 직시한 질문을 하고, 언제 멈춰야 하는지를 알아야 한다.

이와 마찬가지로 감성독서에서 촉진자란 독서를 통해 스스로 문제를 해결하여 원활한 감정조절에 이를 수 없는 사람에게 텍스트를 매개할 뿐 아니라 대화 상대자로서, 또는 멘토로서 그 과정을 동반하고 중재하는 사람을 말한다.

상호작용을 중심에 둔 전형적인 독서모임(독서치료)의 현장은 보통 참여자들이 원형으로 배열된 의자에 둘러앉는다. 그리고 책을 읽을 때나 들을 때는 바닥에 배를 깔고 엎드리거나 비스듬히 누운 자세에서 시작한다. 편안한 자세의 필요성은 프로이트가 환자를 카우치(couch)에 눕게 하고 정신분석치료를 시작할 때부터 이미 알려져 왔다. 이는 편안한 상태가 되어야 과거의 기억이나 체험공간으로 쉽게 진입할 수 있다는 생각에서 비롯된 것이다.

이와 같은 관점에서 본다면, 문학 또한 이성적으로 바르게 듣기와 읽기를 요구하는 내용의 것이 아니라 편안하게 읽고 들을 수 있는 것이기 때문에 독서촉진/치료에 도움이 될 것이다. 여기서 말하는 편안하게 들을 수 있는 내용의 것이란 현실적인 이야기보다는 문학이 상대적으로 허구와 상상을 포함한 언어이기 때문에 가능할 것이다. 문학은 이렇게 편안한 상태나 상상의 상태가 되게 하는 특성, 즉 참여자/독자를 자신의 내면으로 침잠할 수 있게 하는 힘을 가지고 있는데 이를 우리는 문학의 촉매작용이라고 한다.

독서촉진/독서치료가 정신과 치료에 비해 큰 장점을 갖는다면 그것은 바로 정서적으로 공감을 일으키고 인지적으로 새로운 통찰을 가능하게 하는 힘 때문일 것이다. 문학은 현실적인 얘기보다 훨씬 쉽게 자신의 내면과 과거의 기억을 불러오는 힘을 갖고 있다. 그러나 우리는 문학이 어떤 조건에서 촉매작용을 하는지, 촉매작용을 잘 하는 문학이 있는지, 그리고 그렇게 되게 하기 위하여 어떤 기술이 필요한지에 대해서는 잘 모르고 있다.

우리는 독서촉진을 논의할 때 이성적인 토론을 전제로 하는 경우가 대부분이다. 그런데 독서 촉진에 있어서의 독자는 학교독자와는 다른 특성을 가지고 있기에 그 면면을 탐구할 필요가 있다. 그간의 문학 독서나 독서에 대한 생각은 독서교육/학습독서의 차원이나 이상독자/심미독자의 차원에서만 이루어졌지[1] 특수한 독자의 내적(또는 자발적) 관점에서 검토된 경우가 없거나 드물었다. 서양의 가정을 살펴보면 아이들이 어릴 때부터 독서를 하는 것은 우리와 비슷하지만 내적 자발성의 측면에서는 큰 차이가 있는 것 같다. 우리는 그저 문학 독서가 마음을 치유한다는 추상적인 가설을 신봉하지만 경험이 제각기 다른 독자가 어떤 통로를 거쳐 마음을 치유하는지에 대한 구체적 탐구를 소홀히 하고 있다.

누군가의 권유로 책을 읽을 수는 있지만 누군가의 강압으로 책을 읽을 수는 없다. 대체로 이런 예를 학교독서에서 찾아볼 수 있다. 독서란 인간이 자연결정론을 벗어나기 위한 자유의 표현이며, 나아가 그런 자유의 소산인 문화의 일부분이다. 동물처럼 본능에 익숙하지 못한 "결핍의 존재"(헤르더)인 인간은 때로 독서를 통하여 억눌린 충동, 감정 등을 간접적으로 발산하거나 또는 부분적으로 포기하는 대신 그에 대한 정서적, 심미적 자유를 되돌려 받는다. 그렇기 때문에 감성 독자의 문학 독서는 비판이나 성찰을 미덕으로 여기는 인문학적 제도와는 본질적으로 다르다. 감성 독자의 독서는 이성을 바탕으로 한 비판이 아니라 감성을 바탕으로 한 자발성의 구현이라고 할 수 있다. 나아가 그런 독자의 자발성은 독서 촉진의 조건이기도 하다.

다니엘 페나크는 이렇게 말한다. "'읽다'라는 동사에는 명령법이 먹혀들지 않는다. 이를테면 '사랑하다'라든가 '꿈꾸다' 같은 동사들처럼, '읽다'는 명령문에 거부 반응을 일으키는 것이다." 그렇다. 페나크의 말이 옳다. 그처럼 독서 촉진자는 "책을 읽으세요."라고 명령을 할 수가 없다. 오로지 부정의 명령만 가능하다. "책을 읽지 마세요.", "사랑하지 마세요."라고 하면 아마도 책을 더 읽을 터이고 더 사랑할 것이다. 그러므로 학교독자란 사실상 의사(擬似) 독자임에 틀림없다. 자신의 솔직한 느낌대로, 자유의지를 가지고 읽지 않는 독자는 진정한 독자가 아닐 것이다.

인식과 사유, 정당함과 비판으로 진화한 인간의 삶의 환경은 필연적으로 자연과 감성을 소외시켰고 동시에 아직도 자연과 감성의 지배를 받는 인간을 소외시킨다. 그 결과 인간은 그로 인해 발생되는 외상, 결핍(deficit), 갈등, 장애 등에 대처할 능동적 힘을 잃을 수밖에 없으며 그것이 해소되지 않는 한 심리적 압박과 불협화음을 겪게 된다. 인간이 동물적인 욕구와 인간적인 욕망을 충족하지 못할 때 그것은 감정이라는 흔적으로 남게 된다.[2] 이 흔적을 찾아 해소하기 위해서는 자발성이 무엇보다 중요하다. 동화나 신화, 문학은 이런 충동과 꿈들을 찾기 위한 언어들로 가득하다. 그래서 촉진자는 이런 언어로, 즉 비판적인 언어가 할 수 없는 감성의 언어로 촉진을 수행할 수 있다.

2. 독자와 텍스트의 관계

감성 독자는 텍스트를 자신의 반응을 중심으로 읽고 싶어 한다. 가령 우리가 "한 송이 국화꽃을 피우기 위해 봄부터 소쩍새는 그렇게 울었나 보다"로 시작하는 서정주의 「국화 옆에서」를 학교에서 또는 그렇고 그런 문화제도에서 읽는다고 가정하자. 대체로 주제는 '인고(忍苦)의 세월을 거쳐 도달한 생의 원숙미(圓熟美)' 같은 대답을 해야 했을 것이다. 그러나 감성 독자로서의 문학 독서는 이런 모범과는 다른 의미를 받아들인다. 작가의 전근대적 의미구상, 예를 들어 '엄마는 아들을 위해 평생 희생하고 아버지는 나라를 위해 몸을 바친'으로 인해 오는 원숙미를 느끼거나 생각하지 않는다. 그보다는 예를 들어 이 시를 생각하면 누구는 국화꽃이고 누구는 소쩍새처럼 평생 울어야 하는가라는 일차적 감정이나 기억이 우선하며 우울한 기분이 된다. 물론 시인/작가가 그런 점에서 독자에게 영향을 미치는 것은 분명하지만 그렇다고 작가/시인이 독자보다 우월한 입장에 있는 것은 아니다.

알베르토 망구엘이 쓴 『독서의 역사』라는 책을 보면 보르헤스가 눈이 멀어 망구엘에게 책을 읽어달라고 하는 장면이 나온다. 한번은 셰익스피어의 『햄릿』 문구 "오 예언의 힘을 지닌 나의 영혼이여! 나의 삼촌이여!"의 낭독을 듣고 있던 보르헤스가 "'삼촌'이라는 단어는 햄릿이 내뱉기에 시적이지도 못할 뿐 아니라 적절하지도 않다고 지적했다. 그는 오히려 '나의 아버지의 동생이여!'라든지 '나의 어머니의 친족이여!'라는 표현이 더 적절할 것이라"[3]고 했다.

이런 독서법은, 망구엘에 따르면, 이미 아우구스티누스와 그의 제자 페트라르카에서부터 그 흔적을 찾을 수 있는데, 이는 "책에서 사고와 문장과 이미지를 취한 뒤에 그것을 오래 전부터 머릿속에 담고 있던 다른 텍스트로부터 정제해 낸 또 다른 사고나 이미지와 연결시키고, 거기다가 독서가 자신의 독특한 사상을 곁들여서 사실상 전혀 새로운 텍스트를 창조해내는" 방법이다. 망구엘은 이런 독서법이 14세기만 해도 텍스트의 권위가 확고했고, "독서가란 단지 외부 관찰자에 지나지 않았기 때문에" 불가능했다고 말한다.[4] 하지만 우리는 아직도 이런 방식으로 독서를 하는 것에 대해 약간은 거부감을 가진다. 책에는 거부할 수 없는 권위가 존재한다고 생각하고 저자는 독자보다 우월하다고 생각하기 때문이다.

이와 같이 감성 독자는 학교독자나 심미적 독자와는 달리 자기 느낌과 경험의 주파수에 맞는 대로 책을 읽어간다. 이런 의미에서 독자는 작가보다 우위에 있다. 그리고 그것이 마땅히 허용되어야 한다. 감성 독자는 남이 읽는 방식대로 책을 따라 읽지 않는다. 다만 어디선가 보인 훌륭한 문구를 찾기 위해 책 전체를 읽을 수도 있고 자기의 마음에 드는 구절에 밑줄 혹은 옆줄을 치면서 읽기도 하며 나를 황홀하게 만들거나, 숭고하거나 경이로운 느낌을 주는 책을 읽되 마음에 들지 않는 책은 덮는다.

어떤 경우든 학교 성적과 같이 눈에 보이는 이해관계로 인해 감성 독자가 생겨나지 않는다. 오히려 이런 실용주의적 독서는 그에게 해독을 끼칠 뿐이다. 논술 성적을 올리려면 헤겔의 변증법을 배우는 길이 빠르고, 상식을 늘리려면 신문을 읽는 것이 나을 것이며, 국어 어휘를 늘리려면 법전(法典)을 읽는 길이 빠르다. 문학 독서는 기껏해야 창의력을 개선하는 데 도움을 줄 수 있지만 학교에서 그런 창의력을 인정해 주는 제도는 없다. 그런 의미에서 감성 독자는 가치와 소유라는 굴레의 독서에서 벗어나고자 한다. 독서의 요체는 작가와 독자의 대화에 있기 때문이다. 만약에 이런 소유 패턴의 사고를 가지고 있으면서 학생이나 자녀의 독서에 개입하는 교사나 부모가 있다면 소유의 가치에 대한 선입견을 보이지 말아야 하며 그의 독서내용을 평가하지 말고 해석하지 말아야 한다. 그렇지 않으면 독서 중에 일어나는 자유로운 상상, 다시 말해 인물과 사건의 형상화가 불가능해지면서 이미지가 만들어지는 과정이 없어지고 눈은 종이책에서 해방될 수 없다. 평가하거나 가치관을 주입하는 순간 자유로운 체험은 기억에 남지 않는다.

독서의 내용을 빨리 소유하기 위해 우리는 종종 축약본, 만화, 영화로 만들어 줄거리를 파악하려는 경우가 있는데 이도 마찬가지다. 성적을 올리기 위해 내용에 주력하고 기성 이미지에 전적으로 의존하면 스스로 이미지를 상상해내는 힘이 약해지거나, 만들어놓은 이미지도 사라지고 만다.[5] 유명 소설가인 김영하는 자신의 블로그와 트위터(단문 게시판)에 '교과서에 실리지 않을 권리는 없는가'라는 제목의 글을 올렸다. 그는 "교과서는 원문을 그대로 싣는 법이 거의 없어 작가가 추구했던 내적 완결성은 온데간데없어진다."라고 주장했다. 그러면서 "국내 교육현실에서 교과서에 실린다는 것은 난도질을 당하고 문제집의 지문이 된다는 것을 뜻한다."라며 "결국 입시 교육의 한 도구가 되는 셈"이라고 비판했다. 그는 또 "문학은 독자가 원문을 자유롭게 읽을 때 각자의 마음속에서 조용히 일어나는 변화일 뿐 시험 점수로 평가받을 수 있는 게

아니다."라고 강조했다.[6]

이렇게 학교독자와는 달리 감성 독자는 자신의 자발성을 동원해 책을 읽는다. 이 말은 결국 그가 어떤 교양을 쌓기 위한 수단으로 책을 읽는 것이 아니라는 것을 뜻한다. 그렇기 때문에 촉진자가 어떤 독서 반응에 대해 평가하거나 선입견을 갖거나 어떤 실질적인 목표를 지향해서는 안 된다. 그 순간 독자는 자유를 누리지 못하고 당연히 카타르시스 같은 치유의 여정에 들어서지도 않는다. 학교독서에서는 일반적으로 독서가 삶에 미치는 영향을 강조한다. 그러나 삶이 독서에 더 많은 영향을 미친다. 독서를 하면서 우리는 책 속에서 많은 인물과 그의 이미지를 만나는데 이것들이 양 방향으로 교류를 하지 못한다면 독서의 효과를 얻을 수 없다.

이런 과정은 상징화(symbolization) 또는 탈상징화(de-symbolization)를 통해 체화된다.[8] 상징적 이미지는 삶에서 구체적 모습을 얻게 되고, 삶의 구체적 모습은 이미지를 통해 틀을 얻는다. 영화 〈굿 윌 헌팅〉에서 감정이입을 할 수 없는 윌에게 촉진자인 숀은 이렇게 말한다.

> 넌 네가 뭘 지껄이는지도 모르고 있어…… 미술에 대해 물으면 온갖 정보를 다 갖다댈걸. 미켈란젤로, 그에 대해 잘 알거야. 그의 걸작품이나 정치적 야심, 교황과의 관계 성적 본능까지도 알거야. 그렇지? 하지만 시스티나 성당의 내음이 어떤지는 모를걸? 한 번도 그 성당의 아름다운 천장화를 본 적이 없을 테니까. 난 봤어……

호소구조를 가진 문학텍스트가 체험 없이는 완성이 되기 어렵듯 주인공 윌이 가진 지식은 공허하기 이루 말할 수 없다. 감성 독자는 자기가 체험한 것의 구조와 형식을 문학에서 찾는다. 감성 독자에게는 책 속의 이미지와 생각만이 아니라 자신의 일상적 삶에서 나온 욕구와 느낌이 동반되어야 한다. 문학은 이성적인 삶의 지형도나 이정표가 아니다. 로젠블렛에 따르면 "독자는 과거 경험의 잔유물에서 그의 선택을 유도해내는 특별한 목적, 특별한 기대와 가설을 가지고 작품에 접근하며, 의미는 독자가 지면 위의 기호들과 주고받기를 실행할 때 나타난다."[9] 이 말을 풀어보면 감성 독자는 자기의 기억과 연관된 기호들을 추출해 무늬가 같은 것만 의미로 받아들인다는 뜻이다.

감성 독자의 독서 목표는 정보의 수집에 있는 것이 아니라 유추를 통한 정서의 정화에 있다. 이는 배우는 이들이나 가르치는 이들 모두에게 적용되는 일이다. 독서지도나 독서치료의 발문들을 보면 많은 생각을 하게 한다. 어느 중학교 선생님의 발문 이야기를 가지고 이 문제를 깊이 생각해볼 수 있다. 독서시간 후에 선생님과 학생들의 대화다.[10]

"사랑이 뭐야?"
"좋아하는 거요."
"좋아하는 게 뭐야?"
"사랑하는 거요."

대화가 이렇게 뺑뺑이 돌듯 하니 독서발문에 대한 재미도 없고 그런 아이들에게 당황한 교사가 하는 수업이니 당연히 학생들도 재미없을 것이다. 대답이 단답형일 뿐만 아니라 반복적이며, 그것보다 더 절망적인 것은 물음이나 대답이 단답형이고 그것이 곧 끝이라는 점이다. 선생님의 이야기를 계속 들어보자.

> 독후감 과제를 내주면 대부분의 아이들이 붕어빵 찍어내듯 비슷한 구조의 생각을 담아온다. 선생님이 권해 주셔서, 우연히 서점에 들렀을 때 책 표지가 강한 인상을 주어서로 글을 시작한다. 곧 두꺼워서, 왠지 제목이 딱딱해 보여서 등의 이유를 들어 처음엔 확 당기기 않았음을 고백한다. 그리고 그 동기와 아무 관련 없이 줄거리를 요약하고, 줄거리와 관계없는 교훈을 정리한 뒤 빠지지 않고 국어선생님께 존경과 감사의 뜻을 전한다. 이런 책을 소개해 줘서 고맙고, 다른 책을 막 읽고 싶은 충동이 생긴단다.[11]

아이들이 하는 행동은 의외로 참 재미있다. 그런데 이런 과정은 독서에 관한 한 대학에서도 비슷하게 일어나고 있다. 문학에 관한 대부분의 리포트의 시작은 주제와 관계없이, 왜 자기가 이 책을 읽게 되었는지를 쓴다. 그 다음에 공학과 학생들일 경우에는 자기는 '공돌이'라서 문학을 잘 모르므로 글을 잘 쓸 수 없다는 것을 인정해 달라고 읍소하거나, 자기는 복학생이라서 감각을 놓쳤다거나, 아니면 이제 새내기라서 선배들과 비교하면 여러 가지로 뒤처진다는 둥 장광설을 펼친다. 그것도 아니면 솔직히 "교수님 저는 무슨 말인지 전혀 이해가 가지 않습니다.", "이런 강의는 서울대 학생들을 위해서 하셔야 될 듯합니다.", "우리들(!) 수준에는 맞지 않습니다." 하기도 한다. 그것도 아니면 수강을 늦게 신청해서 무슨 맥락인지 잘 모르겠다고 하면서 애국가 같은 내용을 써내기도 한다.

독서가 내용을 전달하는 것이라 생각하는 학생들은 이런 강박을 갖고 있다. 마찬가지로 독서가 교육이라고 생각하는 독서교사나 독서지도사는 대체로 내용을 전달하려고 노력한다. 이는 가령 슬픈 마음을 위로하기 위해 김건모의 〈미안해요〉라는 노래를 들려주고, 나훈아의 〈울지 마〉란 노래를 들려주는 것과 같다. 전자는 민망하고 후자는 비꼬는 것 같다. 만약 우리가 내용이 아니라 정서를 환기하고자 한다면 이 경우 슈베르트의 〈세레나데〉나 시크릿가든의 〈유레이즈미업〉, 미샤 마이스키의 〈해변의 노래〉가 더 적합할 수 있다. 이런 원리는 독서에도 적용된다. 독서지도나 독서치료에서 늘 등장하는 단골 메뉴가 주제별 독서목록(상황별 도서목록)인데 그런 소재 중심주의가 기억 환기에 도움이 되지 않는다. 그 이유는 독서행위가 내적 분위기로 환기되지 외적인 것으로 자극되지 않는 이유 때문일 것이다.

물론 극단적인 경우이기는 하지만, 황순원의 「소나기」를 읽고 '비의 종류에 대해 말해봅시다.'라든가 '햄릿은 왜 〈곤자고의 살인〉이라는 극중극을 만들었나요?' 같은 발문도 이런 요인이 될 수 있다. 유추에 적합한 독서를 접하기 위해 감성독서에서나 독서치료에서 흔히 사용되는 단순한 발문 대신 독서의 내적 과정을 고려하여 기억을 환기하기 위한 발문이 만들어져야 한다. 우리는 이런 과정을 김춘수의 시 「나의 하나님」을 예로 들어 진행해보자.[12]

> 사랑하는 나의 하나님, 당신은
> 늙은 비애다.
> 푸주간에 걸린 커다란 살점이다,
> 시인 릴케가 만난
> 슬라브 여자의 마음속에 가라앉은
> 놋쇠 항아리다.[13]

이 텍스트는 주로 은유를 가르칠 때 쓰는 대표적인 시다. 그러나 이 시를 감성 독자가 온전히 읽으려면 몸으로 느끼고 몸으로 생각해야 한다. 심상 하나하나에 모든 감각화된 기억이 묻어있기 때문이다.[14] 특히 행간에 있는 여백을 메우는 일은 어떤 상상력이 없이는 도저히 불가능하다. 촉진자는 이런 텍스트를 선택하고 개인적으로 개입한다. 촉진자는 참여자들에게 그러한 것을 다음과 같은 질문을 통해 구체화할 수 있다.

1. 이 시에서 가장 마음에 남는 말이나 구절은 무엇인가?
2. 내가 이 시의 심상들 중의 하나처럼 산 순간이 있었는가?
3. 그 심상을 몸으로 구체화할 수 있나?
4. 그 심상을 중심으로 어린 시절의 기억을 처음과 중간과 끝이 있는 이야기로 써보자.

명백한 사건을 제시하지 않고 있는 이 텍스트는 오로지 심상으로 환기할 뿐이며, 텍스트 속의 심상들은 마음과 그 동기, 욕망에 대해 거의 정보를 주지 않는다. 그렇기 때문에 독자는 자신의 상상력을 동원해야 한다. 독자들은 이런 질문을 토대로 상상의 "하나님"(몸)을 만들 수 있다. 그리고 창의적이고 자발적으로 그것을 형상화할 수 있다. 만약 독자가 그런 심상들을 표피적으로 판단하고 이성적으로 해석하고 정서적으로 표현할 수 없다면 그것은 강박적이다. 반대로 너무 많은 슬픔이나 정서로 환기된다면 그것은 감정조절에 실패한 경우다. 두 경우 다 원만한 카타르시스 경험에는 실패하였다고 할 수 있다.

그럼에도 불구하고 혹자는 이렇게 주장할 수 있다. 위의 발문은 성인들을 위한 것이기에 아동에게는 어차피 수준 낮은(?) 질문을 해야 할 것이고, 그러자면 자연 인지적인 단문 "사랑이 뭐야?" 같은 발문을 할 수 밖에 없다고. 어른이나 아이 상관없이 발문을 할 때에는 글이 아닌 말로 해야 하며, 진정하고 감성적인 분위기, 놀이의 분위기가 고조되어야 한다. 그리고 황선미의 「나쁜 어린이표」 같은 분위기보다는 미하엘 엔데의 『마법의 설탕 두 조각』 같은 방어기제를 낮추는 분위기로 가야 한다. 그러나 우리가 빠뜨리지 않고 지적해야 할 것은 이런 발문이 단지 이지적이기 때문에 부적절한 것만은 아니다. 독자의 반응에 따른 치료촉진자의 피드백과 셰어링이 판단과 해석, 평가를 동반해서는 안 되며 내적 반향과 공감을 중요시하는데 이들 책들이 그런 것을 위반하거나 망각하고 있기 때문이다.[15]

감성 독자를 위한 독서는 "시적 믿음을 가지는 동안 의도적으로 불신을 거두는"(코울리지)[16] 비도덕적 의미구상인 놀이가 전제되어야 한다. 글을 읽고 난 후에 '엄마에게 앞으로 다신 그러지 말아야겠다.', '아빠처럼 나도 훌륭한 사람이 되어야겠다.'라는 답을 나오게 하는 글은 감성독자를 만드는 데 별 도움이 되지 않는다. 그 대신 '이런 엄마는 한대 쥐어박고 싶다.', '우리 아빠도 주인공처럼 방귀를 자주 뀐다.'라는 말이 나올 때 그 문학은 감성적이다. 선생님께 억울하게 꾸중을 들었다면 선생님이 미워야지 왜 '우리를 위해 애쓰시는 선생님을 그동안 내가 잘 이해 못했던 것 같다.'라는 느낌을 가져야 하나.

다른 예를 들어본다. 어떤 엄마가 아이의 방학 숙제를 도와주고 있었다. 주제는 파브르의 『곤충기』 독후감이었다. 그 아이는 쇠똥구리 이야기를 읽고 그 점에 대해 썼다. 쇠똥구리가 똥을 공처럼 동그랗게 만들어서 열심히 운반하고 있는데 난데없이 도둑 쇠똥구리가 나타나서 빼앗으려고 하자 기지를 발휘해 물리친다는 얘기였다. 엄마는 '쇠똥구리에게 똥은 밥이요, 하늘이요, 집이요, 삶의 전부다.'라는 느낌이 들어서 감동을 받고 아이는 어떻게 썼는지 궁금하여 보았더니, '나도 도둑이 들면 얼른 경찰에 신고해야겠다'라고 써서 황당했다고 한다. 이 이야기는 단순히 황당한 이야기일 뿐이 아니다. 슬픈 이야기다. 읽기 싫은 곤충기를 읽으라고 하니 그 아이가 이해한 것은 도둑 얘기밖에 더 있겠는가.

여기서는 문화적 요인이 독서행위에 영향을 미친 것이다. 우리에게는 예나 의를 중요시하는 문화가 있다. 이런 문화에서는 감정이입을 시키는 진정한 글이 나오기 어렵다. 『곤충기』를 읽는 것보다는 곤충을 사랑하고 체험할 것이며 아이에게 글쓰기를 강요하기보다는 스스로 즐겁게 그것을 찾도록 하는 문화 없이는 독서 또한 자극을 받을 수 없다. 지나치게 논리적인 글, 지나치게 도덕적이거나 교훈적인 글은 독자에게 자신만의 무의식 공간을 가지는 데 방해가 될 뿐이다. 유추와 상상이 불가능한 문화는 현실적인 규제나 금제가 너무 강한 분위기에서 만들어진다.

『개구쟁이 해리』는 목욕을 하기 싫어 목욕 솔을 감추고 맘대로 뛰어놀다가 자기 정체성을 상실한다. 결국 흰 바탕에 검은 점이 있었던 해리는 검은 바탕에 흰 점이 있는 검둥이로 변신한다. 이 과정을 우리는 별도의 문제로 다시 논의해야겠지만 흰 바탕에 검은 점이 있는 개는 현실이지만 검은 바탕에 흰 점이 있는 개로의 변신은 유추나 허구적 의미구상으로 채워져 있다는 것은 매우 중요한 일이다.[17] 존 버닝햄의 『내 친구 커트니』에서도 못 생기고 늙은 커트니가 오히려 요리를 하고 바이올린을 연주한다. 『마법의 설탕 두 조각』에서 렝켄은 요정이 마련해준 설탕 두 조각으로 마법을 부리는데, 부모님이 렝켄의 말을 들어주지 않을 때마다 키가 반씩 줄어든다. 이런 일은 현실에서는 일어나지 않는다. 그러나 우리의 유추작용은 이를 통해 도덕적인 방어기제를 뚫고 자기의 기억을 불러온다. 이런 문학들은 감성과 놀이라는 은밀한 동선을 따라 움직이기 때문에 독자는 은연중에 무장해제된다. 어느 문학이든지 이런 마법적 요소를 감추지 않는 것은 우리의 원시적 흔적이 철학도 아니요, 자연과학은 더더구나 아니요, 오로지 문학만을 통하여 인정을 받을 수 있기 때문이다. 이에 아동문학가 권정생 선생이 한 말이 아주 적합해서 인용해본다. "인간이 인간다워질 수 있는 것은 훈시나 설교가 아니다. 설교를 듣는 것보다, 한 권의 도덕 교과서를 보는 것보다 푸른 하늘과 별과 그리고 나무와 숲과 들꽃을 바라보는 것이 훨씬 유익하다."[18]

3. 촉진을 위한 웜업

나는 학교폭력으로 문제를 일으킨 집단과 작업하는 교사들과 모임을 가졌다. 책을 중간에 쌓아놓고 이 책으로 할 수 있는 것이 무엇이냐고 물어보았다. 처음에는 참여자들 모두 그 책들을 어떻게 해야 할지 몰라 가만히 있다. 그러다 촉진자가 말없이 책으로 부채질을 하고 들어간다. 이런 식으로 해보라고 하자. 그때에는 서로 이야기도 나누고 웃으며 작업을 해낸다. 베개도 만들어보고 집도 만들어보고 또 딱지도 쳐본다. 촉진자는 잠시 침묵한다. 몇몇 참여자들은 들고 있는 책을 보고 있고 몇몇은 그냥 가만히 앉아 있다. 그러고 나는 다음 글을 읽어준다.

> 나는 책입니다. 나는 누구에겐가 사랑을 받고 싶습니다.
> 나는 책입니다. 나는 누군가의 건축 재료로 사용되고 싶습니다.
> 나는 책입니다. 나는 누군가의 땀을 닦아주고 싶습니다.
> 나는 책입니다. 나는 누군가의 등을 닦아주고 싶습니다.
> 나는 책입니다. 나는 누구를 때리고 싶습니다.
> 나는 책입니다. 나는 누군가의 담배를 말아주고 싶습니다.
> 나는 책입니다. 나는 누군가를 따분하게 만들고 있습니다.
> 나는 책입니다. 나는 누군가와 만나고 싶습니다.
> 나는 책입니다. 나는 누군가의 눈물을 닦아주고 싶습니다.

나는 책입니다. 나는 당신의 연인이 되고 싶습니다.

나는 책입니다. 나는 당신의 하인이 되고 싶습니다.

나는 책입니다. 나는 당신의 멘토가 되어드리겠습니다.

나는 책입니다. 나는 당신이 나를 읽어주길 바랍니다.

나는 책입니다. 나는 나를 불살라 당신을 밝혀주고 싶습니다.

나는 책입니다. 나는 당신 안의 글자가 되고 싶습니다.

참여자들의 반응은 이렇다. "저는 이 말들이 참 마음에 들어요. 그러나 처음에는 책으로 무엇을 해야 할지 몰랐어요." "당신은 변화된 상황을 혼란스럽게 느끼시는군요."라고 내가 끄덕이며 공감해주자 그 여성은 격려 받은 듯 이야기를 좀 더 한다. "저는 뭘 하는 것이 올바른지 모를 때가 참 싫어요." 다른 사람들도 이야기를 꺼내놓기 시작하는데 한 남성은 다른 사람들과 달리 자신은 이런 식의 생각이 참 좋았다고 한다.

전형적인 상호작용(interactive) 독서 모임에서 참여자들은 결속력과 상호대화를 원활하게 하기 위해 원형으로 배열된 의자에 앉는다. 그날 사용될 읽기 자료가 나눠진 후에 촉진자는 그날 필요한 부분을 크게 읽는다. 잠시 그 이야기에 대한 느낌이 가라앉도록 침묵한다. 만일 이야기가 짧고 특히 의미가 깊은 것이라면, 그리고 촉진자가 참여자들이 자료를 보기보다 듣는 것이 낫다는 판단을 하면 두 번 읽는다.

예를 들어, "방금 들은 글에 대한 어떤 소감을 말해주실 분 계신가요?" 혹은 "이 작품 속에 있었던 느낌들을 나눠볼까요?" 혹은 "이 글의 어떤 부분은 마음에 크게 와 닿을 테고, 어떤 부분을 그렇지 않을 겁니다."와 같이 특정한 지시 없이 열린 토론으로 시작할 수 있다. 만약 이번 모임 주제가 참여자 대부분의 관심영역이라면, 예를 들어 『어린 왕자』를 읽고 난 뒤에 하는 얘기라면, 질문은 "이 작품이 자신의 삶에 대한 생각과 같은가요?"와 같이 그 주제를 환기시킬 수 있도록 한다.

작품을 소개하는 기본 틀은 참여자들이 직접 읽도록 하는 방법으로도 바꿔볼 수도 있다. 촉진자가 한 번 읽어준 후 한두 명의 참여자들로 하여금 전체나 혹은 본인들이 가장 중요하다고 생각하는 부분을 읽어보도록 한다. 만약 참여자들이 읽는 걸 부담스러워 하면 첫 줄은 촉진자가 두 번째 줄은 참여자 전체가 함께 읽게 해도 좋다. 좌석 배치나 누가 읽을 것인가 하는 결정은 매 회기마다 다소 다를 수 있지만 시작 질문이나 말은 촉진자가 한다.

3.1. 실물보조자료

독서모임 시 시청각 자료가 사용될 때는 기본적인 틀이 좀 바뀌어야 한다. 특히 촉진자는 그런 기법이 대화를 방해하지 않도록 하는 전략을 가지고 있어야 한다. 예를 들어 프로젝터나 레코드는 참여자들이 방에 들어오기 전에 다 맞춰놓고 영화 필름이나 테이프도 시작 부분을 다 맞춰 놓는다. 영화를 보기 위한 좌석 배치를 한 뒤 다시 원형으로 바꾸는 일을 참여자들과 함께 하는 것도 좋다. 영화나 녹음 자료 비디오의 한 부분만 봐야하는 경우, 촉진자는 간단히 그 전 부분들을 짧고 명확히 설명해준다. 이런 요약을 해주지 않으면 참여자들 스스로 그 전 이야기를 상상하느라 즉각적인 반응이 잘 나오지 않는다.

웜업은 특히 (1) 한 집단 전체 회기 중 초기에 (2) 반응을 끌어내기 어려운 참여자들이 있을 때 (3) 선택한 주제가 민감한 부분을 다루는 회기일 때 효과적이다. 용어 자체가 말해주듯 웜업은 독서모임의 주된 작업이 아니라 참여자들이 각자의 반응에 좀 더 자유롭고 편안하게 느끼도록 하기 위한 것이다. 그러므로 한 집단 전체 회기 초반에 촉진자는 참여자들이 이름을 말하거나 자기소개 한두 마디 하게 하거나 자신이 좋아하는 색이나 가장 기억나는 한 해 등 개인적으로 서로 친해질 수 있도록 약간의 변화를 주면서 모임을 시작한다.

어떤 웜업은 그 날 회기를 위해 준비된 작품으로 곧장 시작하는 것일 수도 있다. 많은 경우 그럴 때는 어떤 종류의 시각 보조자료가 있어야 한다. 예를 들어 촉진자는 어떤 집단을 위해 선정한 작품 속 주제로 곧장 몰입시킬 수 있는 만화를 나눠줄 수도 있다. 혹은 참여자들에게 윤동주의 「별 헤는 밤」이라는 시를 읽어줄 수도 있다.

> 계절이 지나가는 하늘에는
> 가을로 가득 차 있습니다.
>
> 나는 아무 걱정도 없이
> 가을 속의 별들을 다 헤일 듯합니다.
>
> 가슴 속에 하나 둘 새겨지는 별을
> 이제 다 못 헤는 것은
> 쉬이 아침이 오는 까닭이요,
> 내일 밤이 남은 까닭이요,
> 아직 나의 청춘이 다하지 않은 까닭입니다.[19]

시에 나오는 별 대신에 책에 대한 기억을 찾아보라고 할 수도 있다. 그런 뒤 한 명씩 자신이 선택한 책을 들고 그걸 선택할 때의 느낌을 말해 보도록 한다. 이런 웜업들은 특히 오랜 시간 집중하기 어려운 참여자들에게 좋다. 왜냐하면 이 방법들은 참여자들이 대단히 개인적이지만 그렇다고 부담을 주지 않으면서 책의 주제에 빠져들게 하고 실제 문학작품을 갖고 이야기할 때에도 지속적으로 개인적 반응을 유도해낼 수 있기 때문이다. 캘리포니아에 있는 독서 촉진자 조이 세이먼은 자신이 수집한 가면들을 많은 용도로 사용하고 있다. 예를 들어 참여자들에게 자신에 대한 뭔가를 떠올리게 하는 것, 자신이 하는 일 혹은 되고 싶은 것을 말해주는 가면을 찾게 할 수 있다. 이 방법은 작품을 크게 읽어주는 특정한 회기에서든 혹은 창의적 글쓰기를 할 때든 웜업으로 쓰일 수 있다.

촉진자가 경험이 생기면서 자신만의 독특한 웜업의 목록을 개발해야 한다. 어떤 기술을 사용하든지 웜업을 위한 활동은 참여자가 대단히 중요한 개인적 느낌을 가지게 한다는 사실을 아는 것이 중요하며, 그래서 촉진자에게는 그런 순간들을 이용할 수 있는 기술과 지각력이 요구된다. 가장 효과적인 전략은 아마 제기된 논쟁점을 즉각적으로 그리고 깊이 있게 다루는 것이다. 혹은 대화에서 가장 중요하게 관심을 끄는 작품은 웜업을 통해 자기이해를 촉발시켜 결국 진정한 이해를 하게 하는 데 사용될 수 있다. 촉진자는 어떤 접근법이 주어진 상황에서 가장 좋을지, 그리고 필요시 그 모임의 계획된 방향을 수정할 수 있을 정도로 유연해야 할 것이나. 하지만, 전체적으로 웜업은 참여자들이 정말로 마음을 열고 진짜 느낌과 반응을 담색하기 위한 경험을 터놓는 정도에만 머물러야 한다.

촉진자는 참여자가 작품 속에 묘사된 상황이나 생각과 관련된 상호작용을 하게 할 수도 있다. 예를 들어 참여자들이 모자를 써보거나 화려한 벨벳 슬리퍼를 손가락으로 만져보거나 질감이 맘에 드는 돌멩이나 조개껍데기를 집어보거나 어린 시절 놀이인 줄넘기나 공기놀이를 해보거나 갓 구운 빵의 특별한 냄새를 맡거나 맛보게 해도 좋다. 이러한 실물(이 용어는 교육학에서 나온 것임)을 사용하면 나중에 주된 감성독서로 선정된 작품 속에 나오는 이미지나 물건에 대한 참여자의 감각적 인지를 좀 더 강력하고 즉각적으로 만들어 준다. 어떤 느낌-반응은 실제로 물건이나 활동에 의해 촉발된 뒤 나중에 작품이나 대화를 통해 주목받는다. 장애가 있는 사람들은 하나 이상의 감각을 요구하는 이 활동을 높이 평가한다. 아이나 노인들 특수 교육을 받는 집단도 구체적 물건을 만지는 활동이 상상적인 작품세계를 구체화하기 쉽다고 생각한다.

이런 활동이 참여자들의 반응하는 능력을 근본적으로 향상시키는 만큼이나 모든 참여자들은 자신들의 반응이 실물을 통한 활동으로 개선되었음을 깨닫게 된다. 아주 친숙한 물건도 독서 모임의 맥락에서 다뤄질 때는 새로운 의미를 지닐 수 있다. 더욱 철저히 건강한 반응을 경험하면 할수록 더욱 유익하다는 증거들이 계속 나오고 있다. 그러므로 촉진자는 음악, 춤, 미술, 혹은 드라마 치료에서 사용되는 것을 그대로 모방하려 해선 안 되지만 몇몇 기술과 식견을 통합할 수 있다. 그러나 실물 사용이 주된 문학작품을 소개하는 용도로 아주 유용할지라도 이런 방법은 주의해서 사용해야 한다. 이때 촉진자가 특정 물건이나 활동이 그 집단에게 미칠 수 있는 실제적 효과를 판단할 수 있는 직관, 훈련, 경험을 지녀야 한다. 게다가 앞에서 살펴보았듯 어떤 상황에서 한 집단의 요구에 부합했던 것이 다른 집단에는 적용이 안 될 수도 있다.

3.2. 청각보조자료

청각 보조자료로 작품 이해가 쉽게 될 수도 있다. 예를 들어 서정적 노래는 음악 반주와 함께 제시될 수도 있고 도구적 음악이 어떤 문학작품이나 영화의 한 장면의 효과적인 배경음악 역할을 할 수도 있다. 이는 실제 작품제시 전, 후 언제든 올 수 있다. 분위기 있는 음악은 다음에 제시할 문학작품의 느낌을 설정하거나 창의적 글쓰기를 더욱 고무시킬 수 있다. 어떤 촉진자는 다소 이질적인 레인스틱(움직이면 물 흐르는 소리나 빗물 떨어지는 소리가 난다)이나 톤차임(흔들면 음정이 재현되는 악기)으로 매우 불안한 상태를 보인 집단에서 효과를 보았다고 한다. 그렇다고 청각보조자료가 항상 음악일 필요는 없다. 특수음향이 담긴 테이프나 레코드, 비, 바람소리, 파도소리, 장작 타오르는 소리 등도 어떤 특정 작품을 제시할 때는 더 강력한 효과를 내기도 한다. 또 촉진자가 참여자로 하여금 스스로 음악을 만들어 연출하게 할 수도 있다. 리드미컬한 박수소리,중창, 돌림노래, 콧노래 소리도 좋고, 촉진자가 준비한 간단한 악기로 만들어도 좋다. 이러한 보조자료가 문학작품에 대한 토론보다 과하지만 않다면 소리와 음악이 작품에 대한 느낌을 대단히 강하게 고양시켜줄 수 있다.

영화 〈타이타닉〉의 주제가 〈My heart will go on〉이나 영화 〈시네마천국〉의 〈Love Theme〉, 노영심의 기타곡 〈보내지 못한 마음〉, 한태주의 기타곡 〈새소리〉, 요시마타 료의 기타곡 〈History〉, 에니오 모리코네(Ennio Morricone)의 〈Piano Solo〉가 좋다. 약간 분위기가 다르지만 청소년들을 위해서는 크리스의 〈Faith〉 같은 음악도 도움이 된다. 각종 인터넷 사이트에 제시된 명상음악 카페에서 자료를 구해 맥락에 맞게 사용해도 좋다. 일반적으로 음악치료에서 사용하는 고전음악도 좋은 자료다. 글룩(글룩)의 〈멜로디(Melodie)〉, 〈오르페오와 에우리디체〉, 쇼스타코비치의 〈재즈모음곡 2번 중 왈츠(Jazz suites No.2 Waltz)〉, 모차르트의 〈클라리넷 협주곡 2악장〉(영화 〈Out of Africa〉 삽입곡), 〈피아노협주곡 23번 A 장조〉, 엘가의 〈사랑의 인사(Salut d'amor)〉, 마스카니(Pietro Mascagni)의 오페라 〈카발레리아 루스티카나 간주곡(Cavalleria Rusticana - Intermezzo)〉 등을 꼽을 수 있고, 바흐의 〈골드베르크 변주곡〉, 〈무반주 첼로 모음곡〉 등도 도움이 된다.

3.3. 미술보조자료

미술 보조자료는 웜업 때 사용하는 것 말고도 문학작품이 제시된 후 감성독서 촉진과정을 효과적으로 운용하는 데 도움이 될 수 있다. 양손에 붓을 들고 (물감을 묻히지 않고) 온 방을 다니면서 벽에 그림을 그리는 퍼포먼스를 해볼 수도 있고, 전지 한 장을 화이트보드에 붙여서 참여자들이 실제로 물감이나 크레용으로 자신의 느낌을 그리고 난 뒤, 발문을 해볼 수도 있다. 아니면 참여자들 두 사람이 가상의 유리벽 양쪽으로 나누어 서서(소리가 안 들리므로) 서로 붓으로 소통하는 연습을 해볼 수도 있다.

그리고 커다란 전지, 펠트펜, 크레용, 물감, 고무찰흙 등을 참여자들에게 주고 자신들이 제목만 알려준, 곧 듣게 될 작품(소설, 동화, 이야기)에 대한 느낌을 그림으로 표현하라고 해본다. 그림에 자신이 없어하는 사람들에게는 잘 그리든 못 그리든 그것이 중요하지 않다고 격려해준다. 종종 이 활동을 가장 두려워하는 참여자들도 일단 시작하고 나면 이런 종류의 활동을 좋아하게 된다. 가끔씩 촉진자가 활동에 함께 참여할 때 참여자가 더욱 적극적으로 반응을 표현하는 경우가 있고 촉진자가 겉보기에 너무 편안하게 작업하는 것을 보고 오히려 용기가 꺾이거나 겁먹는 경우도 있다. 그래서 촉진자는 어떤 상황에 어떤 방법이 가장 좋을지 스스로 결정해야 한다. 물론 모두가 참여활동을 하면 좋지만 반드시 그래야하는 것은 아니다. 감성독서에서는 독서나 미술활동 그 자체가 목적이 아니다. 모든 참여자들은 자신의 그림에서 어딴 느낌이 드는지, 그리고 작품과 그 작품에 대한 자신의 느낌을 그림으로 표현했을 때 어떤 느낌이 드는지 살펴보는 것이 목적이다.

보조자료는 문학작품이나 그 작품이 전달하는 느낌을 줄어들게 하는 것이 아니라 더욱 고무시키기 위한 것이다. 하지만 집단구성원들이 이미 미술적 보조자료를 이용해 시작하는 방법을 알고 있어 작품 자체에 대한 자연스런 반응을 보이지 않을 때는 효과가 반감되는 경우가 생긴다. 반면, 실물이나 다른 보조자료는 다소 직접적일 수 있다. 다시 말해 구체적 활동이나 물건과 관련된 작품의 내용에 관심을 너무 집중시킬 수 있다. 그 경우 보조자료는 참여자들이 작품 속의 특히 의미 있는 무언가를 인식하는 데 방해가 될 수 있다. 마지막으로 작품 소개를 할 때, 실물이나 시청각 보조자료에 너무 의존하는 촉진자는 그와 같은 방법이 다음의 작품선정이나 관련토론을 위한 시간을 제한시킬 수 있다는 것을 깨닫게 될 것이다.

4. 촉진의 과정

독서촉진을 위한 사전 준비가 끝났으면 우리는 구체적 촉진에 임할 수 있다. 그러나 이런 촉진의 과정이 마치 학교에서 학년 올라가듯 순서대로 진행되는 것은 아니다. 때로는 역으로의 과정이 전개되는 경우도 있고 어떤 과정은 건너뛰기도 한다. 우리는 아래에서 먼저 독서 촉진의 외적, 내적 조건을 살펴보고 마지막으로 구체적인 과정에 진입하고자 한다.

4.1. 촉진의 조건

회기와 장소: 루빈은 회기를 짤 때 대상, 문제, 집단의 크기, 약물의 복용, 검열의 유무에 따라 다르게 설정되어야 한다고 주장한다. 가령 학교에서 할 것인가, 우울증인가 강박증인가, 솔직히 말하면 곤란한 경우(가령 법적인 문제)가 있는지 먼저 체크해야 한다. 목표와 기법은 감성 훈련에 유리한 방향으로, 그리고 참여자의 문제에 맞추어져야 한다. 독

서모임의 분위기는 적절해야 한다. 호숫가나 조용한 산 속이 좋고 편안한 장소가 좋다. 그리고 쾌적하고 밝은 장소가 좋다. 그래야 서로 친근해지고 긴장을 풀 수 있고 조용히 쉴 수 있다.

독자/참여자와의 만남: 감성독서의 촉진을 통해 촉진 받는 것, 즉 촉진과정에 참여하는 것은 반드시 자유의지로 이루어져야 한다. 루빈은 참여자의 욕구나 능력, 문제가 촉진의 기술과 목표에 결정적이라고 밝히고 있지만 현재 이루어지고 있는 촉진에서는 그렇게 결정적이지는 않다. 다만 일정한 연령대나 좋아하는 문학의 성향, 심리적 성숙도 등이 고려되면 좋다. 그리고 참여자들의 문학 인지능력 등을 고려해야 하고 절대 참여자를 재촉해서는 안 된다. 하지만 일정한 제한 시간에 대한 감각은 가지고 있어야 한다. 밥을 너무 많이 먹으면 잠이 오듯, 너무 많은 시간을 주면 오히려 역효과가 날 수도 있다.

매체의 선택: 촉진자는 자기가 다루어보지 않은 낯선 텍스트를 사용해서는 효과를 볼 수 없다. 독서 촉진의 과정에서 문학이나 다른 사람의 이야기를 불필요한 부분까지 상세하게 다룰 필요는 없다. 가장 좋은 매체는 시, 콩트, 동화, 소설의 일부분, 단막극 등 비교적 분량이 적은 것이다.[20] 그런 텍스트를 취하는 이유는 쉽게 읽거나 듣고 자신의 이야기를 회상할 수 있기 때문이다. 그리고 피드백이나 공감하기에 많은 시간을 활용할 수 있기 때문이다. 어디까지나 매체는 자기 텍스트를 도입하기 위한 매체일 뿐이다. 그리고 매체가 참여자의 문제와 비슷하면 좋다고 생각하지만 반드시 같아야 할 이유도 없고 같아서는 회상을 불러올 힘이 없다.[21] 한마디로 매체는 동질성으로 시작하고 이질성으로 끝맺는다고 생각하면 옳다. 그리고 참여자가 독서이력이 거의 없다고 할 때 하나의 이야기를 해주는 것으로 시작하면 된다. 매체는 마치 건축물을 지을 때 만드는 비계와 같다. 자기 이야기의 회상이 힘들 때 그 매체로 그

림(책)을 보여줄 수도, 영화를 보여줄 수도, 그림을 그리게 할 수도, 점토공작을 하게 할 수도 있다. 매체를 선정할 때 중요한 것은 리디가 주장하였듯이 동질적인 것(Iso-principle)을 선정하되 자살이나 절망적이고 부정적인 내용이 많이 담긴 것은 회피한다.

메타감정: 여기에서는 독서교육 교사나 독서 지도사, 독서 촉진자가 익혀야 할 기술, 지녀야 할 태도와 방법을 다룬다. 정신분석을 시작한 지그문트 프로이트는 참여자만이 기본규칙을 지키는 것이 아니라 분석가도 "골고루 떠있는 주의력(gleichschwebende Aufmerksamkeit, 영어로는 evenly hovering attention)"[22]을 유지하는 내적 자세로 분석에 임해야 한다고 말한다. 이 말은 촉진자가 어떤 주제에 초점을 맞춘다든가 이론적 기대나 개인적 취향에 치우치면 분석 세팅 자체가 흐트러지고 '이미 다 알고 있는 자료'만을 다룰 가능성이 커진다. 이런 상황은 KBS TV 프로그램 〈명작 스캔들〉에서 소개된 요하네스 페르메이르의 〈회화의 기술〉이란 그림이 보여주는 상황과 비슷하다. 그림에서 화가는 여성을 그리는 자신을 스스로 그리고 있다. 그림 중의 화가가 바로 자신이다. 이 그림이 화가의 신분에 대한 긍지를 표현한 것이라고 하는데 그것은 바로 그림 그리는 신분을 객관적으로 의식한다는 데 있다.

정신분석 과정에서 일어나는 전이와 역전이 현상을 줄이고 가급적 자신의 분석적 지각에 대한 끊임없는 객관화 작업을 통하여 참여자의 내면을 잘 조망하고자 했던 프로이트의 노력은 우리에게 시사(示唆)하는 바가 크다. 예를 들어 엄마 아빠나 교사의 험담을 계속 이어가는 내담자에게 "이제 그만 해."라고 역정을 내거나 핀잔을 준다면, 촉진자가 참여자의 감정을 도출하는 데 실패할지도 모른다. 프로이트가 말하는 "골고루 떠있는 주의력"이라는 경지에 도달하는 것은 힘들다. 아이가 감정적으로 대할 때 일어나는 자기의 감정을 떠나서 어떻게 그 아이와 대화를 끌어갈 수 있는가? 앞에서도 이미 지적했지만 이것은 독자 스스로가 감성훈련을 하는 데도 매우 중요하다. 자기가 화가 나면 그 화나는 자기를 좀 떠나서 촉진을 해야 한다는 뜻이다.

가령 어떤 아이가 "솔직히 말해 선생님들 다 미친 것 아니에요?"와 같은 반응을 보일 때, 아니면 책을 읽어주는 나에게 상처가 되는 말을 하거나, 텍스트와 전혀 무관한 반응을 할 때 어떻게 그런 분위기를 참고 감성적인 분위기로 갈 수 있는가 하는 문제다. 기실 촉진자도 사람인지라 무의식에 이런 메타 감정을 많이 갖고 있다. 스스로도 그런 느낌을 갖는다면 상담을 받거나 심리치료를 받는 것도 좋다. 이것 한 가지만 잘해도 좋은 교사 좋은 촉진자가 될 수 있다. 시험을 치르듯이 촉진자가 아이에게 대답을 다그친다든가, 시험을 치르고 공부하는 책상 위에서 독서를 할 때 끊임없이 대두되는 '옳은 것을 가르치자.'라는 강박관념도 떠날 수 있어야 한다.

프로이트는 우리가 오랫동안 분석치료의 상징처럼 여겨왔던 카우치를 활용하였다. 카우치 대신 소파나 예절실 같은 편안하게 누울 수 있는 방을 활용하는 것은 오늘날 감성능력 개발에 큰 도움이 된다. 그 이유는 (1) 누우면 긴장이 풀리고 무의식적인 내용이 더 많이 분출될 수 있다. (2) 이와 더불어 양질의 퇴행이 일어날 수 있고 그것을 효과적으로 촉진에 활용할 수 있게 된다. (3) 참여자가 촉진자를 쳐다보며 자기 이야기를 할 때에는 대부분 긴장하게 되고 통제를 많이 하게 되며 촉진자에게 자기를 맞추려는 경향이 더 심할 수 있다. (4) 누우면 촉진자와 함께 있으면서도 혼자일 수 있는 가능성이 짙어지게 된다. 지금까지 어렴풋하게 휘감기는 듯한 감정들, 저 밑에 웅크린 기억들, 자신을 문득 어지럽혔던 생각들을 하면서 혼자 있을 수 있다. (5) 인내를 가지고 친절하게 받아주는 분석가 옆에 누워서, 이제까지 제대로 느껴보지 못한 감정, 끝까지 못다 한 상상, 감히 기억할 수도 없었던 엄청난 사건 등등에 용기 있게 도전하여 만날 수 있는 것이다.

우리는 전적으로 촉진자로서 외부적 환경을 무시하거나 초월할 수 없다. 하지만 메타감정이나 메타인지의 상황을 의식하고 있는 것은 중요하다. '저 아이가 나에게 감정이 있어서 그런 것은 아니다.'라고 자신을 추스르는 과정이 좋은 자세이다. 특히 독서를 할 때, 또는 책을 읽어줄 때 우리는 이런 장면을 많이 체험하게 되는데 자신의 성향대로만 이끌고 가서는 안 된다. 이렇게 촉진자가 "골고루 떠있는 주의력"을 가질 때 참여자는 자유연상을 할 수 있다. 그가 자유롭게 연상하고 생각하는 것을 받아들일 준비가 되어 있기 때문이다. 그리고 촉진자와 참여자 사이에는 역동이 일어날 수 있다. 이것은 마치 라디오의 주파수를 맞추는 행위와 유사하다. 그럴 때 촉진자는 참여자의 내면에서 작동하는 무의식의 언어를 들을 수 있다.[23]

4.2. 촉진자의 개입

책을 읽어주는 부모나 문학을 지도하는 교사와 작가들 중 독서촉진에 관심이 있는 사람들이나, 독서로 치유를 중재하는 사람들이라면 반드시 촉진과정에 대해 알고 싶어 한다. 감성독서의 촉진과정은 비폭력대화나 심리치료에서의 과정과 유사하다. 우리가 책을 읽을 때 책과 독자 사이에, 촉진자와 독자 사이에 심리적 과정이 어떻게 일어나는지에 대해서는 그간 독서 행위란 이름으로 로젠블랫, 홀랜드, 이저 등을 통하여 많이 들어왔다. 그러나 이런 과정은 실제로 그 과정에 참여해본 사람이라면 실질적인 방법이라고 여길 수 없을 만큼 추상적이다. 그 이유는 대체로 이들의 이론이 촉진의 관점이 아닌 심미적 관점에서, 즉 '실험실 조건'으로 수행되었기 때문이다. 책과 독자의 상호작용이 어려운 만큼 그것을 기반으로 하고 있는 독서촉진의 일을 수행하는 사람들이 치유적 과정[24]에 대해 어려워하는 것은 당연한 일일지도 모른다.

대부분의 독서 촉진이 안고 있는 문제는 촉진이 정신과 치료를 목표로 하느냐, 재활과 회복을 목표로 하느냐, 예방과 상담을 목표로 하느냐, 성장과 창의력을 목표로 하느냐[25]에 따라 촉진의 과정이 달라진다는 점이다. 그리고 선정되는 책에 따라 영향을 받을 수 있다. 그뿐만이 아니다. 그 과정에서 행동의 수정을 목표로 하느냐, 정서의 회복을 목표로 하느냐, 소통을 목표로 하느냐 하는 것도 주목의 대상이다. 우리가 하려는 감성독서는 예방과 진단 단계, 그리고 발달적 관점에서의 초보 촉진 정도이다. 그 과정이 독서치료에서의 촉진과 유사하므로 아래에서는 독서치료에서 어떻게 중재를 하는지 살펴보기로 한다.

'책을 읽으면 마음이 치유된다'라는 명제는 아마도 조셉 골드가 쓴 『비블리오테라피』라는 책과 문헌정보학과의 책들로부터 많은 영향을 받은 것 같다.[26] 그렇다면 미술치료에서 미술작품 감상이나 음악치료에서 음악 감상을 통해 치료가 된다는 뜻인데 이것은 매우 나이브한 생각이다. 기억을 환기하지 못하는, 내적 조응이 없는 책의 목록에 도대체 무슨 의미가 있는지 의문이 든다. 그렇다면 감성독서의 촉진에서 책(엄밀한 의미에서 텍스트)은 어떻게 촉진에 기여하는가? 이 질문에 대답하기 위해서 우리는 우선 독서행위에 초점을 맞출 수밖에 없다.

조셉 골드가 앞에서 제시한 책에서 '어떤 책을 읽으면 치유가 된다.'라는 견해를 피력했는데 특정한 주제의 책이 자신의 경우에는 치유가 되었을지 모르지만 남에게도 같은 방식으로 치유될 것이라는 것은 그의 희망사항일 뿐이다. 이렇게 말하는 이유는 독서의 행위에 있어서 참여자에게 어떤 텍스트가 어떤 기억을 유발할 수 있는지 아무도 모르기 때문이다.[27] 개인의 느낌은 상황에 따라 매우 달라지며, 기억 또한 매우 엉뚱한 방향으로 진행될 수 있다. 그러므로 조셉 골드가 말한 것은 자신의 독서 체험담이지 촉진을 위한 전략이라고 볼 수는 없다.

자카리아, 모세스, 홀로웰은 문학의 치유적 힘을 잠재적이라고 보고 있다.[28] 참여자라는 적극적 유기체가 텍스트에서 그 힘을 발견할 수도 있고 개발할 수도 있고 암시를 끌어낼 수도 있고, 자기만의 기호를 만들 수도 있다. 그러나 이들에 따르면 개인의 느낌과 인상을 끌어내기 위해 "참여자들이 문학작품을 읽은 후 그에 관한 토론이나 상담이 이어져야 한다."[29] 환언하면, 독서촉진을 동기화하기 위해 촉진자는 어떤 문학이 어떤 힘을 부여하는가가 아니라 참여자에게 무엇이 시작되어야 하는지를 알아야 한다. 그러니까 책을 읽는 것은 (미학적으로) 토론을 하거나, (삶의 지혜를 얻기 위한) 상담을 하거나, 감성독서를 통한 발달을 위한 것이다. 이런 경우 독서는 감성독서의 촉진을 위한 웜업 내지는 전주곡에 해당한다. 그리고 그 목적은 마치 음악의 전주곡처럼 마음을 열거나, 구체적이고 확장되고 변주되는 촉진을 준비하는 데 있다. 감성독서의 촉진을 위한 내포적 영향을 문학에서 구하는 것이 좋다고 보는 이들의 생각은 다음과 같이 구분된다.

1. 도입과 작업 - 자우버(1973)[30]
2. 예비 참여자 - 글래스고우와 로젠(1978)[31]
3. 문제의 인식 - 달링(1957)[32]

그런 의미에서 포글(Fogle)은 독서치료가 대화치료라고 할 수 있는 상담치료와 근본적으로 구분된다고 본다.[33] 그 이유는 독서치료에서 사용하는 문학(텍스트)은 생산적 중재, 다시 말해 문학치료와 매우 잘 결합되므로 자기 내면을 되살리는 중요한 수단이 되기 때문이다.

정신분석에서 우리는 초기기억이나 과거의 외상이 현재의 장애나 갈등을 만드는 근원이 되었다고 보고 그것을 치료하는 것을 치료의 과제로 삼고 있다. 뇌과학에서도 비슷하게 설명한다. 새로운 경험을 하거나, 단어를 외우는 경우 인간의 뇌에서는 신경세포 사이의 시냅스(Synapse)들이 강화(단단하게 결합)되는 과정이 나타난다. 그런데 그 기억과정을 재구성하는 과정에서는 시냅스가 불안정해진다. 이 원리를 이용하는 것이 자유연상법(Free Association)이다. 물론 정신분석의 이런 입장에 대한 이의가 없는 것은 아니다. 왜냐하면 의식이 방해 작용을 하는 동안 어떻게 초기기억을 드러낼 수 있는지에 대한 의문이 발생하기 때문이다.

여기서 문학이 촉진자와 참여자 사이에 촉매작용을 한다는 것을 알 수 있다. 하인즈와 하인즈-베리는 독서촉진의 치유과정에 "독서행위보다는 독서 자료에 대한 대화를 이끌어내는 것이 더 중요한 것임"[34]을 역설했다. 그들은 버트가 1972년에 쓴 학위논문[35]을 토대로, 참여자와 촉진자 사이의 상호작용이 문학에 의한 촉매작용을 통해서 완성된다는 것을 주장했다. 이런 생각은 책을 중심에 두고 생각한 슈로즈의 생각을 넘어서는 것이었다.[36]

> 사실상 문학은 촉매다. 다시 말해 텍스트는 그 자체로 치료적이지도 않고 독서치료 과정을 통해 치료적으로 바뀌지도 않는다.[37]

독서치료에 인격변화 및 상처 치유가 필요충분조건이라면, 우선 문학을 통한 외상과 상처의 기억으로 향하는 길이 만들어져야 한다. 하인즈와 하인즈-베리도 물론 즉각적으로 그런 만남이 이루어진다고 보지는 않았지만, 중요한 것은 감동적인[38] 문학을 통해 촉진자와 참여자가 잘 만날 수 있다고 보았다. 이런 맥락에서 하인즈-베리는 문학을 촉매로 보고 있다. 그러니까 문학을 촉매로 참여자와 촉진자가 만나는 것이다. 이 촉매는 우선 참여자가 문학에 대해 보이는 반응으로부터 시작된다.[39] 이 순간은 그저 하나의 독자나 청자로서 첫 자극에 단순한 반응을 보일 뿐이다. 그것은 상처일 수도 있고 긍정적인 즐거움일 수도 있는데, 이 가치중립적인 문학을 토대로 촉진자는 반응의 정도나 반응 방식을 넘어서서 깊이 그리고 폭넓게 작업할 수 있다.[40] 때로는 구별을 해주기도 하고 때로는 질문을 하기도 하지만 분석하고 해석하지는 않는다. 다만 "자기들의 감정과 그 감정이 생겨난 이유를 스스로 분석하여 결국 그런 요인들을 의미 있는 방식으로 재구성하도록"[41] 도와준다. 결론적으로, 하인즈와 하인즈-베리는 "문학은 엄격히 말해 참여자들에게서 치료적 반응을 이끌어낼 수 있느냐 하는 데서 그 가치가 결정된다."[42]라고 강하게 말함으로써 슈로즈가 말한 동일시, 투사, 카타르시스, 통찰의 네 단계 자리에 다른 카테고리를 설정하였다.[43]

a. 인식단계: 참여자/독자가 특정한 독서 내용에 관심을 가진다.
   - 관심을 자극하고 상상력을 불러일으키며 생각이 흩어지지 않게 하는 특정한 것, 혹은 주의를 집중시키는 특정한 방식이다.

b. 탐구단계: 인식적 자각이 떠오를 때까지 감정들을 탐구해본다.

c. 병치단계: 새로운 인상과 비교하거나 대비 - 문학작품에서 발견한 이미지, 성격, 상황이나 생각 또는 문학작품에 대한 대화를 통해 떠오른 생각이나 느낌 - 이런 것들이 독자/참여자의 첫 반응을 변화시키거나 조절한다.

d. 적용단계: 자신에게 인지적, 의식적으로 적용 - 이렇게 얻게 된 새로운 관점이 어떻게 기존의 태도와 행동에 영향을 미친다(평

가). 이런 새로운 태도로 살겠다는 다짐이 앞으로의 반응이나 행동에 기준이 된다(통합). 하인즈와 하인즈-베리가 독서치료에서 제시하는 상호작용 과정의 단계를 도식으로 나타내면 다음과 같다.

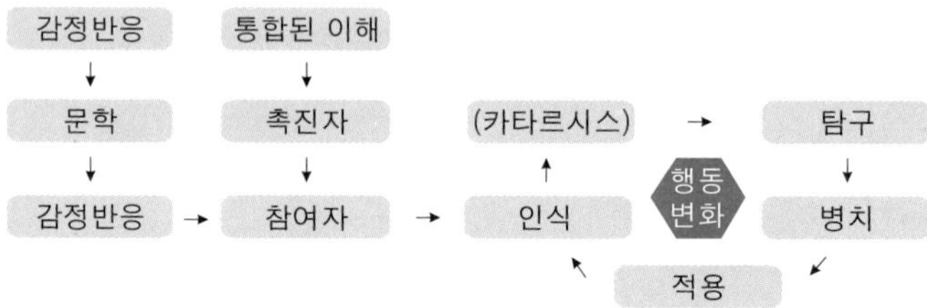

집단치료에서는 상호작용이 참여자와 촉진자를 넘어서서 참여자와 다른 참여자 사이의 상호작용까지 확대된다. 그리고 이들 사이의 상호작용도 촉진자와의 상호작용 못지않은 역동을 가진다. 하인즈와 하인즈-베리는 카타르시스에 대해 루빈이 말한 것과는 다른 견해를 갖고 있다. 즉, 루빈은 카타르시스를 두고 책에 대한 독자의 반응으로 이해했지만 하인즈와 하인즈-베리는 이것을 부정한다. 이것은 그저 "참여자가 자신의 행동변화가 일어날 수 있기 전에 기꺼이 참여하려고 하는, 확장된 과정에 진입하기 위한 첫 단계일 뿐"[44]이다.

만약 하인즈와 하인즈-베리의 참여자가 인식단계에서 "문학 속의 그 인물처럼 나도 정말 절망적이었습니다."라고 말한다면, 그것은 슈로즈의 동일시-투사 개념과 일치하는 것이다. 하지만 하인즈와 하인즈-베리의 동일시 개념을 버그-크로스 & 버그-크로스의 제안대로[45] 촉진자와의 동일시로 본다면 "내가 얼마나 절망적인지 촉진자는 이해할 것입니다"로 바뀔 것이다. 여기서 우리는 하인즈와 하인즈-베리가 문학에서의 심미적 경험의 역동을 독서치료의 과정인 치유적 소통의 역동으로 대체하고 있다는 것을 알 수 있다.

하인즈와 하인즈-베리는 슈로즈의 정적인 독서행위를 문제시하면서 동적인, 다시 말해 조건화된 독서 행위를 통해 촉진자와 참여자의 관계를 다시 규정하였다는 점에서 인상을 남겼으나 독서 행위에서 일반적으로 나타나는 메타인지(meta-cognition), 즉 의식하는 나를 관찰하는 "골고루 떠 있는 주의력"에 대한 고려가 없으며, 홀랜드(Norman Holland)의 독서이론에 대한 이저의 비판을 잘 수용하지도 못했다.[46]

어차피 개인의 증상이나 병리를 치료할 것 같으면 정신과 치료나 상담이 더 유용할 것이다. 그러나 독서치료에서는 어디까지나 문학의 그런 유희적 놀이, 그리고 진지한 놀이(serious play)의 가능성 자체가 치료의 핵심이라는 사실이다. 강요당하는 현실 속에서 자유롭고 역동적인 놀이를 할 수 있다는 것이 진단을 넘어서서 치유에 많은 영향을 미친다는 것은 이미 많이 알려져 온 사실이다. 그러나 엘리스(Ellis)[47]는 문학을 단순히 상황에 맞게 투입하여 상담이나 치료를 원만하게 하고자 하였는데 대부분의 상담에서 말하는 독서치료는 이 방식으로 요약할 수 있다. 도식으로 나타내면 다음과 같다.

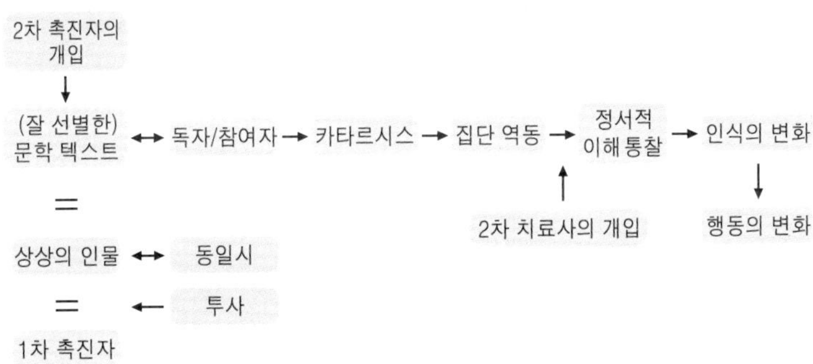

그러나 이 방법은 단순한 방법으로서, 촉진자나 텍스트의 심층이 참여자에게 영향을 미치지 못한다. 참여자의 내면에 영향을 미치려면 저항을 완화해야 하는데, 예를 들어 오줌 싼 아이를 치유하기 위해서는 그 아이의 무의식적 외상에 도달해야 하고 그러자면 오줌 싼 것과 가장 관계없는 이야기로 시작해야 한다.[48] 이것은 문학의 즉흥성과 자발성, 그리고 유희성을 독자 또는 참여자(감정코칭 참여자, 환자 또는 내담자)에게 부여하여 그들에게 구체적인 상상을 유발하기 위한 과정이다. 그 첫 번째는 텍스트의 구조와 그 인물에 대한 몰입으로 나타날 수 있지만, 그보다는 자기 자신 안에 있는 것을 유발하는 것이 곧 중요한 과제인 것이다. 그것을 도표로 나타내면 다음과 같다.

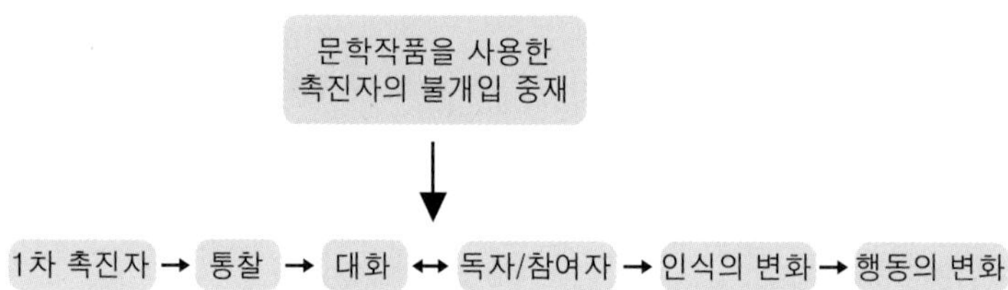

단순히 정신과적 치료에 도입하거나 상담에 응용하는 것이 아니라 적어도 독서의 내적 과정을 고려하여 직접 치료에 개입하게 하려면 이런 과정을 고려해야 한다. 우리는 이런 과정을 김기택의 시 「소」를 예로 들어 진행해보겠다.[49]

> 소의 커다란 눈은 무언가 말하고 있는 듯한데
> 나에겐 알아들을 수 있는 귀가 없다.
> 소가 가진 말은 다 눈에 들어 있는 것 같다.

말은 눈물처럼 떨어질 듯 그렁그렁 달려 있는데
몸 밖으로 나오는 길은 어디에도 없다.
마음이 한 움큼씩 뽑혀나오도록 울어보지만
말은 눈 속에서 꿈쩍도 하지 않는다.

수천만 년 말을 가두어 두고
그저 끔벅거리고만 있는
오, 저렇게도 순하고 동그란 감옥이여.

어찌해볼 도리가 없어서
소는 여러 번 씹었던 풀줄기를 배에서 꺼내어
다시 씹어 짓이기고 삼켰다간 또 꺼내어 짓이긴다.[50]

이 텍스트는 소를 수사하는 경향을 띠고 있기도 하지만 잘 들여다보면 여백과 모순이 많이 내재되어 있다. 그것은 소의 눈과 나의 귀 사이에 존재한다. 촉진자는 이런 텍스트를 선택하고 개인적으로 개입한다. 촉진자는 참여자들에게 그러한 것을 다음과 같은 질문을 통해 구체화할 수 있다.

1. 이 시에서 가장 마음에 남는 말이나 구절은 무엇인가요?
2. 내가 이 시의 내용처럼 산 순간이나 시간이 있었는가요?
3. 어린 시절에 이 소처럼 하고 싶었던 말이 있었나요?
4. 그 말을 포함하여 어린 시절 가족에 대해 처음과 중간과 끝이 있는 이야기를 써보세요.

명백한 사건을 제시하지 않고 있는 이 텍스트는 나머지 부분을 그냥 환기할 뿐이며, 텍스트 속 "소"의 마음과 그 동기, 욕망에 대해서는 거의 정보를 주지 않는다. 그렇기 때문에 참여자는 자신의 상상력을 동원해야 한다. 참여자들은 이런 질문을 토대로 상상의 인물을 만들 수 있다. 그리고 창의적이고 자발적으로 글을 쓸 수 있다. 만약 참여자들이 소를 표피적으로 판단하고 내면적이고 정서적인 글을 쓸 수 없다면 그것은 강박성에 속한다. 반대로 너무 많은 슬픔이나 정서를 환기한다면 그것은 히스테리성에 속한다. 두 경우 다 원만한 카타르시스 경험에는 실패하였다고 할 수 있다.

이 경우 우리는 감정적(affective) 반응과 인지적(cognitive) 반응이라는 두 개의 카테고리를 동시에 생각해야 한다. 감정이 없이 인지적 성향을 띠는 강박성은 정동을 중심으로, 인지적 성향보다는 감정몰입의 경향이 있는 히스테리성은 인지를 중심으로 촉진이 진행되어야 한다. 모리스는 이 두 카테고리를 가지고 독서치료의 좋은 이론을 제공하고 있는데,[51] 그는 이 이론을 참여자의 적극적/반응적 유기체와 상호작용을 서로 조합함으로써 가능하다고 보았다. 그는 이론을 펴면서 전제 조건을 갖고 있는데 그것은 참여자가 근본적으로 어떤 적극성을 띠지 않는 반응적 유기체라는 것이다. 비유하자면, 참여자는 마치 당구공처럼 현재 아무런 반응도 없이 있다가 부딪치면 구르고 또 다른 공이나 당구대 모서리의 통제를 받는다.

이때 촉진자는 두 가지 방향으로 촉진을 진행할 수 있거나, 두 가지 방향의 문학을 선정할 수 있다. 그 하나는 교육상담적(객관적, "간접적") 방식이고 다른 하나는 창조적("직접적" 개입) 방식이다. 그러니까 위에서 언급한 메닝거(Menninger)에 비해서는 너무 교육적이고 슈로즈(Shrodes)에 비해서는 너무 문학적이다. 교육상담적 방식이라면 어떻게 살아야 할까, 어떤 것이 가치 있을까 등에 대한 주제가 타당할 것이고, 창조적인 방식이라면 리비도의 충족이나 즐거움, 아름다움에 관한 주제가 될 것이다. 둘 중 어느 것도 무시할 수 없는 것일진대 예를 들어, 창조적인 문학적 테마라면 당연히 정서적 이해와 카타르시스에 도움이 되지만 인격변화에는 충분치 않다. 그래서 모리스는 "개인의 정서와 인지가 만날 수 있도록 중재하는 것"[52]을 독서촉진의 중요한 요인으로 꼽고 있다.

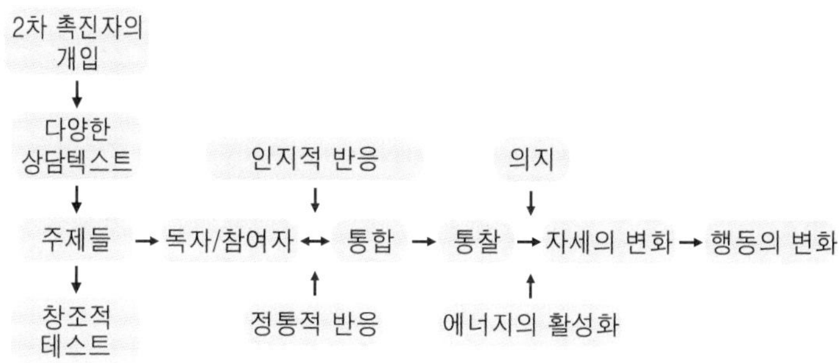

감정적 반응과 인지적 반응의 상호작용이 클수록 참여자의 인격 통합이 더 강화된다. 그러려면 참여자가 텍스트를 고르는 것보다는 촉진자가 적당한 경험을 환기할 수 있는 텍스트를 고르는 것이 좋다. 그 이유는 비록 참여자 개개인이 의지와 활동적 에너지를 갖고 있긴 하지만 그것을 실천하기에는 부족하다고 보아지기 때문이다. 거꾸로 우리는 그 실천력과 의지의 정도에 따라 참여자의 상태를 진단할 수 있다. 이런 맥락에서 모리스는 다음과 같이 말했다.

> 정리하자면, 문학작품 속에서 개개인들과 관련된 문제들을 참여자에게 **보여주고**, 정동적, 인지적인 영역들을 서로 **관련지어주며**,

참여자의 의지와 활동 에너지를 **통합시켜주고**, 참여자가 이 과정을 통해 발견한 자아를 수용할 때 가장 큰 행복감을 얻을 수 있음을 분명히 통찰하게 하는 것이 바로 독서치료의 기능이다.[53]

여기서 모리스는 감성독서의 촉진을 정리해주는 듯한 느낌을 주는데, 보다시피 동사를 볼드체로 강조함으로써 참여자의 직접적인 행동보다는 주로 촉진자나 책의 영향력을 강조하는 것처럼 보인다. 모리스는 참여자가 "상호작용(책과 독자 사이, 촉진자와 참여자 사이)에서 내적인 가치를 찾기에 실패하지만"[54] 결국 이런 과정에서 자세변화를 요구받으면서 참여자는 "지속적으로 자신의 활동 에너지를 많이 사용하게 된다."[55]라고 본다.

자, 그러면 이제 우리 앞에 남은 과제는 단 하나인데, 그것은 독서과정에서 과연 촉진자가 어떤 역할을 해야 하는가 하는 문제이다. 특히 책을 읽지 않는 아이나 책을 처음으로 읽거나 책을 혐오하는 아이에게 과연 어떻게 책을 읽히느냐는 문제는 더욱 중요하다. 버그-크로스와 버그크로스(Berg-Cross & Berg-Cross)는 "독서치료 어떻게 시행할까?"란 주제로 상호작용적 감성독서의 촉진을 제안하였다. 그는 슈로즈의 동일시-카타르시스-통찰 모델을 신랄하게 비판한다.

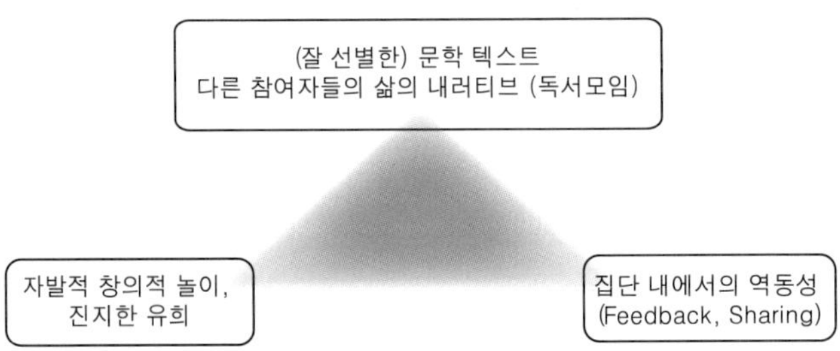

사실 독서의 가장 큰 장점들 중의 하나는 참여자가 스스로 경험하는 것을 "누군가"가 진정으로 알아준다는 것을 인식하는 것일 것이다. 하지만 불행히도 과거에는 늘, 바로 이 "누군가"가 실제로 책을 찾아주고 나중에 그 책에 대해 이야기를 나눠주는 그런 실제적인 사람이 아니라 독자가 동일시하는 이야기 속의 인물로 여겨져 왔다는 것이다.[56]

그러니까 로저스가 말한 대로, 현실적인 사람, 즉 촉진자가 정서적 이해와 통찰을 하면서 치료를 진행한다면 아이는 동기화가 빠르고 보호받는다는 느낌과, 결속되었다는 느낌을 받아 크게 성장하고 변화할 것이다. 이런 의미에서 책을 읽고 개입을 하기 위한 촉진자와 참여자의 관계가 형성되어야 한다. 독서는 관계를 형성하도록 하는 데 사용될 수 있다. 촉진자가 어떤 아동에게 그의 문제와 관련된 이야기를 읽어줄 때 그 과정은 촉진자와 아이 모두가 공유할 수 있는 경험뿐 아니라 서로간의 신뢰와 친밀감을 발전시킬 토대를 제공한다.

이런 견해는 촉진자가 책과 참여자 사이의 관계를 해쳐서는 안 된다는 루빈의 생각과 매우 다르고, "책의 영향력에 결정적인 것은 매개자의 도움"이라는 오버디익의 견해와도 다른 것이다.[57] 아마도 버그-크로스와 버그-크로스라면 "촉진자-참여자의 상호관계에 결정적인 것은 아마 책의 도움"이라고 바꿔 말했을 것이다. 이 말은 촉진자의 참여가 독서촉진에 얼마나 결정적인지를 보여준다. 촉진자의 개입은 태도변화에 많은 영향을 준다는 것이 그의 주장이다.

이런 식의 독서촉진이 아이에게 큰 영향을 미친다는 연구결과를 낸 사람은 피셔(Fisher)다. 그는 책을 읽고 그에 대해 이야기를 나눈 변수가 책을 혼자 읽거나 읽지 않은 경우에 비해 태도변화에 큰 영향을 미쳤다는 연구결과를 내놓았다.[58] 버그-크로스와 버그-크로스는 그 이외에도 촉진자의 개입이 학령 전 아이들에게 단순한 수동적인 청취과정에서

부터, 자세 변화(예를 들어 남녀 역할이 동등하다 등)와, 일대일 상황에서의 반응 등에 이르기까지 영향을 미치는 중요한 요소임을 피력하고 있다.[59]

촉진자는 피드백(Feedback, 느낌 되돌려주기)과 셰어링(Sharing, 환기된 경험 말하기)의 과정을 통해 참여자를 대화로 끌어들인다. 촉진자는 미적 거리감이라는 목표를 향하여 강박성을 띠는 사람은 더 감성적으로 표현하도록 유도하고 히스테리성을 띠는 사람은 좀 더 인지적 방향으로 유도하여야 한다. 텍스트(시나 소설)가 수사적 경향이 많거나, 이성적 경향을 많이 띠거나, 진행되는 사건과 주인공의 내면적인 감정에 대해 아주 세세하게 서술한다면 그것은 참여자들의 상상력을 제한할 수 있다. 우리가 다음 장에 인용한 텍스트들은 오히려 상세한 정보의 부족을 채우는 '여백'에 참여자들을 창의적으로 초대한다.

독서에서 중점을 두는 것은 참여자 주체의 자기이해인데 이것은 다른 사람에 의해서 평가된 해석과는 판이하게 다른 내면적 반향(resonance)을 불러일으킨다. 내적 반향을 불러일으키는 것은 심리적 위기나 역기능, 증상, 장애 혹은 신경증에 제한된 방법과는 매우 다른 독서 방법으로서 참여자 자신만이 고유하게 가질 수 있는 자발적이며 진정성 있는 마음의 상태를 말한다. 우리는 문학이나 다른 사람들의 이야기가 답을 주거나 교훈을 주거나 가르치는 곳이 아닌 곳에서, 즉 지적으로 이해 가능한 곳이 아닌 곳에서 자유롭게 상상하고 다른 세계를 구축할 수 있다. 이것이 감성독서에서 텍스트가 유발하는 창의적 자유다.

chapter 5

감성독서 / 훈련

이제 우리는 10가지 다른 텍스트들을 가지고 독서를 통한 감성훈련의 실습으로 들어서고자 한다. 선정한 책들은 서로 다른 종류의 그림책이거나 고전소설인 『마담 보바리』, 시 텍스트들과 청소년을 위한 랩 텍스트다. 이 책들은 임의적으로 선정한 것이지 정전(正典)은 아니다. 이 책의 독자들은 이런 훈련의 과정을 보면서 상황에 맞는 텍스트를 찾아볼 수 있다.

1. 감정: 『프레드릭』

프레드릭은 들쥐들의 이야기다. 들쥐들의 보금자리는 헛간과 곳간이 가까운 돌담이다. 농부들이 이사를 가자 헛간은 아무도 사용하지 않고 곳간도 텅 비게 되었다. 겨울이 다가오는 것을 아는 들쥐들은 겨울날을 대비한다. 모두가 옥수수, 나무 열매, 밀, 짚을 모으느라 밤낮없이 분주하게 일한다. 그런데 프레드릭은 놀고만 있다. 그 대신 프레드릭은 다른 것들을 모아둔다. "춥고 어두운 겨울날을 위해 햇살을" 모으고 온통 잿빛인 겨울을 나기 위해 "색깔"을 모으고 기나긴 겨울을 보낼 얘깃거리를 준비하느라 "이야기"를 모은다. 하지만 다른 들쥐들은 프레드릭을 나무라거나 면박주지 않는다. 이따금씩 뭘 하는지 묻고는 자기 일을 할 뿐이다.

이제 겨울이 되었다. 처음엔 모아 둔 열매와 곡식이 넉넉했다. 그러나 그것들은 곧 다 떨어져 버리고 만다. 돌담 사이로 찬바람이 스며들고 침묵이 이어진다. 그러다 들쥐들은 프레드릭이 모아놓은 햇살과 색깔과 이야기를 기억해내게 된다. 프레드릭은 들쥐들의 눈을 감기고 찬란한 금빛 햇살과 아름다운 색깔을 마음속에 떠올리게 한다. 그리고 멋진 이야기를 들려준다. 들쥐들은 프레드릭을 '시인'이라며 박수를 치며 감탄한다.

작가 레오 리오니가 이 책을 쓴 것은 1968년이다. 이 책이 출판된 지 40여 년이 지났지만 아직도 사랑받고 있는 것은 이 책이 누구나 가질 수 있는 감정에 대해 이야기하고 있기 때문이다. 『프레드릭』에서 우리는 사람들이 모두 각자 다르게 일한다는 것과 밥만으로 이 세상을 살아갈 수 없다는 것을 알 수 있다. 그리고 공동체가 위기에 처했을 때 다양한 소수는 획일화된 다수를 살려낼 수 있다는 것도 알 수 있다. 감성독서를 진행하는 방법은 촉진자의 스타일에 따라 여러 가지 방법이 있겠으나 필자는 텍스트를 직접 읽어주고 텍스트 없는 그림을 프로젝터로 비춰주기로 하였다.

1. 텍스트를 읽기 전에 우리는 그림책의 풍경을 관찰할 수 있다. 그림책에는 무엇이 보이나요? 무슨 색깔이 있나요? 아래에 있는 빨간 것과 흰 것은 모두 무엇일까요? 나무 이름은 무엇일까요? - 여기서는 감각의 훈련을 중점적으로 다룬다.
2. 두 번째 장면은 가족의 관계를 물어볼 수 있는 장면이다. 열심히 일을 하고 있는 들쥐 가족들에 이름을 붙여 보세요. 엄마는 어디 있나요? 아빠는요? 그리고 다른 들쥐들은 누구일까요? 프레드릭은 어디에 있나요? 그리고 프레드릭의 누나? 형? 무엇을 하고 있나요? 나비가 한 마리 날아다니네요. 나비의 기분은 어떨까요?
3. 세 번째 장면은 그냥 읽어준다. 다만 다시 두 번째 장면으로 돌아가서 프레드릭이 누군가 다시 보게 한다. 왜냐하면 프레드릭은 일을 하지 않고 혼자 놀기 때문이다. 혼자 놀 때 기분이 어떨까요? 엄마 아빠는 무슨 말을 할까요? 그리고 누나나 동생, 형은? - 사회화 능력은 감성능력과 밀접한 연관관계가 있다. 자신의 감정을 느끼고 다른 사람의 감정을 이해할 때 감성능력이 높아진다.
4. 네 번째 장면에서는 프레드릭과 가족의 관계가 더 분명해진다. "프

레드릭, 넌 왜 일을 안 하니?" 들쥐들이 물었다. 프레드릭은 햇살을 모으는 중이라고 대답한다. 프레드릭이 모은 햇살은 무슨 소리가 날까요? - 공감각훈련을 할 수 있다.

5. 다섯 번째 장면도 네 번째 장면의 연장이다. 프레드릭은 색깔을 모으는 중이라고 대답한다. 프레드릭이 모은 색깔은 무슨 색일까요? 그 색깔은 무슨 냄새가 날까요? - (공)감각훈련을 할 수 있다. 그리고 그때 프레드릭의 감정을 어땠을까요, 하고 물어본다
6. 여섯 번째 장면도 그 연장선상에 있다. 다만 프레드릭이 색깔이 아니라 이제 이야기를 모으는 중이라고 한다. 프레드릭이 모은 이야기는 무슨 이야기일까요? 이야기를 다섯 줄, 오 분 내로 써봅니다. - 상상력 훈련을 할 수 있다.
7. 이야기가 반전을 채비한다. "겨울이 되었습니다." 그런데 프레드릭은 구멍으로 늦게 따라가고 있네요. 프레드릭이 눈을 맞을 때의 느낌은 어떠한가요?
8. 처음엔 먹이가 아주 넉넉했습니다. 들쥐들은 바보 같은 여우와 어리석은 고양이 얘기를 하며 지냈습니다. - 이야기 속에 다시 하나의 이야기를 함으로써 아이들이 한껏 이야기에 몰두할 수 있게 할 수도 있다. 다음은 인터넷에서 따온 이야기다.

바보 같은 여우 이야기

굶주린 여우가 어느 날, 많은 포도송이가 잘 익어 매달려 있는 포도밭으로 몰래 숨어들었다. 그런데 불행하게도 포도송이는 여우가 닿기 어려울 만큼 높은 시렁 위에 매어져 있었다. 여우는 어떻게든 거기에 닿아 보려고 훌쩍 뛰고, 잠시 쉬었다가 다시 훌쩍 뛰었다. 하지만 모두 헛일이었다. 마침내 여우는 완전히 지치고 말았다.

그리하여 여우는 외쳤다.

"아무나 딸 테면 따라지, 저 포도는 시단 말이야."

어리석은 고양이 이야기

원숭이와 고양이가 한 집에서 살고 있었단다.

"이 놈들은 내 귀염둥이야, 내 둘도 없는 친구이기도 하지, 어때? 귀엽지?"

주인은 손님만 오면 고양이와 원숭이를 나란히 무릎에 앉히고 자랑했단다.

고양이와 원숭이는 서로 주인의 사랑을 더 많이 차지하려고 아양을 떨거나 재롱을 부렸단다.

그러면서 그들은 점점 콧대가 높아지고 건방져갔단다. 주인의 사랑을 믿기 때문이었단다.

"나는 쥐라도 잡지, 너는 도대체 하는 일이 무어니? 아무 것도 하는 일도 없으면서 나와 똑같이 주인의 사랑을 받는다는 것은 있을 수가 없는 일이야."

어느 날 쥐 한 마리를 잡은 고양이가 원숭이에게 말했단다.

"흥, 모르시는 말씀. 너는 쥐라도 잡으니까 그나마 사랑을 해주시지 그렇지 않으면 진작 쫓겨났을 거야. 나는 주인님께 재주를 보여드리지 않느냐. 너 같은 건 죽었다 깨어나도 못하는 그런 재주를 말이다."

고양이의 말에 원숭이가 코웃음을 치며 대꾸했단다.

고양이는 화가 났어. 그래서 애써 쥐를 잡는 일을 집어치우기로 작정했단다. 쥐를 잡는 대신 집안에 있는 고기를 훔쳐 먹기로 했지. 훔쳐 먹는다는 점에서는 원숭이도 마찬가지였단다. 주인이 주는 음식으로는 모자라서 언제나 맛있는 걸 훔쳐 먹고 있었던 것이었단다.

어느 날 고양이는 훔친 밤을 화롯불에 굽고 있었다. 원숭이는 그 모습을 보며 침을 삼켰단다.

밤이 익어가는 구수한 냄새에 견딜 수가 없을 지경이었어. 둘 사이가 워낙 나빠져 나누어 먹자고 할 형편도 못되었단다. 그래서 원숭이는 고양이의 밤을 빼앗아 먹을 꾀를 생각했지.

"네가 재주가 좋다는 것을 보여 줄 때는 바로 지금이야. 나는 온갖 재주를 다 가졌지만 불 속에 있는 밤을 꺼내 먹을 수 있는 재주는 없단 말이야. 만약 하느님이 내게 그런 재주를 주셨다면 지금 당장 너에게 보여 줄 텐데…… 어서 너의 숨은 재주를 보여 주렴."

원숭이는 간사한 말로 고양이를 치켜세웠단다.

"흥, 그런 거야 문제없지. 문제없고말고!"

기분이 우쭐해진 고양이는 화로 속의 재를 조금씩 헤치고 밤을 꺼내기 시작하였단다.

'하나…둘…셋…'

"앗 뜨거!"

고양이가 땀을 뻘뻘 흘리며 뜨거움을 무릅쓰고 꺼내기가 바쁘게 원숭이는 날름날름 주워 먹었단다.

9. 아홉 번째 장면은 조금 침울한 분위기다. 아이들은 어떻게 반응할까?
10. 그러던 들쥐들은, 햇살과 색깔과 이야기를 모은다고 했던 프레드릭의 말이 생각났다. "네 양식들은 어떻게 되었니, 프레드릭?" 들쥐들이 물었다.
11. 눈을 감아봐 내가 너희들에게 햇살을 보내줄게. 살라가둘라 메치

카불라 비비디바비디부! - 목소리로 마법을 느끼게 한다.

12. "색깔은 어떻게 됐어, 프레드릭?" 파란 덩굴꽃, 노란 밀짚 속의 붉은 양귀비꽃, 또 초록빛 딸기 덤불을 상상해본다. 그리고 그것을 색깔로 칠해(그려)본다.

13. 이야기는? 프레드릭의 시를 읽어준다.

    눈송이는 누가 뿌릴까요? 얼음은 누가 녹일까요?

    궂은 날씨는 누가 가져올까요? 맑은 날씨는 누가 가져올까요?

14. 프레드릭의 겸손함.

감성촉진 포인트

프레드릭은 어떤 언어의 비밀을 알고 있다. 그것을 연습해서 아이들에게 가르쳐줄 수 있다면 우리도 프레드릭의 비밀을 알 수 있다. 그 비밀은 곧 언어 이면의 것을 경험하고 느낄 수 있고, 감지하도록 하는 것이다. 프레드릭의 이야기를 통해 들쥐들은 태양빛을 느끼고 색감을 머릿속에 상상할 수 있었다.

지금 우리가 처해있는 미디어 시대에서 아이들은 오감을 골고루 사용할 수 없게 되었다. 그렇지만 인간은 오감을 갖고 있다. 청각, 시각, 후각, 미각, 촉각, 이것이 마비되면 질병이 온다. 그리고 언어는 모든 감각을 이용한 것이어야 한다. 언어나 단어가 마음속에 묻혀있거나 다 표현되지 못하면 어른과 어른, 어른과 아이들 사이에 소통이 되지 않는다. 그냥 서서 이야기 하는 것과 다가가서 접촉하며 말하는 것은 큰 차이가 있다. 아이들에게 책 읽어주는 게 중요한 것은 그냥 읽는 것이 아니라 함께 느끼고 지각을 활용하는 계기가 되기 때문이다. 그리고 책 자체가 중요한 것은 책속에서는 환상 속으로 자연스럽게 넘어갈 수 있기 때문이다. 미디어에는 다 만들어준 세계가 있기 때문에 큰 상상을 할 수 없다.

『프레드릭』 이야기 속의 들쥐처럼 모든 아이들이 귀를 기울이고 책 이야기를 듣지는 않는다. 왜냐하면 일부분의 아이들은 이 이야기를 통해 분노, 슬픔, 두려움을 느끼기도 하기 때문이다. 감성독서는 문학을 통해 자신의 감정이나 지각체계, 그리고 다른 사람의 감정을 이해하는 공감의 능력을 확장하는 것을 말한다. '사랑해요.'라는 말을 단순히 말하는 게 아니라 느낌 있는 언어로 표현했을 때 감성세계는 더 넓어진다. 꿈의 암시에서 보여주듯이 무의식의 세계를 다루는 문학에서 훨씬 더 깊은 감성적 체험을 할 수 있다.

감성능력을 위한 조처 1단계로 우리는 자기감정을 되돌아보는 것이 중요하다고 자르니(Saarni)는 강조한다.[1] 문학은 이런 점에 있어서 비교적 직접적인 언어로 시행되는 상담이나 감정코칭과는 비교도 안 되는 장점을 지니고 있다. 우리는 학생들에게 이 텍스트를 읽고 어떤 감정이 떠오르는지를 말하게 할 수 있다. 물론 진정하고 솔직한 마음을 털어놓을 수 있는 분위기이면 좋다. 교사가 스스로 느낌을 말하는 것도 좋은 방법이다.

2단계는 상대방의 감정을 이해하는 길이다. 이 텍스트에서는 "프레드릭, 넌 왜 일을 안 하니?"라고 표현하는 가족들의 감정을 이해하는 길이다. 동시에 감정을 표현하는 낱말, 문장을 찾아본다."나는 이야기를 모으고 있는 중이야." 등과 같은 표현에 감춰진 구체적 감정을 말해보게 하면 될 것이다. 다시 말해 우리는 프레드릭의 내면적 감정과 외적인 표현을 구별해야 한다. 이 텍스트는 시적이므로 "색깔을 모으고 있어." 등과 같이 표현을 했으나 직접적인 감정을 표현하지 않았다.

그리고 마지막으로, 감정을 어떻게 표현하고 또 제어할 것인가의 3단계로 넘어간다. 이 텍스트에서는 시적으로 표현하고 그림으로 표현하고 자기도 참여함으로써 감정을 조절한다. 그러나 현실에서는 그것을 어떻게 조절할지 학생들과 토론을 할 수 있을 것이다. 이 텍스트에서는 프레드릭과 들쥐 가족들이 감정을 잘 조절할 뿐 아니라 승화하고 있음을 보여주고 있다. 들쥐 가족들이 프레드릭을 소외시키거나 따돌리거나 그에게 분노를 표출하지 않았다는 점이 감성훈련의 핵심 포인트다.

2. 상상: 『내 친구 커트니』

아이들은 개를 키우자고 조른다. 엄마는 개를 키우는 일은 누가 하느냐고 묻는다. 아이들은 자기네들이 모두 직접 하겠다고 약속하고 허락을 받는다. 그런데 엄마, 아빠에게는 한 가지 조건이 있다. 깨끗하고 잘생긴 개를 골라야 한다는 조건이었다. 그러나 아이들은 아무도 데려가지 않는 특별한 개를 고르는 안목을 가지고 있었다. 결국 늙은 커트니를 골라온다. 엄마 아빠는 맘에 들지 않는다. 그렇지만 그 개가 요리를 하고, 음악을 연주해주고, 아기에게 마술을 부리며 놀아주는 개일 줄은 아무도 몰랐다. 정말 기발한 상상력이다.

그리고 커트니는 어느 날 집에 불이 났을 때도 침착하게 집 안에 있던 아기를 구해온다. 그러나 그 후 커트니의 모습은 보이지 않는다. 어디로 갔을까? 엄마, 아빠는 그 개는 좋은 개가 아니었다고 이야기한다. 아이들은 경찰서에 가서, 바이올린도 켤 줄 알고, 저녁밥도 진짜 맛있게 지을 줄 알고, 마술놀이를 하면서 아기를 재미나게 해주는 커트니를 찾아달라고 부탁하지만 커트니는 나타나지 않는다.

그 해 여름 바닷가에서 가족은 아주 신기한 경험을 하게 된다. 바닷가에서 배를 바위에 묶어놓고 아이들이 놀고 있었는데 줄이 끊어진 것이다. 아이들의 모습은 점점 멀어지고, 엄마는 “도와주세요!” 하고 소리를 질렀다. 그때 무엇인가가 배를 끌어당겨 모래사장 쪽으로 왔다. “글쎄요, 누구였을까?" 이렇게 질문으로 이야기는 끝나지만 아이들은 모두 "커트니."라고 대답한다.

감성독서를 진행하는 방법은 촉진자의 스타일에 따라 다르겠으나 이 텍스트는 개에 관한 이야기이므로 개에게 감정이입하는 훈련을 한다. 필자는 텍스트를 직접 읽어주고 텍스트 그림은 프로젝터로 비춰주기로 하였다.

1. 우리도 개 키웠으면 좋겠어요. - 소원을 말해본다. 왜 개를 키우고 싶은지 말해본다.
2-1. 엄마, 아빠의 반박 - 개를 키우면 귀찮다. 엄마, 아빠가 하는 일을 말해본다.
2-2. 아이들의 주장 - 우리가 다 할게요. 정말 다 할까요? 자기 책상은 다 치우고 있나요?
3. 엄마의 조건 - 깨끗하고 잘 생긴 개를 골라야 한다.
4. 아이들은 사고 싶은 개를 둘러본다. - 하지만 집에서 키우고 싶은 개는 한 마리도 없었다. - 시츄, 닥스훈트, 허스키, 비글, 아키타….
5. 아무도 안 데려가는 그런 개는 없어요? - 커트니라는 개가 있긴 한데….
6~7. 커트니에 대해서는 우리도 아는 게 없다. - 우리는 커트니가 마음에 들어요. 커트니가 잘 생겼나요? 커트니가 착하게 보여요? 똑똑하게 보여요? 어리숙하게 보여요? 깨끗해요? 더러워요?
8. 아니 이게 도대체 뭐야? 이 개는 늙은 똥개잖아. - 그래도 커트니는 귀엽잖아요.
9. 커트니는 부엌에서 재우자, 알았지? - 커트니는 엄마 아빠의 말을 알아들었을까요? 만약 알아들었다면 기분이 어땠을까요?
10. 커트니가 보이지 않았습니다. - 커트니는 어디로 갔을까요?

11. 그 개는 안 좋다고 했지? - 도대체 너희들은 왜 그렇게 엄마, 아빠 말을 안 듣니?

12~13. 커트니가 다시 돌아왔네요. - 커트니 안녕! 반가워요? 그런데 커트니가 어째 이상하네요. 무엇을 가지고 왔나요?

14~15. 커트니가 저녁밥을 짓기 시작했어요. 저녁밥을 차려주었습니다.

16~17. 바이올린 연주도 해주었습니다. 아기도 데리고 놀고 마술도 했습니다.

18. 공원에서 친구도 만났습니다.

19. 식구들과 놀았습니다. 뜨개질도 도와주고, 탁자도 닦고, 잔디도 깎고, 청소도 하고, TV도 보고, 춤도 추고……. - 같이 춤을 출 수 있을까요? 왈츠!

20. 그런데 집에 불이 났습니다.

21. 커트니는 어디 있지? 우리 아기가 안 보이네!

22. 커트니가 아기를 안고 사다리를 내려오네요.

23. 집은 다시 예전처럼 되었습니다.

24. 커트니가 보이지 않았습니다. 어디로 갔을까요? 다시 여행가방을 가지러 갔을까요?

25. 아이들은 경찰서로 갔습니다. "개를 잃어버렸거든요. 우리 커트니는요, 나이가 아주 많고요. 눈썹도 굉장히 진해요. 바이올린도 켤 줄 알고요, 저녁밥도 진짜 맛있게 지을 수 있어요. 또 마술놀이를 하면서 아기랑 놀아주기도 하고요." - 경찰관 아저씨가 뭐라고 했을까요?

26. 식구들은 바다에 놀러 갔습니다. - 어느 바다로 갔을까요?

27. 마지막 날에 끔찍한 일이 생겼습니다.

28~29. 줄이 끊어져 버렸어요. (크게 말합니다.) 도와주세요! 배는 계속 떠내려가서 이젠 잘 보이지도 않았습니다. (잘 들리지 않게 말합니다.) 도와주세요! - 무엇인가가 계속 배를 끌어당겼습니다.

30. 누가 끌어다주었을까요?

감성촉진 포인트

작가 존 버닝햄은 『존 버닝햄 - 나의 그림책 이야기』라는 책에서 "『내 친구 커트니』는 우리가 전에 키우던 개, 래브라도 종과 보더콜리 종의 잡종인 스탠리에 착안했다. 우리가 키우는 동물들은 조만간 이야기의 캐릭터가 된다. 나는 스탠리를 헤이스팅스에 있는 애완동물 가게에서 샀다. 스탠리는 바닷가의 낚시용 오두막 주위를 돌아다니는 들개 사이에서 태어난 게 아닌가 싶다. 우리는 스탠리에게 북부지역 억양으로 말을 하곤 했는데 전혀 알아듣지 못했다."[2]라고 회상한다. 그리고 "이 이야기는 여러 가지를 다루고 있다. 부모는 인간의 순수혈통에 관한 강박관념이 있었고 새로운 애완동물까지도 순수혈통이어야 한다고 생각했다. 아버지는 집에 들어온 이 개를 수상쩍게 본다. 그리고 어머니는 남편보다 개와 더 가까운 관계로 발전한다." 아주 재미있는 기억이다. 버닝햄의 기억과 마찬가지로 우리도 아이들의 감성훈련을 위해 이와 유사한 촉진 포인트를 찾아야 한다.

순수혈통을 고집한 버닝햄의 부모 이상으로 작품 속의 부모도 고정관념을 갖고 있다. 이런 현실은 비단 이 이야기에서만 국한해서 일어나는 것이 아니다. 옷을 살 때도, 강아지를 살 때도, 장래 직업을 정할 때도 엄마 아빠의 반대는 언제나 완강하다. 이때 아이들은 절망하거나 스트레스를 많이 받는다. 그러면서 속으로 다른 생각을 하게 된다. 예를 들어, 엄마 아빠가 의사가 되기를 원하지만 나는 교사가 되고 싶다고 했을 때 "얘, 교사는 돈도 많이 못 벌잖아."라는 말을 부모로부터 들으면 아이들은 화가 난다. 그때 아이들은 가능한 세계에 대해 이렇게 생각할 수도 있다. "아냐, 훌륭한 선생님이 되면 더 유명해져서 책도 많이 쓰고 부자가 될 수 있어!" 그렇다. 이 이야기에서 커트니를 요리사로 변화시킨 것은 바로 아이들의 꿈이 구체적 몸을 가진 것이다. 이런 과정을 통해 아이들은 현실적인 불만을 해소할 수 있고 커트니의 무한한 능력을 통해 상상력을 키울 수 있다.

감성능력을 위한 조처 1단계로 이 이야기는 자기감정을 되돌아보게 한다. 엄마 아빠가 나의 말을 들어주지 않을 때 기분이 어떤가? 2단계는 상대방의 감정을 이해하는 길이다. 이 텍스트에서는 엄마 아빠의 감정을 이해하는 길이다. 방을 지저분하게 두는 것, 그리고 지저분한 개를 집에 데려오는 것이 그들에게 어떤 감정을 가지게 하는지 느껴본다. 그리고 3단계는 어떤 식으로 대립되는 감정을 해소할 것인가 하는 문제다. 이 텍스트에서는 커트니가 실제로 집안일을 도와주는 것으로 해소되었다. 그러나 현실에서 커트니가 그런 일을 하지 않는다면 누가 할 것인가에 대해 서로 의견을 나눈다.

일방적으로 판단하고 해석하는 부모를 바꾸기 위해서도, 부모의 명령과 취향에 종속되는 아이들의 자발성과 창의성을 기르기 위해서라도 우리는 이 책의 전개과정을 감정으로 환원시켜볼 필요가 있다.

3. 공감: 『돼지책』

앤서니 브라운의 이 책은 일상적 삶에서 상대방을 어떻게 이해하고 그와 공감할 수 있는지를 잘 보여준다. 이름 없이, 얼굴 없이 살아가는 아내, 그리고 동시에 엄마의 소중함을 깨달아가는 아빠와 아들의 모습이 그려진다. 곳곳에 배치된 이미지와 함께 그들의 지각없는 행동이 유쾌하게 풍자되어 있다. 그리고 행복한 가정은 가족 구성원 모두가 그 행복을 느낄 때 가능하다는 깨달음이 담겨 있다. 공동체를 인지하기 시작하는 어린이들과 어른이, 엄마와 아내 또는 다른 식구들이 느끼는 감정을 배울 수 있는 좋은 책이다.

1. 피곳 부인이 일하는 부분을 보면 얼굴은 있는데 표정(귀, 눈, 입)이 없다. 이 말은 얼굴이 없다는 뜻인데, 얼굴이 없다는 것은 무엇을 뜻할까? 여기서 독자들에게 엄마의 얼굴 모습이 어떤지 그려보게 한다. 우리 엄마의 얼굴은 기억나지 않을까?
2. 아빠 피곳 씨의 아주 중요한 회사란 무슨 뜻인가? 아주 중요한 학교는 또 무슨 뜻인가? 그럼 엄마의 아주 중요한 일은 없을까? 있다면 엄마의 아주 중요한 일은 무엇일까?
   [나의 독서촉진 중 한 엄마는 아이가 놀면서 밥 달라고 소리쳤을 때 "엄마도 중요한 일이 있어."라고 말하며 솥을 집어던졌다고 했다. 그때 기분이 어떠했느냐고 물었다.]
3. 엄마 피곳 부인이 밥을 짓고, 설거지를 하고, 빨래를 하고, 다림질을 하고, 그러고 나서 먹을 것을 조금 더 만들 때 기분은 어떨까?
4. 그 다음 페이지에는 그림만 있다. 그런데 그림에서 눈에 띄는 부분은 어디인가? 나폴레옹 같은 사진이 우습게 그려져 있는데 이것은 영웅이라는 아빠를 빗대는 그림이 아닐까? 그리고 고양이와 개도 식구를 따라 게으른 모습이 그려져 있다. 저금통도 돼지이고.
5. "너희들은 돼지야."라고 쓴 페이지 앞쪽에는 사냥꾼 부부의 그림이 있는데 이 그림 속의 여자는 도려내지고 없다. 피곳 씨는 항상 돼지 그림의 배지를 달고 있다.

6. 피곳 부인은 편지를 쓰고 어디로 갔을까요? 여기서 문학적 여백이 만들어진다. 그래서 많은 독자들은 피곳 부인이 된 것처럼 자신의 이야기를 만들어 간다.
7. 피곳 부인이 집을 나가지 않고 말로 할 수는 없었을까?
8. '너희들은 돼지야.'라는 편지를 열자마자 어떻게 모두들 돼지로 변했을까? 엄마가 마법을 쓴 것일까?
9. 피곳 부인이 없었을 때 남편과 아이들의 삶은 어떠했을까?
[나의 독서촉진 교실에서는 이 장면에서 많은 엄마들이 눈물을 보였다. 한국문화의 특이한 면이다. 독일에서는 적어도 계몽적으로 이 부분을 이해한다. 그런데 한국의 엄마들은 감정적으로 받아들인다. 이를테면 '내가 없어지면 아이가 너무 불쌍해요.'라고 반응한다.]
10. 피곳 부인이 돌아왔을 때 어떤 변화가 있었나? 우선 엄마의 표정이 살아났다.

감성촉진 포인트

엄마의 감정 없음이 어디에서 시작되었을까? 남편과 아들들은 왜 무심하게 엄마를 부려먹었을까? 아빠와 아들은 왜 엄마가 없어졌을 때에서야 엄마가 필요했고 자신들이 잘못했다는 것을 깨닫게 되었을까? 이런 것들이 감성촉진 포인트다. 이 텍스트는 의식하지 못하는 것은 행복이 될 수 없다는 것을 말해준다. 각자 텍스트를 읽어가며 우리가 의식하지 못하는 행복이 무엇이 있는지, 그것을 찾아보는 것이 매우 유용하다. 동시에 엄마는 감정을 참고 있다가 어느 날 갑자기 집을 나가버리는 것과 같은 과격한 행동으로 표출할 것이 아니라, 평소에 대화와 감정표현을 통해 미리 예방할 수 있다는 점을 알아두는 것도 중요한 감성촉진 포인트다. 아이의 이야기, 아버지의 이야기를 듣기 전에 먼저 엄마의 감정을 들어보는 것이 중요하다. 그 다음 아이와 아빠가 느끼는 상대방의 감정을 들어본다. 그리고 마지막으로 엄마가 집을 나갔을 때 어떤 행동을 할 것인지 말해본다. 그리고 엄마는 자기가 집을 나왔을 때 과연 아이와 남편은 어떻게 할 것인지 (이 텍스트 내용이 아니라, 개인적 삶에서) 말해본다. 그 느낌도 말해본다. 자기감정을 남편에게, 또는 아이에게 편지로 써본다. 그 다음으로는 아빠의(가장의) 행동을 집안의 모든 구성원이 배운다는 사실을 인식한다. 심지어 그림 속의 인물, 집에서 키우는 애완동물조차 그 모습에 동화한다.

4. 협동: 『로쿠베, 조금만 기다려』

위에서 언급했다시피 감성능력이란 감정을 정확히 지각하고 인식하며 표현하는 능력, 나아가 감성발달과 지적 발달을 촉진시키기 위하여 감정을 조절하는 이타적 능력을 말한다. 이 책에서는 타자가 물론 강아지이긴 하지만 이타적 능력을 발휘하는 내용을 다루고 있다. 구덩이에 빠진 강아지를 구하기 위해 초등학교 1학년들이 애쓰지만 형들도 아버지들도 없다. 엄마들이 있었지만 도움이 되지 않는다. 그러자 아이들은 로쿠베가 힘을 내도록 노래를 불러주고 비눗방울을 불어준다. 이렇게 해도 더 이상 도움이 되지 않는다고 생각하자 이들은 길가는 아저씨에게 부탁하지만 소용이 없다. 결국 로쿠베의 여자 친구인 쿠키를 넣어(유혹해서) 구하려 하지만 처음에는 실패하고 만다. 쿠키가 뛰어내렸기 때문이다. 상상력이 뛰어난 대목이다. 상상력은 역시 공감 또는 이타적 배려에서 온다는 사실을 일깨워준다.

1. 로쿠베가 구덩이에 빠졌다. 아이들은 개가 구덩이에 빠졌다고 바

보라고 한다.

2. 하지만 아이들은 로쿠베를 가엾게 보고 그를 구출하려 손전등을 가져온다.
3. 힘내라고 소리만 쳐서는 안 된다는 사실을 아이들은 안다. 그런데 줄을 타고 구덩이에 아이들이 내려갈 수가 없다. 아빠들도 일을 나가고 없다.
4. 엄마들이 왔지만 도움이 되질 않았다.
5. 아이들은 노래를 불러 로쿠베를 응원하고자 한다. 비눗방울을 불어 로쿠베에게 힘을 실어주고자 한다.
6. 골프채를 가진 아저씨가 지나갔지만 도와주지 않는다.
7. 그래서 아이들은 로쿠베의 여자 친구인 쿠키를 넣어 (유혹해서) 구하려 하지만 처음에는 실패하고 만다. 쿠키가 뛰어내렸기 때문이다.
8. 설상가상. 이제는 로쿠베와 쿠키 둘 다 구덩이에 빠졌다. 그런데 다시 쿠키가 바구니에 들어오고 로쿠베도 들어왔다.

김싱촉진 포인트

1단계: 자기감정 이야기하기. 로쿠베를 보았을 때 내 느낌은 어떠했나? 다른 아이들의 행동에 대해, 지나가는 사람들에 대해, 엄마들에 대해 어떤 느낌을 가졌나? 2단계: 감정이입의 단계. 내가 만약 구덩이에 빠진 로쿠베라면 어떤 느낌이었을까? 3단계: 감정조절 단계. 어떤 대책을 세웠나? 그때의 느낌을 어땠나? 이런 발문을 통해 인간이 서로 돕고 살아갈 수밖에 없음을 알고, 또 옆의 친구들과 지혜를 짜낼 때 감성적이 되고 창의적이 된다는 사실을 알 수 있다. 마음의 상처는 인간적 협동을 통해 치유된다는 것을 알게 하는 텍스트다.

5. 감각: 『느끼는 대로』

모든 치료의 시작은 감각과 감정의 회복이다. 이 책은 그런 의미에서 감성독서의 기본이자 전제가 되는 책이다.

> 레이먼은 그림 그리기를 좋아했어요. 언제나 무엇이나 어디서나 그렸지요. 어느 날, 레이먼은 꽃병을 그리고 있었어요. 형 레온이 어깨 너머로 레이먼의 그림을 들여다보았지요. "도대체 뭘 그리는 거야?" 형은 웃음을 터뜨리며 물었어요. 레이먼은 아무런 대답도 할 수 없었어요. 그냥 그린 걸 마구 구겨서 휙 던져 버렸지요. 형의 비웃음이 레이먼의 머릿속에서 떠나지 않았어요. 레이먼은 뭐든지 '똑같이' 그려 보려고 했어요. 하지만 잘 되지 않았지요.
> [···]
> 어느 봄날 아침, 레이먼은 아주 굉장한 느낌을 받았어요. 어떤 글이나 그림으로도 붙잡을 수 없는 느낌이었지요. 그래서 레이먼은 붙잡지 않기로 했어요. 그냥 그 느낌을 마음껏 즐겼어요.

이런 감정 상태가 되기 위해 우리는 어떤 노력을 기울여야 할까? 그것은 아마 자기가 느끼는 대로 그릴 권리가 주어져야 가능한 일일 것이다. 그림 그리기 좋아하는 레이먼이 어느 날 그림을 그리자 형이 비웃었다. 도대체 뭘 그렸는지 알 수 없다는 식으로. 그래서 그린 그림을 구겨 버렸지만 동생은 그 그림이 좋다며 거실에 다 모아놓았다. 동생 마리솔은 레이먼과는 다르게 그의 그림에 느낌이 있다고 말한다. 그러자 이제 레이먼은 즐겁고도 신나게 그림을 그린다. 느끼는 대로 그리고 심지어는 감정까지도 그림으로 그리면서 느끼는 대로 시도 써보았다. 그러고 난 뒤에 이르는 위의 인용문 속의 상황이 정말 좋지 않은가! 그림에 대한 판단이 아니라 그림에 대한 느낌이 그를 그림의 세계로 인도했다.

감성촉진 포인트

1. 감성훈련을 하기 위해 제일 먼저 왼손으로 그림 그리는 훈련을 한다. 왼손으로 그림을 그리면 우뇌가 활성화될 뿐 아니라 심리적으로 편안해지기 때문에 그림을 그리는데 부담간이 줄어든다.
2. 그림은 사실대로 그리는 것이 아니라 보는 대로 그린다. 어떤 대상을 색깔로만 표현해본다.
3. 추상적인 그림을 그리고 제목을 붙여보는 연습을 한다(감정이 중요하다는 것을 일깨운다).
4. 형의 말에 대해 토론을 한다(적어도 형은 그림을 있는 그대로 그려야 한다고 생각함). 그렇게 말하는 형을 이해한다(곰브리치의 서양미술사에는 그대로 그리지 않는 많은 그림들이 있다).
5. 그림 그린 것에 대해 칭찬을 한다. 장점만 말한다. 그리고 판단이 아니라 느낌을 말하는 연습을 한다.
6. 자기의 감정이 어떤지 서로 말하게 한다.

6. 생존: 『로베르토』

청소년 문학이다. 미국 영화를 보기 위해 극장에 갔다가 갑자기 들이닥친 독일군에게 이끌려 우크라이나 강제 노동 수용소까지 끌려가게 되는 로베르토는 급기야 수용소 탈출을 시도한다. 2차 세계대전이라는 거대한 소용돌이에서 한 소년이 살아남기 위해 갖은 고초를 겪는 장면은 청소년들의 감성훈련에 아주 제격이다.

로베르토는 사무엘(수용소에서 사귄 로베르토의 유대인 친구다.)의 담요를 꺼내 어깨에 걸치고 팔을 가렸다. 수용소를 탈출할 기회가 주어졌다는 놀라운 사실에 심장의 고동이 빨라졌다. 로베르토는 탈출에 대해 깊이 생각해두지 않은 게 안타까웠다. 하다못해 삽이라도 들고 탈출해야만 했을 것이다. 하지만 한 번도 살아서 독일군의 감시를 벗어날 수 있을 거라고는 생각해 본 적이 없었다. 로베르토는 담요를 꼭 껴안았다. 자기가 죽을 때 함께 묻으려고 사무엘의 담요를 가지고 왔다. 이제 사무엘의 담요는 살아남는데 요긴하게 쓰일 것이다. [⋯]

로베르토는 아침 열 시경이 되자 배에 묶어 놓은 시멘트 포대 아래로 손을 집어넣어 호주머니에서 아침으로 먹을 빵을 꺼냈다. 다시는 먹고 싶은 생각이 들지 않을 것 같아서 옆에 있던 아이한테 빵을 줘 버릴 뻔했다. 하지만 다행스럽게 그러지 않았다. 로베르토는 허기 때문에 너무 힘들었지만 자제력을 잃지는 않았다. 빵 반쪽을 다시 호주머니에 집어넣고, 나머지 반쪽을 천천히 조금씩 뜯어 먹었다. [⋯]

밤이 되기 전에 공터를 빠져나가야 했다. 담요를 두 장이나 두르고 있다고 해도 밤중에 바람이 계속 불면 몸이 꽁꽁 얼어붙고 말 것이다.

로베르토는 동쪽으로 걸음을 재촉했다. 하지만 뛰지는 않았다. 잘못했다가는 넘어져 구를 수도 있었기 때문이다. 바닥은 눈이 녹아 물이 흥건했다. 옷을 적시고 싶지 않았다. 로베르토는 헐거운 군화를 신은 채 물 웅덩이를 피해 큰 걸음으로 걸음을 옮겼다.

첫 번째 전나무 숲에 도착하자 주위가 캄캄했다. 트럭 뒤 칸에 타고 수용소로 올 때 북쪽에서 전나무들을 본 적이 있었다. 하지만 남쪽으로 갈 때는 온통 오크나무와 소나무만 보였다. 그런데 지금 눈앞에 나타난 건 전나무였다. 불행하게도 전나무를 기어오르는 것은 불가능했다. 다른 아이들이 곁에 있으면 늑대의 공격을 피할 수 있겠지만 로베르토는 혼자였다.

무서운 생각이 들었다. 혼자 있는 것은 늑대에게 좋은 먹잇감이 되었다.

로베르토는 뭘 해야 할지 모른 채 어둠 속에서 멍하게 서 있었다. 올빼미가 부엉부엉 울었다. 나무들에 둘러싸여 바람은 불지 않았다. 공기가 무겁고 축축했다. 갑자기 피로가 몰려들었다.[3]

감성촉진 포인트

이 텍스트 발췌부분은 (뒤에 이어지는 부분과 함께) 이 책의 스토리 중 주인공이 가장 힘들어하는 부분이다. 여기서는 한계상황에 직면한 인간이 동물적으로, 다시 말해 감각과 감정, 이성을 총동원해서 살아남아야 할 과세를 안고 있다. 박형준 군(가명, 17세, 주인공과 나이가 같다)과의 작업 내용이다.

1. 가장 인상에 남는 장면은? 그것을 그림으로 그릴 수도 있다.
   - 로베르토가 전나무 숲에 도착했을 때 그림자가 쉭 하고 지나갔을 때, 아마 늑대가 지나갔다고 생각된다.
2. 로베르토의 감정 이해하기 – 자신의 감정 이해하기
   - 독일군에서 벗어났다는 해방감은 있었으나 곧 환경과 싸움을 해야 할 상황이었기에 자신의 처지가 막막했을 것 같다.

나는 로베르토가 어린 나이(나와 같은 나이)에도 불구하고 용기를 가지고 그런 역경을 이겨나간다는 것이 대견했다.

3. 수용소를 탈출한 것을 후회하지 않았는가?
   - 밤낮으로 일을 해야 했던 수용소의 생활보다는 차라리 위험하지만 집에 갈 수 있다는 희망을 가지고 모험하는 쪽이 더 낫다. 자유가 고통보다 낫다.
4. 힘이 들고 고통스러울 때 로베르토는 무슨 상상을 하였는가?
   - 어릴 때 읽어왔던 성경 이야기를 회상하고 있다. 거기서 느부갓네살은 바빌로니아 왕으로서 유대인들을 잡아가서 못 살게 굴었다. 그러나 하나님의 가호 아래 유대인들은 상처 하나 없이 용광로에서 걸어 나왔다. 즉, 로베르토가 고통을 이기는 데 이 이야기가 큰 역할을 한다. 어제 본 〈더 그레이〉라는 영화에서도 비행기 사고가 난 뒤 늑대들에게 위협당하는 생존자들도 어려울 때마다 가족들의 사진이나 가족들에게 쓴 편지를 보며 그 어려움과 고통을 극복하고 있었다.
5. 늑대를 어떻게 피할 것인가?
   - 로베르토는 전나무에서 오줌을 누고 문득 오줌 냄새가 강렬하다는 것을 깨닫고 주위를 살펴보다가 전나무 향기가 자신의 흔적을 덮을 수 있다고 생각한다. 로베르토는 동물에 대한 지식이 많았던 것 같다.
6. 만약 그런 추위를 만났다면 어떻게 피할 것인가?
   - 먼저 전나무 숲에서 필요한 땔감을 구해서 어떻게든 불을 지피고, 밤에는 늑대의 공격을 피하기 위해서 나무 아래에 숨거나, 나무 위에 올라갈 것이다.
7. 도대체 음식은 어떻게 구하지? 무슨 음식이 가장 먹고 싶을까?

- 나무 열매를 따 먹고, 눈을 녹여 마실 것이다. 음식은 열매를 구해보고 물 속에 있는 가재 같은 것으로 배를 채우겠다. 그런데 그것을 먹을 수 있을까? 못 먹고 추운 힘든 여정에서 엄마가 해주는 따뜻한 수프가 먹고 싶을 것이다.

8. 친구인 유대인 사무엘은 지금 없다. 사무엘과의 우정이 나에게 어떤 영향을 미치는가?
   - 책에서는 친구인 사무엘의 담요를 가지고 다니면서, 말하지는 않지만 애지중지한다는 것을 알아차릴 수 있다. 사무엘과의 우정이 로베르토가 어려움을 극복하는 데 도움이 되는 것 같다. 그리고 죽은 사무엘의 몫까지 다 살겠다고 다짐한다.
9. 로베르토가 있는 산에서 무슨 냄새를 맡을 수 있는가?
   - 모르겠다.
10. 내가 만약 로베르토라면 부모님께 어떤 편지를 쓰겠는가?
   - 아버지, 어머니. 이 편지가 닿을지는 모르겠지만… 저 로베르토는 이렇게 살아있습니다. 독일군에게 포로가 되어 우크라이나까지 끌려갔다가 이렇게 도망쳐 나왔습니다. 그렇지만 울창한 전나무 숲에서 오늘 밤 저는 늑대의 습격을 받아 이 세상 사람이 되지 않을 수도 있습니다. 아버지, 어머니 아들 로베르토가 이렇게 용기를 내서 아름다웠던 고향으로 돌아가려 하지만 지금 저는 위험한 상황에 처해 있습니다. 제게 하나님의 보호가 있기를 기도해주세요. 그리고 걱정하지 마세요. 만약 오늘밤을 무사히 넘긴다면 흑해를 통해, 그리고 지중해를 향해, 배를 타고 매일 매일 걸으며 반드시 아들 로베르토는 아버지와 어머니 품으로 돌아갑니다. 기다려주세요. 사랑해요. 로베르토 드림.

이 학생은 비교적 자유로운 개성을 가지고 있으나 주로 방에나 학교에만 있을 가능성이 많다. 자연과 접하고 실제로 나뭇잎을 만져보고 등산을 하며 숲속에서 나는 냄새를 맡고, 집에서는 엄마와 함께 재료를 챙겨 직접 요리를 해보기를 권할 수 있다. 요즘 한국 아이들이 누구나 겪는 문제이지만 컴퓨터나 모바일과 더불어 매일 시간을 보내는 경우가 많다. 그러면 감정은 무디어지고 공격적이 되거나 생각이 고착되어 오프라인으로 나갈 의지가 결여되기 쉽다. 그래서 발문을 할 때 우리는 감각훈련, 감정훈련에 관한 것이 있어야 한다. 그리고 마지막으로 글쓰기(여기서는 편지 쓰기)와 연관 짓는 것이 좋다. 시를 쓸 수도 있고 다음 이야기가 어떻게 진행될지 그 이야기를 지어내는 것도 좋은 방법이다.

7. 분노: 「어느 남자에 대한 발라드」

시 텍스트를 읽고 공감을 하고 자기 삶과 기억을 투영하고 문제를 해결해나가는 길을 생각해보자. 우리는 일반적으로 사람들이 생각하는 것처럼 단순히 감동하고 아름다움을 느끼는 것으로 감성능력을 함양할 수 없다. 그러므로 우리는 한 텍스트를 시작으로 어떻게 수용에서 감성훈련으로 나아갈 수 있는지 살펴본다.

옛날에 어떤 남자가 있었는데
그 사람은 발로
맨발로
똥무더기를 밟았다네

그는 몹시 구역질을 했다네
자기 한 발 앞에서
그는 이 발로는
조금도 더 걷고 싶지 않았다네

그런데 거기 그 발
씻을 물이 없어
그 한 쪽 발 씻을
물조차 없어

그래서 그 남자는 도끼를 들어
그 발을 잘랐다네
그 발을 잘랐다네
황급히 도끼로 잘라버렸다네

너무 서두르다가
그 남자는 그만 깨끗한 발을
그러니까 틀린 발을
황급히 잘라버렸다네

그러자 홧김에
그 남자는 결심을 해 버렸네
다른 발도 마저
도끼로 자르겠다고. - 볼프 비어만 「어느 남자에 대한 발라드」 전문

물론 이 시의 내용대로 똥을 밟았다고 자신의 다리를 자를 사람은 없다. 그럼에도 우리가 이 시에 공감하는 이유는 무엇일까? 그것은 아마도 화자가 어떤 상황을 감정언어로 말할 때 독자가 유사한 심리과정을 겪는 데서 올 것이다. 화가 난 화자의 심정을 담은 이 시는 그런 유사한 경험을 한 독자에게 깊은 치유의 힘을 준다. 이 텍스트는 분노가 시작할 때, 전개될 때 그리고 그 분노가 어떠한 결과를 초래하는지에 대한 그림을 보여준다. 조금의 경험이라도 있는 사람이라면 이런 상황이 본인에게 어떻게 진행되었는지를 의식할 수 있을 것이다.

감성촉진 포인트

화가 날 때 우리가 어떻게 자신을 제어할 수 있는가? 화가 날 때 억지로 그것을 누르면 신체의 동요를 증폭시키고 혈압을 상승시킬 수 있다는 증거가 있다.[4] 스탠퍼드 의과대학의 분노 조절 프로그램이나 윌리엄스가 고안한 프로그램은 감성지능의 기본적인 면들을 보여준다. 분노가 생길 때 그것을 자각하는 능력, 분노가 표출된 뒤 조절하는 능력, 그리고 상대방의 감정을 이해하거나 감정이입하는 능력을 배워야 한다. 이때 생기는 냉소적인 생각이나 적개심이 자각된다면 그런 생각을 적어보는 것도 괜찮다. 위에서 인용한 볼프 비어만의 시는 비유적으로 자신의 다리를 자른다고 표현되어 있지만 사실 다른 사람의 다리를 자르는 것만큼이나 큰 심리적 충격을 가져온다. 똥을 밟았을 때 의도적으로 합리적인 생각을 하여 적개심이나 냉소적인 생각을 대체해야 한다. 그래도 지속된다면 "그만!"이라고 외치며 중지하려 애쓴다. 그러면 이 경우에는 어떻게 해야 하는가?

거기에 똥을 눈 어떤 정신없는 술주정뱅이에 대해(급기야 그것을 밟은 자신에 대해) 분노를 품기보다는 합당한 이유, 즉 그 사람의 관점에서 보는 능력을 배운다. 감정이입은 분노의 진통제란 말이 있다. 나아가 적개심이 자신을 더 일찍 무덤으로 가게 할 수 있다는 인식을 한다. 두 발을 잘라 버린다면 그것은 생명을 잃는 것이나 다름없다. 독서촉진은 이렇듯 텍스트에 자신의 깊은 내면을 비춰 반향을 얻는 작업이다. 반향? 그것은 마치 메아리처럼 울리는 소리를 말한다. 텍스트가 어린 시절, 현재, 미래에 대한 공간을 열어 지각과 관찰, 인식과 의미의 지평을 열어주는 과정을 공감의 과정이라 한다면 그것 때문에 텍스트는 다분히 우리의 모습을 치유해줄 수 있는 힘을 가지고 있다.

독자의 마음속에 그 남자의 화가 난 모습, 그 남자의 처지, 아픔을 공감하는 참여자의 모습, 인식의 아름다움, 아픔으로 전이될 수 있다면, 마치 별을 쳐다보는 아이의 놀라움으로 참여자는 말의 아름다움을 경험하고 그 말로 그의 마음을 치유할 수 있을 것이다. 그리고 참여자는 마음속으로 이런 질문을 하고 있겠다. 나는 누구인가? 흡사 나를 관찰하는 거울처럼 나에게 시 작품은 무엇을 말해주고 있을 것이다. 나의, 나에 대한, 나를 위한 계시가 그 작품 안에 있다. 이것이 '너 자신을 알라는 통찰'이고 누군가 나와 같은 감정을 갖고 있다는 것을 정서적으로 이해하라는 계시인 것이다.

8. 욕구: 『마담 보바리』

대체로 많은 평론가들이 플로베르의 『마담 보바리』를 감정교육의 성경처럼 대하고 있다는 사실에 나는 많이 놀랐다. 학창시절에 교양백선으로 읽고 난 뒤, 이 책을 집필하기 위해 다시 읽었지만 감정이 아닌 플로베르의 추상적이고 사변적인 말에 너무 놀랐다. 쉽게 말해 경험이 없는 사람이 쓴 감정에 대한 추측이라고 해야 할까? 그럼에도 동서양을 막론하고 고전 중의 고전이라고 하니 한번쯤은 독서 시간에 또는 문학 시간에 다뤄볼 만한 작품이라 생각된다. 플로베르의 문장은 프랑스 최고의 문장가답게 세련되지만 그가 제시한 엠마 보바리는 전혀 매혹적이지 않다. 그녀가 풀어놓은 감정의 이유도 알 수 없었고 심지어는 그녀가 죽어도 아쉽지가 않았다. 이와 비슷한 톨스토이의 『안나 카레니나』가 그런 면에서는 훨씬 더 정직했고 그녀의 감정에는 이유가 있었다. 다만 예외적으로 그녀가 (또는 플로베르가) 살았던 시절에 구속이 많았다는 점을 전제로 한다면야 이해될 수 있는 것이긴 하다. 엠마의 순간적인 변덕이 오히려 오늘 우리가 펴는 감정교육에 도움이 될 듯하다. 반면교사가 되었다고나 할까? 여기에 등장하는 엠마는 허영에 차 있고 프랑스의 크루아상처럼 부서지기 쉽고, 취향 또한 속물적이어서 형편없고 자유가 아닌 방종에 몸을 내맡긴다.

> 엠마는 울었다. 그러자 그(로돌프)는 익살이 섞인 사랑의 맹세로 그녀를 달래느라고 애를 썼다.
> "아아, 이게 다 당신을 사랑하기 때문이에요!" 하고 그녀는 말을 이었다. "저는 이제 당신 없이는 살 수 없을 만큼 당신을 사랑하고 있단 말예요. 아시겠어요? 때때로 당신이 너무나 보고 싶어 미칠 듯한 사랑에 가슴이 찢어지는 것만 같아요. '그이는 어디에 있을까? 아마 다른 여자들과 이야기를 나누고 있겠지? 여자들이 웃음을 보내고 그이는 다가간다……' 하는 생각을 하면서 말예요. 아아! 아니겠지요, 마음에 드는 여자가 있는 건 절대 아니죠? 그야 물론 저보다 예쁜 여자들도 있겠죠. 그렇지만 저는 누구보다도 당신을 더 사랑하고 있어요! 저는 당신의 종이고 첩이에요! 당신은

제 임금이고 우상이에요! 당신은 착한 남자예요! 미남자예요! 머리가 좋고, 힘이 세요!"

그는 이런 말을 너무나 자주 들었기 때문에 새로운 느낌이 전혀 없었다. 엠마는 세상의 모든 정부들과 다를 바 없었다. 그래서 새로움의 매력은 의복처럼 한 꺼풀 한 꺼풀 벗겨져 버리고 언제나 같은 모양 같은 말뿐인 정열의 영원한 단조로움만이 적나라하게 드러나는 것이었다. 실제 경험이 풍부한 이 사내도 같은 표현들의 배후에 깔려 있는 여러 가지 감정의 차이는 분간할 줄 몰랐다. 이미 바람둥이거나 혹은 돈에 팔린 숱한 입술들이 그에게 똑같은 말들을 속삭였기 때문에 그는 그녀의 순진성을 거의 신용하지 않았다. 그러므로 별것도 아닌 애정을 감추고 있는 과장된 말들은 적당히 에누리해서 들어야 한다고 그는 생각하고 있었다. 그는 영혼에 가득 찬 생각이 때로는 가장 어설픈 비유로서 표현되기도 한다는 것을 모르는 것처럼 굴었다. 그러나 누구도 결코 자기의 욕망, 자기의 관념, 자기의 고통이 정확하게 어느 정도인가를 드러내보이지는 못하는 법이고 사람의 말이란 깨진 냄비나 마찬가지여서 마음 같아서는 그걸 두드려서 별이라도 감동시키고 싶지만 실제는 곰이나 겨우 춤추게 만들 정도의 멜로디밖에 낼 수가 없는 것이다.[5]

위의 인용문은 엠마가 정부인 로돌프에게 빠진 장면, 즉 엠마의 속물근성이 잘 표현된 곳이다. 그러니 모두 이 글의 표현은 진지하게, 내용은 그냥 신경 쓰지 말고 읽기를 바란다.

감성촉진 포인트

1. 사랑에 빠졌을 때 자기의 감정과 감정조절 불능을 이야기해본다.

2. 보바리의 심정에 대해 이야기해본다.
3. 로돌프는 왜 엠마와 다른 감정을 갖고 있는가?
4. 엠마가 감정을 조절할 기회가 있었는가? 가령 텍스트에서는 책을 읽지 못하게 하는데, 만약 그녀가 책을 읽도록 했다면 자기감정을 조절할 수 있었을까?
5. 감정은 조절할 수 있고 조절해야할 그 무엇인가?
6. 감정조절을 하지 못했을 경우, 그 귀결은 어떠한가?
7. 로돌프가 엠마를 욕구충족의 대상으로 여기지 않고 진정으로 사랑했다면 엠마는 자기를 통제할 수 있었을까?
8. 저자는 이 스토리를 통하여 우리에게 무엇을 말하려고 하는가?
9. 엠마에 대한 주위의 시선을 이야기해본다.

9. 수치: 「Ex. 2) 아래 시는 (　) 속에 여러분의 취향에 맞는 낱말을 넣어 새로 쓸 수 있습니다.」

시 텍스트를 가지고 감성독서 프로그램을 진행할 수 있을까? 우선 참여자들은 긴장완화를 위해 눈을 감아보자. 그리고 잠시 후에 눈을 뜨고 이 프로그램에 참여하게 된 동기를 회고하면서 마음을 비운다. 눈을 뜨고 난 후, 그 과정을 이야기하고 자기소개를 하며, 동시에 자기가 바라는 바를 이야기하고 불안한 점이 있으면 말한다. 이런 시간이 흐른 후, 긴장이 완화되면 촉진자는 시를 읽어줄 수 있다. 신경림의 시도 좋고 릴케의 시도 좋다. 정지용의 시도 좋고 프로스트의 시도 좋은데 그 분위기, 나이, 관심사 등에 따라 달라질 수 있다. 가령 중년 여성의 우울함을 치유하기 위해 아래와 같은 시를 예로 들어보자. 김언희의 시집

『요즘 우울하십니까?』에서 발췌한 것이다.[6]

처음에는
더러운 ( ) 관계였다가

그런 다음에는 당연히 너무도 더러운 ( ) 관계가

그리고 마침내는 극도로 더러운 ( )
관계가 되어 갔어요. 우린

서로를 통해서만 완성되는 더러움 ( )이었어요.

더 더러워 ( ) 지려야 더 더러워 ( )질 수가 없는
그런 더러움 ( )

진부한
더러움 ( ) 이었지만
진기한 더러움 ( ) 이기도 했어요.

- 김언희 「Ex. 2) 아래 시는 ( ) 속에 여러분의 취향에 맞는 낱말을 넣어 새로 쓸 수 있습니다.」 전문

아마도 이 시를 읽고 난 뒤에 참여자들은 생각이 많아질 것이다. 그리고 동시에 어떤 감정을 가질 것이다. 어떤 특정한 사람을 떠올리게 하고 그 사람과의 관계가 어떻게 변했는지를 떠올리게 한다. 1. 만남 이전

2. 만남의 시작 3. 만남의 즐거움 4. 만남의 고통 5. 만남의 반전 6. 만남의 귀결을 연상하고 난 뒤, 이런 삶을 무언극이나 팬터마임 동작으로 재현해본다.

감성촉진 포인트

우선 모두가 색깔로 괄호 안을 채워본다. 재미있는 결과를 기대할 수 있다. 김도연 씨(가명)는 다음과 같은 문장을 만들었다.

처음에는
더러운 (흰색) 관계였다가

그런 다음에는 당연히 너무도 더러운 (검정) 관계가

그리고 마침내는 극도로 더러운 (검정)
관계가 되어 갔어요. 우린

서로를 통해서만 완성되는 더러움 (회색)이었어요.

더 더러워 (시꺼매) 지려야 더 더러워 (시꺼매)질 수가 없는
그런 더러움 (회색)

진부한
더러움 (흰색) 이었지만
진기한 더러움 (검정) 이기도 했어요.

그 기분을 그대로 간직한 채, 엎드려서 자유롭게 자신이 선택한 대상에 대해 그림을 그리거나 괄호에 자유롭게 색채의 단어들을 채운다. 집단의 분위기는 매우 차분하고 가라앉아서 관계의 변화에 따라 각자의 감각을 활성화하고 이 변화에 따라 마음을 움직인다.

글을 쓰고 난 후 잠시 쉰다. 이때 분위기가 너무 가라앉지 않도록 시간을 정해준다. 그런 다음 글 쓴 내용을 음미해보게 한 후, 괄호를 메우게 한다. 시를 다른 참여자들의 앞에서 읽어보게 하는 것은 우선은 글을 쓸 때와는 달리 자신의 느낌을 객관적이 되게 하기 위해서다. 그리고 또한 언어로 표현하게 함으로써 숨겨진 마음을 드러낼 수 있다. 지금까지 말 못하고 숨긴 것을 처음으로 드러내는 것이다. 참여자의 내면을 다른 참여자들과 공유하는 것이다. 자신의 느낌을 말하는 시간을 갖는다. 그리고 다른 사람의 느낌에 대해 피드백하는 시간을 갖는다.

이런 과정이 끝나면 촉진자는 하던 일을 중지시키고 각자가 한 일에 대해 한마디 말이나 문장 하나로 느낌을 말하게 한다. 전체 그룹이 함께 하게 하고 이때는 의자에 앉아서 하면 좋다. 참여자 중의 두 사람들이 완성한 것을 소개한다.

처음에는
더러운 (물김치 같은) 관계였다가

그런 다음에는 당연히 너무도 더러운 (김치찌개 같은) 관계가

그리고 마침내는 극도로 더러운 (매운탕 같은)
관계가 되어 갔어요. 우린

서로를 통해서만 완성되는 더러움 (곰국)이었어요.

더 더러워 (맑은 무국 같아)지려야 더 더러워 (콩나물국 같아)질
수가 없는
그런 더러움 (감자탕)이기도 했어요. - 김가온 씨(P1, 43세, 가명)

시가 요구하는 것을 채운 후, 산문으로 자신의 이야기를 쓰게 할 수도 있다. 마음에 떠오르는 대로 표현하게 하면서 자연스러운 감정이 유발되도록 한다. 참여자들이 글을 다 쓰고 나면 촉진자는 '글의 내용을 음미하세요. 그리고 그것이 주는 의미, 공감, 소리에 귀를 기울여 보세요… 지금 마음이 어떠세요? 혹시 마음에 와 닿는 것이 있나요?'라고 대화할 수 있다.

P(Participant): 지금 매우 불안합니다. 마음에 부담감도 있고요. 그럼에도 불구하고 무엇을 하고 싶은 의욕은 있습니다.

F(Facilitator): 이 글을 보면 어떤 행이나 단어가 눈에 띄나요. 그리고 마음에 닿는 것이 있나요?

P: 김치찌개라는 말입니다. 저는 힘든 신혼 시절을 보냈어요... 우린 너무 가난했거든요. 저는 ○○에서 자랐는데 하고 싶은 게 많았어요.

F: 마음에 숨겨진 이야기가 소리 없이 글로 표현된 것이 아닐까요?

P: 제가 말했던 모든 어휘들이 저의 삶을 지배하고 있어요. 특별히 얘기하고 싶은 게 없을 정도로 삶이 무미건조해졌어요.

F: 그러면 시를 다시 한 번 읽어볼까요? '김치찌개', '곰국', '매운탕', '콩나물국', '감자탕'을요.

P: 사실 저는 이런 말로밖에는 제 감정을 표현할 수가 없어요.

이 모든 것들은 글을 쓸 때에는 전혀 의식되지 않는다. 색채를 선택하거나 음식의 이름을 선택하거나 감정에 메마른 추상적인 언어를 선택한 것은 무의식의 표현이다. 다시 말해 내용은 텍스트에 나타나 있지 않고 투사적 특성만 가지고 있다. 참여자 모두 이 시가 자신의 감정에 대한 계시이자, 자신의 계시이자 자신을 위한 계시라고 생각한다. 그러나 이것은 다른 사람에게도 의미 있는 계시일 수 있다. 그 이유는 이 글에 고통스러운 삶이나 현재의 상태가 포함되어 있기 때문이다.

참여자는 자신의 느낌을 표현하고 난 후 마음이 편안해지고 정신적 여유를 다시 얻었으며 다른 참여자들에게서도 위로를 받았다. 참여자들은 나중에 살아갈 일을 계획할 수 있다. 김가온 씨(가명)는 참여자 집단 내에서도 다른 참여자들과 함께 무엇을 하고 싶다는 뜻을 비쳤다. 이 시 작업을 통해 참여자는 개인적인 의미와 개인적인 무의식을 드러내고 또 그에 상응하는 개인적 상징을 만들어낸다. 삶의 산문적 진부함을 색채와 음식 이름으로 표현하기도 한다. "행간과 행간 사이"라고 표현할 수 있는 간 공간은 개인과 집단 간의 매개공간이다. 하지만 이런 정신분석적 해석이 너무 지나치게 깊은 곳을 건드리면 감정표현 자체를 놓칠 수 있는 위험이 뒤따른다.

10. 일상: Mc 스나이퍼의 랩(RAP)

랩은 힙합 음악을 대표하는 음악적 양식으로 Rhyme & Poesy의 약자다. 라임(Rhyme)은 '운(韻)'이라는 뜻이고 포에지(Poesy)는 '(시를)

짓다'라는 뜻이다. 라임은 다시 다양한 라임으로 구분된다. 보통 서구어에서는 대체로 두운과 각운을 많이 쓰기 때문에 1차 라임은 각운이나 두운을 말한다. 우리의 언어구조상 각운보다는 두운을 사용하기 쉽다. 우리말에서 각운은 약간 단조롭다. 아래 사례 (2)에서 보듯이 '안 돼', '누군데', '수군대'등에 나타나는 (변)모음 '-대(데, 돼)처럼 말이다. 그리고 두운으로 라임을 만들 수도 있다. 아래 사례 (1)에서"체게바라의/책을 봐라/체념주의는 없다"에서 보이는 체, 책, 체가 그렇게 만들어져 있다. 2차 라임은 단어 라임으로 〈진표 생각〉에서 보는 "나는 싸가지가 너무 바가지 힙합바지 입고 나가지"에서 찾아볼 수 있다. 강조된 단어가 어떤 규칙을 가지고 있다. 마지막으로 3차 라임은 일명 발음 라임으로 한국어에서는 힘들지만 불가능한 것도 아니다. "대한민국/코리아 돈이면 다/콜이야 그래서 이/꼴이야"

보통 래퍼들이 주도해가는 이런 청소년들의 랩은 직접적인 감정표현을 일으키게 하는 좋은 음악적, 문학적 수단이다. 오늘날 청소년들은 전통적인 이미지 중심의 내면적 심상보다 이런 비트가 빠른 포이츠리 슬램(Poetry Slam)을 즐긴다. 서양에서는 미국을 필두로 청소년들의 이런 모임이 잦다. 감성독서를 위한 웜업으로도 좋고 실제 창작을 하고 노래를 만들면서 자기의 감정조절, 언어순화로 이끌도록 하면 좋다.

사례 1 엠씨 스나이퍼의 〈Be In Deep Grief〉에서

빈부의 격차 가정을 격파 배고픔에 시련을 박차
참여정부의 가타부타 노동조합의 쿠데타
서민들은 굶어 죽어도 민주공화국이 좋다
체 게바라의 책을 봐라 체념주의는 없다

젊은이들이 저물어가는 정권을 일으켜 세워
나의 음악은 제3의 정치 부정부패와 싸워
하층민의 눈물로 쓰여진 한국사회의 만물
사재를 들인 꼰대들의 법적 인정된 장물
대한민국 코리아 돈이면 다 콜이야
그래서 이 꼴이야 모두가 감추는 꼬리야

사례 2 어느 학생의 랩

펜을 잡아도 공부가 안 돼
볼을 잡아도 골인이 안 돼
장난치는 머피가 누군데
너나 할 것 없이 계속 수군대

걱정돼 모든 게 안 풀리니까
그래도 이걸 어쩌겠는가
에라 모르겠다 던져버리자
생각할수록 머리만 더 아파

아이고야 시험을 망쳤죠
새로 산 올백 신발이 밟혔죠
올 한 해도 불안해요 노력해도 솔로
'나 홀로 집에' 보고 크리스마스 보내려나 oh no[7]

감성촉진 포인트

1. 공부가 안 될 때의 감정을 말해본다. 그리고 무엇이 나의 감정을 그렇게 분노나 절망으로 몰아가는가?
2. 노래할 때 일어나는 감정변화에 일일이 이름을 붙여본다.
3. 엠씨 스나이퍼가 말하는 하층민은 어떤 말을 할 것인가? 이에 대해 상층부 사람들은 뭐라고 할까? 그들의 감정을 이해하도록 노력하자.
4. 글을 쓰면서 변화되는 자신의 감정을 묘사할 수 있는가? 이 랩의 가사를 연설문으로 바꾸어 보자. 그때 느낌의 변화가 있는가?
5. 느낌이 좋은 말로 이루어진 랩은 없을까? 가령 김선우의 시를 랩으로 바꾸어볼 수 없을까? 바꾸었을 때 무엇이 다른가?
6. 사례 2)의 경우 자기의 콤플렉스에 대해 말해본다.
7. 래퍼로서의 삶은 어떠하겠는가?
8. 좋은 래퍼가 되기 위해 어떤 감각을 갖추어야 할까?

감성독서

텍스트

chapter 6

독서를 통한 감성능력을 배양하기 위해 우리는 어떤 텍스트를 선정할까? 먼저 우리의 일상에서 벌어지는 이야기부터 시작해본다. 2008년 10월 24일 「조선일보」 인터넷 판에 보면 다음과 같은 이야기가 나온다. "점입가경(漸入佳境). 요즘 월 · 화요일 밤마다 TV를 켜고 드라마를 보는 시청자들은 난감한 마음을 금할 수가 없다." 드라마에 나오는 주인공들의 어색한 연기와 뜬금없는 대사가 몰입을 방해할 때가 많다. 〈에덴의 동쪽〉은 시종일관 주인공들이 눈물을 쏟으며 감정의 극한으로 향해가는 드라마다. 그런데 주인공들이 극적인 순간에 나누는 대화가 너무나 어색해서 오히려 웃음이 나온다는 지적이 많다. 그 드라마 11회 방영분에선 주인공 동철과 동욱이 극적으로 재회하는 모습을 보여주는데, 이 때 동욱(연정훈)이 외친 대사, "형 맞아? 이동욱 형 이동철이 맞아? 꿈이 아니라고, 환청이 아니라고, 어서 대답해!"가 전파를 탄 후, 시청자 게시판엔 "민망해서 채널을 돌렸다.", "눈물이 안 나고 웃음이 났다."라는 의견이 쏟아졌다. 왜 그럴까? 우리가 하는 감성독서에서도 이는 적용된다. 텍스트가 다 말해버리거나 감정을 지나치게 드러내는 텍스트는 오히려 웃음만 자아내고 직접적인 감정몰입을 방해한다. 위에서 언급한 마담 보바리도 그런 경우 중의 하나이다. 고전 중의 고전인 『일리아드』나 『오디세이아』를 보더라도 문어체가 얼마나 지루하고 감정과 거리가 있는지를 알 수 있다.

1. 텍스트의 선택 기준

문학작품을 통해 감성훈련을 하려는 사람들은 그가 어디에서 일하거나 '어떤 책을 읽을까요?', 아니면 '어떤 책으로 시작할까요?'라는 질문을 하게 된다. 이에 대한 우리들의 대답은 어떠한가? 내 생각에는 '이리 쭉 가셔서 아무 책이나 손에 잡히는 그 책을 읽으세요.'라고 대답한들 크게 틀리지는 않을 것이다. 그러나 분노나 슬픔의 감정, 정서적 불안정을 갖고 있는 사람들에게는 아무렇게나 선택한 책이 적절할 리 없다. 정보를 얻는 책이 있는가 하면, 감성적(문학적) 성격을 지닌 책도 있고 상식을 넓혀주는 책이 있는가 하면 철학적 사색을 요구하는 책들도 있다.

이런 책들은 저마다 지향하는 목표가 다르기 때문에 달리 접근해야 한다. 이성적 측면, 상상적 측면, 마지막으로 정서적 측면을 다루는 것이 책마다 다르기 때문이다.[1] 우리가 오늘 관심을 두는 책은 엄밀히 말해 세 가지 기능을 갖춘 책들, 참여자의 기억을 불러오고 그것을 인식하여 이해하고 정화시켜줄 책, 즉 정서적인 책들이다. 그런 책들은 상상력과 창의력을 포함해서 감성능력을 발달시킬 수 있다.

쉽게 그림책부터 이야기해보자. 아프리카의 옛이야기를 각색한 게일 헤일리의 『이야기 이야기』, 존 버닝햄의 『내 친구 커트니』, 이호백의 『도대체 그동안 무슨 일이 일어났을까』, 모리스 샌닥의 『괴물들이 사는 나라』, 레오 리오니의 『프레드릭』 등에서는 불가능한 세계에 대한 이야기가 가능하게 펼쳐진다. 프레드릭이 빛과 색깔을 모으고, 커트니가 요리를 하며, 토끼가 옷을 입어보거나 아난스가 하늘까지 닿는 거미줄을 짠다. 이런 세계에서는 눈에 그리는 상상력이 중요하기 때문에 그 상상의 순간에 자신의 기억을 불러올 수 있다. 그 이유는 사람들이 이질적인 데서 무엇을 상상하기 때문이다.

이런 순간을 앞에서 언급한 셔연은 "이차적 시선을 갖는 것(taking a second look)"이라고 표현했다. 이런 이차적 시선을 갖는 것은 내가 이미 『문학치료』에서 말한 편심(偏心) 또는 이심(離心)의 능력이라고 말할 수 있는데,[2] 이는 과거나 현재의 자신이나 자신의 환경을 의식적으로 경험하고, 성찰하고, 상대화할 수 있는 능력을 말한다. 이런 이야기책들처럼 상상적인 무엇이 없다면 그것은 우리의 감정 반응을 개선할 수 없다.

우리는 글을 읽으면서 우리가 알지 못하는 우리의 감정변화를 경험하고 있다. 만약에 당연한 대화가 오고가는 문학이 있다면 독자들에게 아마도 궁금증이 유발되지 않을 것이다. 쓰는 사람(작가)과 읽는 사람(독자)이 같은 기대지평 위에 있기 때문이다. 그렇다면 어떤 이야기가 기억을 불러오기에 적합한가? 문학작품이 제공하는 거리감 때문에 우리는 무엇을 상상할 수 있다. 자신의 현재 문제와 똑같은 이야기를 한다면 우리는 상상할 수 없다. 그러나 거리감이 만들어지면 오히려 몰입하게 하는 친밀감을 느끼게 되는데 이것이 문학의 패러독스다. 상상을 펼칠 수 있는지 아래에서 전개되는 『그 여자네 집』이라는 작품의 일부분을 통해 살펴보자.

> 내(장만득: 저자 주)가 곱단이를 아직도 잊지 못한다는 건 순전히 우리 집사람이 지어낸 생각이에요. 난 지금 곱단이 얼굴도 생각이 안 나요. 우리 집사람이 줄기차게 이르집어 주지 않았다면 아마 이름도 잊어버렸을 거에요. 내가 곱단이를 그리워했다면 그건 아마 누구에게나 있을 수 있는 젊은 날에 대한 아련한 향수였겠지요. 아름다운 내 고향에서 보낸 젊은 날을 문득문득 그리워하는 것도 죄가 되나요?[3]

박완서의 『그 여자네 집』은 우리에게 너무나 잘 알려져 있다. 그런데 이렇게 많은 사람들이 읽는 이유가 무엇일까? 작품의 한 부분인 이 에피소드만 보더라도 그것을 쉽게 알 수 있다. 작품의 화자는 어릴 때 장만득 씨가 곱단이와 사랑을 한 사이라는 것을 안다. 그리고 나중에 결혼하고 난 뒤에 그의 부인은 걸핏하면 곱단이와의 관계를 의심한다. 이 사건의 진실여부를 떠나서 위의 인용문은 매우 중요하다. 이야기가 단순한 어떤 인물의 판단대로 흘러가는 것이 아니라 진실과 다른 이야기일 수도 있겠다는 가능성 때문이다. 그럴 때 우리는 어떤 가능성에 의존하는지를 스스로 생각해볼 수 있다. 이런 패러독스가 독자들이 일상에서 경험할 수 없는 다른 경험을 하게 해 준다. 이것을 정리하면 다음과 같다.

> 화자의 입장에서 장만득을 생각함(거리감) → 장만득의 진술을 읽음(친밀감) → 독자는 자신의 기존의 고착을 새로 생각함(내적 적응)

화자의 진술에서 들은 것은 일반적인 판단이다. 그러나 나중에 장만득의 진술을 통해서 얻은 이해는 공감을 통해서 얻은 것이다. 이것은 말하자면 인간이 그럴 수도 있을 것이라는 감성적 이해에서 나온 것이다.

우리가 책을 선정할 때 상황별로 알맞은 이야기가 아니라 바로 이런 독서의 내적 행위에 따라야 한다. 만약 우리가 교회에서 설교를 듣는다고 가정해 보자. 목사님이 무슨 말을 하면 그것이 나를 두고 하는 말일 거라고 생각하게 된다. 그러면 우리의 마음은 방어를 하게 되고 도덕적 선이 아닌 것은 절대로 말하지 않게 된다. 그러나 「그 여자네 집」과 같은 제3의 이야기는 우리의 연상작용을 활성화한다는 것을 알 수 있다. 만약 어떤 아이가 성폭행을 당했다고 가정할 때, 그리고 문학독서를 통해 그 아이의 문제를 해결하려고 할 때, 우리는 그 아이의 이름이나 성폭행과 관련된 일체의 이야기를 하지 말아야 한다. 문학작품이 어느 한 입장에서 말하는 것보다 다양한 시각을 제공하므로, 앨스턴은 문학이 최소한의 방어자세를 가지고 접근할 수 있게 해준다고 정확하게 지적한다.[4]

마찬가지로 어느 누가 잘 아는 동네의 길거리나 학교 교실에서 일어나는 일을 다시 읽으려고 하겠는가. 우리는 그러한 이야기에서 아무것도 상상할 수 없다. 배운다는 것은 인지적인 일과 예지적인 일이 있는데, 앞의 것은 지식의 차원에 머무르지만 행동의 변화나 마음의 변화가 일어나려면 낯설고 엉뚱한 것 없이는 절대적으로 불가능하다. 문학은 다양한 행동들, 사건들 속에서 아무 것이나 상상 속에서 행동해보고(가령 알리바바 같은 도둑도 되어보고, 맥스처럼 괴물들과 같이 살아보게 한다) 그 결과들을 경험해본다.[5] 우리는 상상 속의 경험(또는 실수)을 통하여 배우게 되는데 그 실수를 원초적으로 차단하면 내면공간은 만들어질 수 없다. 『삼국유사』의 선화공주 이야기, 즉 무왕 이야기를 보자.

> 제30대 무왕의 이름은 장이다. 그의 어머니가 홀로 수도 남쪽 못가에 집을 짓고 살면서 못 속의 용과 관계를 맺어 장을 낳았다. 어릴 때 이름은 서동이며 재주와 도량이 헤아릴 수 없을 정도로 많았다. 항상 마를 캐다가 파는 것을 생업으로 삼았으므로 나라 사람들은 이것으로 이름을 삼았다. 신라 진평왕의 셋째 공주 선화가 매우 아름답다는 말을 듣고는 머리를 깎고 신라의 수도로 가서 동네 아이들에게 마를 나누어 주면서 아이들과 친하게 지냈다. 그러고는 노래를 지어 아이들을 꾀어 부르게 했는데 그 노래는 다음과 같다.
>
> 선화 공주님은 남몰래 짝지어 두고
> 서동 서방을 밤에 몰래 안고 간다네.
>
> 동요는 수도에 가득 퍼져 궁궐에까지 알려지게 되었다. 백관들은

> 힘껏 간하여 공주를 먼 곳으로 유배 보내게 했다. 공주가 떠날 때 왕후는 순금 한 말을 여비로 주었다. 공주가 유배지에 도착할 즈음, 가는 길에 서동이 나와 절을 하고 모시고 가겠다고 했다. 공주는 비록 그가 어디서 온 사람인지는 몰랐으나, 우연한 만남을 기뻐하며 그를 믿고 따라가 몰래 정을 통했다. 그러고는 함께 백제에 도착하여, 어머니가 준 금을 꺼내며 앞으로 살아갈 계책을 세우고자 했다.[6]

「그 여자네 집」과 달리 이 이야기는 큰 경험을 환기하지 못한다. 이렇게 등장인물들이 문제 제기 없이 하는 행동은 도덕적 기준을 제시하고 모범을 제시하는 경우로서 큰 상상을 불러일으키지 못한다. 그렇게 되면 문학으로서의 이야기가 아니라 어떤 생존전략 내지는 일상적 이야기로 전락하고 말 것이기 때문이다. 이 이야기에서는 신탁의 의미가 분명하다. 특히 "공주는 비록 그가 어디서 온 사람인지는 몰랐으나, 우연한 만남을 기뻐하며 그를 믿고 따라가 몰래 정을 통했다."라는 부분은 아무래도 이 텍스트가 일방적인 가치기준에 따른 닫힌 텍스트임을 말해준다. 하지만 「그 여자네 집」에서는 단일한 가치가 주어져 있지 않다. 상상공간에서 가치가 중립적이거나 새로운 가치가 만들어지기 때문이다. 일반적으로 동화에는 동물들이 많이 등장하는데 그것은 이런 도덕적 조건을 완화해주어 읽는 데 큰 부담을 안지 않아도 되는 장점이 있다. 문학은 자신의 문제성을 드러내는 데서 출발하기 때문에 아무런 이유 없이 "우연한 만남을 기뻐할" 수는 없는 일이다. 이런 책들이 말하자면 감성독서의 촉진을 위한 텍스트와는 거리가 멀다.

우리가 어떤 느낌도 가지지 않은 채 상대방에게 인사를 하는 것이 불가능한 것처럼, 감성독서의 텍스트도 우리의 감정과 의지를 건드리는 책이어야 한다. 다시 말해 감성독서의 텍스트는 1차적 뇌인 파충류의 뇌만이 아니라 그 다음으로 발달된 뇌인 대뇌변연계(limbic system)까지 자극하는 것이어야 한다. 2차적 뇌인 신피질(neocortex)이 담당하는 이성적인 부분이 독서교육에서 가장 활발히 운용되는 부분이라면 왜 감성독서에서 활성화시켜야 할 부분이 감성적인 뇌일까라는 물음에 대한 대답은 간단하다. 신피질뇌가 감정이나 반복충동을 담당하는 1차적 뇌를 억제하면 거기서 불균형이 일어나는데 우리는 이것을 억압(Verdrängung)이라고 한다. 그런데 아동들에게서 이런 뇌의 발전이 한꺼번에 완성되는데[7] 만약 어린 시절에 독서를 통해 이런 뇌의 발달과정이 활성화되지 않으면 언어가 발전되지 않고 이것이 평생 동안 삶을 좌우할 수도 있다.

치유의 언어는 언어 상실을 대체할 수 있는 좋은 수단이어야 한다. 여기서 말하는 언어란 단지 실용적으로 말하는 언어나 일기, 르포, 에세이 같은 비교적 현실적인 언어라기보다는 문학적인 정서가 담긴 언어를 말한다. 이런 말들은 우리의 영혼을 쉽게 일깨우기 때문에 언어 상실에 대응할 수 있는 좋은 수단이자 그 자체가 바로 치유가 된다. 그런데 이런 아름다운 말들로 이루어진 텍스트 또한 좋은 텍스트지만 자신의 목소리를 찾게 하고 자신의 기분을 찾게 하는 텍스트는 더 좋은 텍스트이다. 행동을 포함한 목소리를 찾고, 그림과 이미지를 포함한 글이면 더욱 좋다.

이미지는 정서와 사고에 재현된 기억의 성격을 갖고 있다. 환상공간에서만 우리는 자유로운 이미지를 떠올릴 수 있고 자유로운 분위기에서만 그 이미지를 말할 수 있다. 자유를 얻는 사람은 그래서 기억과 이미지의 속박에서 해방될 수 있다. 감성독서를 위한 텍스트는 글로 쓰인 문자가 아니라 소리와 그림으로 이루어진 총체적인 언어가 담긴 텍스트여야 한다. 언어 상실이란 결국 총체적으로 잃는 것을 말하고 감성적이란 총체적으로 상실된 것을 다시 얻는 것을 말한다. 그러니까 감성독서에 기여하는 길은, 문학텍스트가 촉매작용을 하도록 하는 데 필요한 "문학적(독서와 창작) 기술과 심리적 전략"을 연관 짓는 일일 것이다.[8] 그러나 이런 일은 어려운 일이다. 동화 텍스트와 같이 내용이 비교적 쉽다 하더라도 모든 동화 텍스트가 감성독서에 적절히 이용될 수 없으며, 같은 시 텍스트라도 어떤 것은 큰 영향을 미치지 못하기 때문이다.

김용택의 「섬진강」 같은 텍스트보다는 김현승의 「가을의 기도」가, 외국의 텍스트일 경우 네루다의 「어느 날 시가 갑자기 내게로 왔다」라든가 릴케의 시들이 치료에 더 적합하다는 것을 알 수 있다. 산문도 마찬가지다. 호메로스의 서사시나 박경리의 『토지』 같은 서사성을 띤 텍스트는 치료에 부적합하다. 왜냐하면 너무 길기 때문이다. 이문열이나 이청준의 소설 텍스트, 김원일의 소설보다는 오히려 괴테의 『젊은 베르테르의 슬픔』이나 브레히트의 「코이너 씨 이야기」 같은 산문이 더 적합하다.

그 이유는 무엇일까? 가령 『그림동화』와 같은 텍스트가 감성훈련에 잘 응용될 수 있는 것은 환상, 선과 악의 대비, 고향 상실(회복), 감정이입, 도움과 위로 등이 촉매 텍스트의 성격을 간직하고 있기 때문이다. 그리고 대체로 이런 문제는 크레프트가 주장하듯이 문학교육과 관련된다. 크레프트는 "도대체 교사(촉진자)는 독자(참여자)에게 어떻게 그가 문학에 몰입하고 자신을 경험하게 할 수 있는가?"[9]라는 문제를 제기한다.

텍스트가 한 가지 사실이나 신념을 주장하거나 서술하면 독자가 그것을 사실적으로 아는 데 머물고 만다. 그러나 텍스트가 독자의 소원이나 갈등의 투사를 허용하고 수많은 유추를 가능하게 하고 의미맥락을 만들어 낸다면 어느 경우의 독서행위에도 독자에게 생산적인 수용을 이끌어낼 수 있는 촉매가 될 수 있다. 이런 문학의 작용(여기서는 환기라고 하자)을 뇌과학자들은 "거울 뉴런"이라고 말하며 잉가르덴은 "근원감정", 야우스는 "일차경험", 정신분석은 "욕망"이라고 하는데 각기 개념상의 차이는 있을지라도 비슷한 의미 영역을 갖고 있는 듯하다.

일반적으로 감성을 함양시킬 텍스트는 다음의 세 가지 기능에서 비롯된다. 첫째, 텍스트는 대화할 토대를 마련해주어야 하고, 둘째, 참여자는 텍스트에 대해서 말하는 동안 자신에 대해서 보호막을 갖고 말할 수 있어야 하며, 셋째, 공감한 텍스트는 한 집단 내에서 자신을 지켜주는 공동체 의식을 부여할 수 있어야 한다. 그리고 마지막으로 텍스트는 촉진자와 참여자 사이의 관계를 원활하게 해주어야 한다. 이때 주의할 것은 텍스트가 도덕이나 심미적인 판단의 관점에서 읽히거나 창작되어서는 안 된다는 점이다. 이에 대해 머피는 "자발적인 표현에 대한 자유로운 분위기는 치유효과를 증대시킨다."라고 말했으며,[10] 페촐트는 이것을 "자기 자신과의 대화, 즉 자동소통"[11]이라고 명명하였다.

감성능력을 위한 독서일 경우에는 촉진자의 중재방법, 참여자의 심리 상태가 주된 관심거리일 것이고, 텍스트를 연구하는 문예학자의 입장에서는 문학텍스트가 관심의 중심에 있을 것이다. 그러나 오늘날 우리는 이런 이분법적이거나 경계의 학문에 그쳐서는 안 된다. 통섭의 관점에서 보더라도 텍스트 연구는 감성능력과 병행해서 또는 통합적으로 이루어져야 한다. 문학이 그저 향유하는 일반적인 독자의 심미적 욕구만을 충족하는 것이 아니라 그의 정신적인 건강을 지켜주고, 나아가 병든 사람의 마음을 치유하려면 텍스트와 감성적 전략은 좀 더 가까워질 필요가 있다.

우리가 문학텍스트를 교과서적으로 다루는 것이 아니라 활성적으로 수용되어 인격을 완성하는 하나의 유기체로 보려면 문학텍스트가 촉매작용을 하는 좋은 매체라는 것을 인식해야 한다. 그리고 그 텍스트가 동류원칙이라는 관점에서 선별되고, 촉진자는 그런 텍스트가 작업의 토대로 쓰이는 동안 참여자들에게 어떤 감정이나 감각이 유발되는지를 미리 그릴 수 있어야 한다. 나아가 참여자의 감정이 방어기제나 저항에 직면하지 않도록 상징과 은유, 환기(연상)와 유추의 과정을 잘 이해해야 한다. 결론적으로 말해 좋은 촉진자란 문학적 감수성과 문학수용의 원리, 참여자의 심리, 반응의 구조, 매개의 기술, 인격 등을 잘 갖춘 사람이라고 할 수 있는데, 그것을 완성하기 위한 한 부분으로서 문학텍스트와 참여자/독자 사이의 상호작용에 대해 잘 알고 있어야 한다.

2. 감성독서를 위한 그림책

1. 『노란 우산』, 류재수 글, 그림, 보림, 2007.
2. 『즐로티』, 토미 웅거러 글, 그림, 김서정 역, 살림어린이, 2009.
3. 『조용한 그림책』, 데보라 언더우드 글, 레나타 리우스카 그림, 홍연미 역, 미세기, 2011.
4. 『쏘피가 화나면 - 정말, 정말 화나면』, 몰리 뱅 글, 그림, 이은화 역, 케이유니버스, 2002.
5. 『언제까지나 너를 사랑해』, 로버트 먼치 글, 안토니 루이스 그림, 김숙 역, 북뱅크, 2000.
6. 『짖어봐 조지야』, 줄스 파이퍼 글, 그림, 조숙은 역, 보림, 2000.
7. 『지각대장 존』, 존 버닝햄 글, 그림, 박상희 역, 비룡소, 1995.
8. 『돼지책』, 앤서니 브라운 글, 그림, 허은미 역, 웅진주니어, 2001.
9. 『터널』, 앤서니 브라운 글, 그림, 장미란 역, 논장, 2002.
10. 『구름빵』, 백희나 글, 그림, 김향수 사진, 한솔수북, 2004.

11. 『파도야 놀자』, 이수지 저, 비룡소, 2009.
12. 『괴물들이 사는 나라』, 모리스 샌닥 글, 그림, 강무홍 역, 시공주니어, 2002.
13. 『개구리 왕자』, 비네테 슈뢰더, 그림 형제 공저, 김경미 역, 시공주니어, 2002.
14. 『빨간 나무』, 숀 탠 글, 그림, 김경연 역, 풀빛, 2002.
15. 『칠판 앞에 나가기 싫어』, 다니엘 포세트 글, 베로니크 보아리 그림, 최윤정 역, 비룡소, 1997.
16. 『검피 아저씨의 뱃놀이』, 존 버닝햄 저, 이주령 역, 시공주니어, 1996.
17. 『마법의 설탕 두 조각』, 미하엘 엔데 글, 진드라 케펙 그림, 유혜자 역, 소년한길, 2001.
18. 『겁쟁이 빌리』, 앤서니 브라운 글, 그림, 김경미 역, 비룡소, 2006.
19. 『까마귀 소년』, 야시마 타로 글, 그림, 윤구병 역, 비룡소 2000.
20. 『내 귀는 레몬 빛』, 카챠 라이더 글, 안겔라 폰 로엘 그림, 이진영 역, 문학동네어린이, 2001.
21. 『네가 어디에 있든 너와 함께할 거야』, 낸시 틸먼 글, 그림, 신현림 역, 내인생의책, 2011.
22. 『아기가 된 아빠』, 앤서니 브라운 글, 그림, 노경실 역, 살림어린이, 2011.
23. 『거울 속으로』, 앤서니 브라운 글, 그림, 김현좌 옮김, 베틀북, 2006.
24. 『구름 나라』, 존 버닝햄 글, 그림, 고승희 역, 비룡소, 2008.
25. 『도대체 그 동안 무슨 일이 일어났을까?』, 이호백 글, 그림, 재미마주, 2000.
26. 『난 토마토 절대 안 먹어』, 로렌 차일드 글, 그림, 조은수 역, 국민

서관, 2001.
27. 『내 친구 커트니』, 존 버닝햄 글, 그림, 고승희 역, 비룡소, 1996.
28. 『프레드릭』, 레오 리오니 저, 최순희 역, 시공주니어, 1997.
29. 『치킨 마스크』, 우쓰기 미호 저, 장지현 역, 책읽는곰, 2008.
30. 『세상에서 가장 맛있는 무화과』, 크리스 반 알스버그 저, 이지유 역, 미래아이, 2003.
31. 『마술 연필』, 앤서니 브라운 글, 그림, 서애경 역, 웅진주니어, 2010.
32. 『기분을 말해 봐!』, 앤서니 브라운 글, 그림, 홍연미 역, 웅진주니어, 2011.
33. 『내게는 소리를 듣지 못하는 여동생이 있습니다』, 진 화이트하우스 피터슨 글, 데보라 코간 레이 그림, 이상희 역, 웅진주니어, 2011.
34. 『말하는 소나무』, 고희선 글, 윤세열 그림, 나한기획, 2012.
35. 『에드와르도』, 존 버닝햄 저, 조세현 역, 비룡소, 2006.
36. 『느끼는 대로』, 피터 레이놀즈 저, 엄혜숙 역, 문학동네어린이, 2004.
37. 『아툭』, 미샤 다미안 글, 요젭 빌콘 그림, 최권행 역, 한마당, 2005.
38. 『도서관에 간 사자』, 미셸 누드슨 저, 웅진주니어, 2007.
39. 『엄마를 화나게 하는 열 가지 방법』, 실비 드 마튀이시왹스 글, 세바스티앙 디올로장 그림, 이정주 역, 어린이작가정신, 2004.
40. 『파도야 놀자』, 이수지 저, 비룡소, 2009.

3. 감성독서를 위한 청소년 문학

이제 그림책이 아닌 책으로 넘어가보자. 비교적 길지 않은 텍스트이면 좋겠지만 길다면 어느 정도 발췌하여 감성훈련하는 데 사용할 수 있다. 어디까지나 느낌을 먼저 가지고 그 다음에 생각을 하라. 우리는 너무 많은 생각에 빠지는 동안 감정을 완전히 무시해왔다. 그런 책을 골라 추천한다.

1. 로버트 뉴턴 팩 『돼지가 한 마리도 죽지 않던 날』

이 책은 저자의 체험을 바탕으로 한 만큼 절실한 감정을 솟아오르게 한다. 더구나 마지막 장에서는 아버지가 돌아가시는 상황을 눈물 없이는 읽지 못하도록 한다. 슬픔과 애도작업이라는 테마로 독서치료에서도 많이 이용되는 책이다. 그러나 앞부분에서 시작되는 로버트의 분노 같은 주제도 함께 다루어 볼 만하다. 학교에서 친구들이 놀리거나 왕따를 시키는 장면을 연상시키는 훌륭한 구절들이 많으며, 로버트가 경험하는 소의 분만이라는 특별한 상황, 로버트와 아버지의 대화 가운데 나타나는 유머에서는 감성적인 언어를 연습할 수 있다. 오래 전 미국의 농장에서 유년을 보낸 주인공의 생활을 기초로 했기 때문에 어린 초등학생에서 성인에 이르기까지 다양한 연상작용을 불러일으킬 수 있다.

금지 당연히 아이의 행동에 대한 도덕적인 판단을 하지 말아야 한다. 학교를 뛰쳐나오는 것이 과연 좋은 행동일까? 이런 질문은 금기다. 그런 질문을 하는 즉시 아이들의 상상력은 망가지고 만다. 오히려 그런 마음을 가지게 된 상황을 이해해줄 때 선생님이나 촉진자가 자기를 이해해주는 것 같은 마음이 들 것이다.

2. 샐린저 『호밀밭의 파수꾼』

나 스스로 학창시절 욕구와 욕망, 불안과 불만으로 가득했던 터이라이 책을 정말 재미나게 읽었다. 앰브로스 비어스는 『악마의 사전』이라는 책에서 일기를 "자신의 인생에서 남에게 얼굴을 붉히지 않고 이야기할 수 있는 부분만을 매일 기록한 것"이라고 비꼬았다. 그러면 학교를 뭐라고 할까? 아마도 '모든 사람을 하나의 빵틀로 찍어내는 감옥' 정도가 아닐까 생각해본다. 이 이야기는 부유한 가정 출신의 16세 소년 홀든 콜필드가 학교에서 쫓겨나면서 이틀 동안 경험하고 생각한 것들을 들려준다. 그가 만난 교장 선생님, 선생님은 모두 하나의 패턴에 의해서만 사람을 판단하고 평가한다. 지금 세 번째로 학교에서 쫓겨난 홀든, 그의 앞에 펼쳐진 세상에는 아무런 희망도 없는 듯하다. 하지만 홀든은 센트럴 파크의 연못에 사는 오리들이 겨울에 수면이 얼면 어디에 가는지 염려하는 따뜻한 사람이다. 하지만 세상은 그런 홀든을, 그리고 홀든은 그런 세상을 견딜 수가 없다. 그러나 홀든에게도 희망은 있다. 여동생 피비, 피비의 순수함과 변함없는 사랑과 믿음이 홀든에게 이 세상에서 가진 마지막 끈이 된다. 먼저 학생의 입장에서 교사의 말이 얼마나 고통스럽고 분노가 치밀어오르는지 이해하고 피비의 말에 위로받자.

추천 나를 포함해서 누구나 교사라면 이런 아이를 싫어한다. 그러나 홀든이 내 자식이라 생각해보라. 과연 그 아이를 나무랄 수 있을까? 이틀 동안 아이에게 무릎을 꿇고 빌어본 경험이 없다면 아무 소리도 하지 말고 아이의 모든 것을 있는 그대로 받아주라. 복 받을 것이다.

3. 조창인 『가시고기』

죽어가는, 아니 죽을지도 모르는 아이에 대한 아버지의 감정을 느낄 수 있는 소설이다. "우리 아빠는 바보랍니다." 백혈병에 걸린 열 살 다움이의 천연덕스런 말이다. 그의 말 뒤에는 가난한 아빠의 고민이 숨겨져 있다. 아빠는 아이를 위해 최선을 다하는 상황이다. 그러므로 이 책은 고학년을 위한, 성인을 위한 책이다. 오히려 아들이 아니라 내가 감동을 받은 책이다. 그러나 그렇지 않은 사람들은 있게 마련이다. 다움이의 아빠는 자신도 암에 걸려 죽게 되었지만 아들을 위해 각막을 팔아 아들의 병을 고치고 이혼한 자신의 전 아내에게 아들을 맡긴다. 다움이의 엄마는 현재 프랑스 사람과 결혼해 아들을 잘 키울 자신이 있다고 호언한다. 아버지는 암컷이 알을 낳고 가면 그것을 부화시키고 자신은 죽어서 새끼들의 먹잇감이 된다는 메타포를 실천한다. 누구를 미워하지도 말고 현실의 불합리함에 대해 허무해하지도 말고 우리의 감정이 어떻게 흘러가고 어떻게 반응하는지를 보자.

경고 우선 울지 마라. 독자는 울어도 좋다. 그러나 촉진자는 울지 마라. 경우에 따라 아이들이 늙어서 각막을 팔아 아이의 백혈병을 고치는 아버지를 이해하지 못할 수도 있기 때문이다. '나도 늙어서 저렇게 되지 않으려면 돈을 많이 벌어야 되겠다.' 이런 반응이 나올 때 절망하는 교사 되지 마시라. 그럴 수 있는 세대라 생각해야 한다. 가끔씩 '나는 과연 아버지에게 무엇을 해주었는지 정말 가슴 아프다.' 그런 반응을 하는 아이도 있다.

4. 생텍쥐페리 『어린 왕자』

어린 왕자의 언어는 어른들이 말하는 생각과 판단의 언어가 아니라, 감성적이고 상상력이 풍부한 언어다. 이 책을 읽으면서 우리는 많은 감성능력을 함양할 수 있다. 그야말로 이런 언어와 상상력을 한 번 읽고 지나가는 것이 아니라 체화시킬 필요가 있을 정도다.

반전 책대로 살다가는 현실에서 동떨어진 인물이 될 수 있다. 현실 적용의 위험성을 항상 감지하고 책을 읽을 것이며 책으로 감정코칭할 때도 고-스톱을 적용하여 한계성에 대해 명백히 일러두어야 한다.

5. 패트리샤 폴라코 『선생님, 우리 선생님』

이 책은 이른바 문제 학생에 대한 내용을 담고 있다. 유진 에스터하우스라는 아이는 심술쟁이 진이라 불린다. 그 이유는 버릇없이 말대꾸를 하고, 쉬는 시간엔 아이들을 괴롭히기 때문이다. 하지만 아이들과 놀아주기를 꺼려하지 않고 해맑은 미소로 아이들을 대하는 링컨 교장 선생님은 그를 나쁘게 보지 않는다. 그리고 그에게도 접근할 기회를 잡게 된다. 아래 인용문은 그것을 보여준다.

> 어느날, 링컨 선생님은 5학년 아이들과 새로 꾸민 화단에 나무를 심고 있었습니다. 그러다가 유진이 어떤 나무의 가지를 유심히 바라보고 있는 걸 발견했습니다. 그 나뭇가지에는 진홍색 깃털의 홍관조 한 마리가 앉아 있었어요. 그 다음 이틀 동안 링컨 선생님은 유진이 화단이 내다보이는 창가에 서서 나뭇가지에 앉아 있는 새들을 지켜보고 있는 것을 발견했습니다. 링컨 선생님은 곰곰이 생각했습니다. '이렇게 해 보면 어떨까……'
> 다음 날, 링컨 선생님은 책상 서랍에서 예쁜 책 한 권을 꺼냈습니다. 그건 새 그림과 사진이 담긴 조류 도감이었어요! 링컨 선생님은 책을 이리저리 뒤적이더니 한 면을 펼치고는 그림을 보며 말했습니다. "우리 집 나무에 이렇게 생긴 작은 새들이 날아왔는데, 어떤 종류의 새들인지 모르겠더라고." 유진이 의자에서 일어나 링

컨 선생님에게 다가갔습니다. "그건 빨간 머리 동고비예요. 요즘 에 그 새들을 봤다니 좀 이상하네요." "새에 대해 잘 아는가 보구나!" 링컨 선생님은 빙긋 웃으며 칭찬했습니다.[12]

링컨 교장 선생님은 그야말로 유진과 접선에 성공한다. 그는 유진이 대화할 수 있는 것을 알아차렸기 때문이다. 만약 그가 자기 마음만으로 유진을 평가하거나 판단했다면 이런 일은 처음부터 불가능했을 것이다. 이어지는 이야기도 이런 방식으로 진행된다. 유진과 공감하는 것, 그의 마음을 읽어주는 것, 그것이 감성훈련에 대해 이 책이 가지는 미덕이다.

6. 구드룬 멥스 『작별인사』

이 얇은 책은 경우에 따라 부담 없이 다 읽어줄 수 있어 좋다. 이야기는 비르기트 언니가 뇌종양에 걸려 치료받고 죽어가는 과정과 죽고 난 뒤까지 주인공이 느끼는 감정을 솔직하게 이야기해간다. 엄마, 아빠, 언니와 행복하게 살던 열 살 짜리 소녀는 어느 날 아침 언니가 사팔뜨기 눈이 된 것을 발견하고 재미있다고 웃지만 그것은 뇌종양을 알리는 신호였다. 그때부터 가족들의 생활은 급변하게 되고, 소녀는 자신의 눈높이에서 죽음을 지켜본다. 아이의 생각으로 병을 생각하는 표현은 너무 순수해서 울음이 나올 것만 같다. 뇌종양을 "구멍을 내서 암을 끄집어내면 되는" 간단한 수술로 생각하는 면이나 이 병을 알기 위해 사전을 뒤적이는 모습에서 슬픔을 극복해나가는 과정까지가 모두 감성훈련과 밀접한 관련을 맺고 있다. 소녀는 이제 자신의 생각만큼 이 병이 쉽지만은 않음을, 이제는 더 이상 언니와 "이불 속에서 과자를 먹을 수도", "서로 인사를 나눌 수도" 없음을, 그리고 아침마다 "잠꾸러기!"라고 놀리며 자신의 이불을 걷어 젖힐 사람이 없음을 깨달으며 죽음이 주는 감정을 느끼게 되고 그 감정을 극복하는 것을 배우게 된다. 이별과 죽음은 모두가 겪게 되지만 그것 또한 예방주사처럼 준비할 수 있는 것이다.

7. 알렉스 쿠소 『나만 빼고 뽀뽀해』

정말 유머와 진지함이 이처럼 잘 조각되어 있는 작품을 보지 못했다. 만화책 같은 표지 장정뿐 아니라 장난스런 전체 분위기가 아동들과 청소년, 아니 어른까지도 잡아끄는 매력이 있다. 우리에게 문학은, 독서는 이런 것이라는 힘을 품고 있다. 알랭이라는 아이는 신발 가게 누나를 좋아한다. 그곳에서 일하는 레오노르 누나를 보는 순간 첫눈에 반해 버린 알랭. 스무 살 누나의 아름다운 모습에 넋을 잃은 알랭은 그날부터 애절한 짝사랑을 시작한다. 알랭은 사랑을 쟁취하기 위해서 다양한 작전을 짜내는데, 신발을 사러 가면 그 누나와 함께 있길 바라는 마음에서 신발을 고르면서도 시간을 끌고 자기 나이를 올려서 말하기도 한다. 알랭은 처음 사랑을 하게 되면서 주변의 모든 사람들이 사랑하면 뽀뽀를 한다는 사실을 알게 된다. 심지어 자기 집의 개 피라무스와 두더지도 사랑에 빠져 있는 것을 발견한다. 비록 알랭은 레오노르 누나와 이루어지지 않지만 다른 사람을 사랑할 수 있는 넓은 마음을 배우게 된다. 이제 막 이성에 눈을 뜨기 시작한 사춘기 아이들의 감성이 고스란히 배어 있는 작품이다. 솔직한 감정에 솔직한 모습, 솔직한 언어로 우리의 감성훈련을 도와줄 수 있는 작품이다.

8. 톨스토이 「사람은 무엇으로 사는가」

부인과 아이들을 데리고 한 농부의 집에 세 들어 살고 있는 구두 수선공 세몬의 이야기다. 톨스토이의 이야기가 휴머니즘을 포함하고 있듯이 이 작품에도 그런 인간미가 넘친다. 인간미라는 것은 반드시 고통을 전제하고 있어야 가능하듯이 여기서 구두 수선공 세몬도 근근이 살아가는 가난한 삶을 꾸리고 있었다. 그는 코트 하나를 아내와 번갈아 입어야 할 만큼 가난한 사람이다. 양가죽을 사 새 외투를 만들려고 오래전부터 마음먹고 있던 중 외상값을 받아 보태면 양가죽을 살 만큼의 돈이 생겼다. 꿈에 부풀어 빚을 받으러 갔지만 빚진 사람은 돈이 없다. 울화가 치민 세몬은 가지고 있던 돈으로 술을 마시고 돌아오던 중 교회 모퉁이에서 벌거벗은 미하일이란 청년을 만나게 된다. 그냥 지나칠 수 없어 하나뿐인 코드를 미하일에게 입혀 자신의 집으로 데리고 간다. 처음에는 세몬의 아내는 너무 기가 막힌다며 남편을 나무란다. 그리고 곧 밥을 해준다. 그때 천사 미하일은 미소 짓는다.

세몬은 미하일에게 구두 수선 일을 가르치고, 세월이 흐르며 미하일의 솜씨가 소문이 나기 시작한다. 그러던 어느 날 한 신사가 찾아와 장화를 만들어 달라고 한다. 미하일은 장화 대신 망자가 신는 슬리퍼를 만든다. 세몬은 장화를 주문했는데 왜 슬리퍼를 만드냐고 의아해 한다. 슬리퍼를 거의 다 완성했을 즈음 신사의 하인이 와서 그 신사가 죽었다며 죽은 사람을 위한 슬리퍼를 만들어 줄 것을 부탁한다. 미하일은 이미 만들어 놓은 슬리퍼를 하인에게 전해 주면서 두 번째 미소를 짓는다.

또 하루는 두 여자아이를 데리고 한 부인이 구두방에 왔다. 그 부인은 부모가 죽어 고아가된 아이를 기르고 있었던 것이다. 미하일은 세 번째로 미소를 지었다. 두 아이가 잘 자라온 것은 여인의 사랑어린 보살핌이 있었기 때문이고, 미하일 역시 인간 세상에서 살아갈 수 있었던 것은 그 자신이 자신을 염려해서가 아니라 그를 불쌍하게 여겨 사랑해 주고 돌봐준 사람이 있었기 때문이었다. 미하일이 세 번의 미소를 지은 이유는 마지막에 나온다. 원래 미하일은 천사였는데 죽을 운명이었던 두 아이를 살려둬서 하느님이 교회로 알몸으로 내려가게 한 것이었다. 그때 하느님께서 세 가지 질문을 하시면서 이것이 해결되면 다시 천사가 될 수 있다는 것을 알려준 것이다. 사람은 무엇으로 사는가? 주위의 사랑으로 산다. 이타적인 인간이지만 사랑을 베풀려고 할 때 많은 고통과 갈등이 따른다. 그때의 감정을 나눠본다.

4. 감성독서를 위한 소설 · 시 텍스트

소설

1. 밀란 쿤데라 『참을 수 없는 존재의 가벼움』
2. 안토니오 스카르메타 『네루다의 우편 배달부』
3. 윌리엄 포크너 「에밀리를 위한 장미」
4. 레몽 장 『책 읽어주는 여자』
5. 제임스 조이스 「죽은 이들」(『더블린 사람들』)
6. 파울로 코엘료 『포르토벨로의 마녀』
7. 이문열 『타오르는 추억』
8. 앙귀사 「한계령」
9. 윌리엄 셰익스피어 『베니스의 상인』
10. 김훈 『남한산성』
11. 파트리크 쥐스킨트 『좀머 씨 이야기』
12. 베르톨트 브레히트 『코이너 씨 이야기』
13. 박완서 『그 많던 싱아는 누가 다 먹었을까』
14. 귀스타브 플로베르 『마담 보바리』
15. 신경숙 『엄마를 부탁해』
16. 요한 볼프강 폰 괴테 『파우스트』

17. 에밀리 브론테 『폭풍의 언덕』
18. 베른하르트 슐링크 『책 읽어주는 남자』
19. 빅토르 위고 『노트르담의 곱추』
20. 표도르 토스토예프스키 『죄와 벌』
21. 레프 톨스토이 『안나 카레니나』
22. 프란츠 카프카 『변신』
23. 김영하 『엘리베이터에 낀 그 남자는 어떻게 되었나』
24. 김소진 「자전거 도둑」
25. 파트리크 쥐스킨트 『좀머 씨 이야기』
26. 알렉산드르 푸슈킨 『예브게니 오네긴』
27. 니코스 카잔차키스 『그리스인 조르바』
28. 김선영 『시간을 파는 상점』
29. 미겔 데 세르반테스 『돈키호테』
30. 기 드 모파상 『목걸리』
31. 김원일 『마당깊은 집』
32. 엘프리데 옐리넥 『피아노 치는 여자』
33. 정이현 『오늘의 거짓말』
34. 헤르만 헤세 『수레바퀴 아래서』
35. 오노레 드 발자크 『고리오 영감』

시

1. 박목월 「가정」
2. 황지우 「너를 기다리는 동안」
3. 이형기 「낙화」
4. 기형도 「엄마 걱정」

5. 이해인 「찔레꽃」

6. 정봉균 「내 안의 둥근 달」

7. 천상병 「귀천」

8. 정호승 「밥값」

9. 이현주 「뿌리가 나무에게」

10. 서정주 「자화상」

11. 오규원 「한 잎의 여자」

12. 최승자 「일찌기 나는」

13. 최승호 「북어」

14. 김광규 「저녁길」

15. 문정희 「사람에게」

16. 황동규 「풍장」

17. 류시화 「새와 나무」

18. 장석주 「하루-주역시편 202」

19. 김선우 「낙화, 첫사랑」

20. 나희덕 「뿌리에게」

21. 기형도 「빈집」

22. 조지훈 「승무」

23. 곽재구 「사평역에서」

24. 신경림 「갈대」

25. 강현국 「너에게로 가는 길」

26. 알프레드 테니슨 「내려오라, 오 처녀여」

27. 라이너 마리아 릴케 「나는 사람들의 말이 매우 두렵다」

28. 윌리엄 버틀러 예이츠 「그가 원한 하늘 옷감」

29. 윌리엄 블레이크 「사랑의 비밀」

30. 파블로 네루다 「시」

31. 월트 휘트먼 「나의 노래」

32. 샤를 보들레르 「고양이」

33. 폴 베를렌느 「하늘은 지붕 위로」

34. 폴 발레리 「해변의 묘지」

35. 파울 첼란 「죽음의 푸가」

감성독서

발견

chapter 7

1. 어디서 책을 읽을까

현대 우리 사회에 점을 보는 사람이 부쩍 늘어나고 있다. 그런데도 점을 믿느냐는 물음에는 부정적인 대답이다. 그렇다면 왜 우리는 점을 보는 것일까? 그 이유는 대화의 상대자가 없기 때문일 것이다. 한마디로 점집에서 대화의 상대를 찾는 것이다. 역술인들이 유능한 상담자가 아니던가? 그러므로 우리는 환경이 우리의 마음을 읽어주고 동의해주는 상황을 점점 더 악화시킨다는 사실을 알 수 있다. 할머니? 엄마? 아버지? 친구? 모두 옛날 얘기다. 만약 우리의 경우가 그렇다면 어떻게 할까? 스스로 책을 잡아라. 책은 충분히 그런 내 마음의 상대자가 된다. 그런데 잠깐! 그 전에 할 일이 있다. 편안한 소파에서 책이 잘 읽힌다고 생각하면 안 된다. 옆에 사람이 있다는 것은 독서에 불편할 뿐이다.

감성능력의 함양을 위한 독서는 잠시의 퇴행을 필요로 하는데 그러자면 장비구입이 우선이다. 장비? 책 읽는 장비라. 책과 엉덩이만 있으면 안 되나요? 천만의 말씀. 독서도 진화한다. 그렇다고 하여 돈이 드는 장비는 아니다. 얼마 전 독서텐트를 쳐준 엄마가 뉴스거리가 된 적이 있는데 이미 이것은 오래전부터 알려져 있는 일이다. 나는 이렇게 한다. 의자 세 개 이상, 담요나 홑이불, 손전등, 쿠션, 물 한잔, 할로겐 탁상등(백열구는 화재의 위험이 있음). 의자 위에 홑이불이나 담요를 덮어 골방을 만든다. 푹신한 깔개나 방석 등으로 마음대로 편안히 엎드려 책을 볼 수 있는 공간을 만들어라. 방해받지 않는 곳에 - 거실이든 방이든 상관 말고 - 설치하는 것이 좋다.

이미 말했듯이 감성적인 독서를 수행하기 위해서는 깊은 마음의 골방까지 들어가는 것이 좋다. 그곳에 비밀이 있기 때문이다. 그 골방을 우리는 기억의 공간이라고 하는데 그 기억의 공간은 우리가 처해 있는 독서의 공간과 유사하여야 한다. 그래서 손전등으로 책을 읽으라는 것이다. 손전등으로라야 마음의 유폐지, 기억의 창고를 잘 뒤져볼 수 있다. 나 이외에는 아무도 거기에 없기 때문에 나의 상상력은 한 가지 일에만 집중하면 된다. 그러므로 우리는 첫 번째 좋은 독서의 장소를 찾을 수 있다. 나의 기억을 불러줄 수 있는 조용한 공간, 아늑한 공간이 바로 그곳이다.

독서의 생명은 상상(Imagination)에 있다. 길버트 라일은 우리가 헬벨린 산을 보는 순간 그 산을 상상하지 않는다고 했다. 그러나 우리가 마음의 눈으로 헬벨린 산을 보는 순간은 실제적이거나 그와 유사한(이를테면 영상 속의) 산을 보지 않는다. 그렇기 때문에 영화보다도 독서가 상상력의 제공에 있어서 우세하다. 왜냐하면 영화는 내러티브 이외에도 우리에게 시각적인 것을 구체적으로 제공하기 때문에 상상력이 제한될 수 있거나 스테레오타입화 할 수 있다. "누구의 주재(主宰)련가 맑고 고운 산, 그리운 만이천봉 말은 없어도……."라는 그리운 금강산의 노랫말을 보자. "그리운 만이천봉"이라는 말로 상상할 수 있는 금강산은 있어도 그 노랫말과 일치하는 실제적인 금강산은 어디에도 없다. 우리는 아직 금강산에 가보지 못했어도 그런 노랫말로 인해, 예를 들면 설악산과 비슷할 것이라는 경험기억을 떠올려, 금강산을 상상할 수 있다. 그러나 그 산은 우리만의 산이요, 우리 마음의 눈(mind's eye)으로 보는 산이다.

그러므로 감성 독자에게 독서는 가장 편안한 자세로 가장 자연스럽게 이루어지는 것이 좋다. 그러므로 감성 독자의 독서공간은 소파, 침대, 화장실, 부엌, 풀밭, 벤치, 나무 밑, 지하철, 기차, 버스, 택시, 페가수스 성좌 밑, 다락방, 방구석, 장롱 속, 텐트 속, 급조한 방안 텐트 등이다. 의자 위 책상 앞의 독서는 전형적인 학교독서나 심미독서의 태도다. 그들은 독후감을 적어야 하는 의무가 있거나 시평이나 소설평을 써야 하고 학생들에게 가르칠 것을 만드는 데 반드시 책상과 연필과 엉덩이를 필요로 한다. 하지만 감성 독자는 누워서 이야기를 들을 수도 있고 배깔고 엎드려 책을 읽을 수도 있다. 그렇게 하는 것이 훨씬 더 많은 정서적 분위기를 마련할 수 있다. 기차를 타고 가다가도 이야기를 꺼낼 수 있는 것, 그것이 오히려 독서의 더 좋은 장소를 마련해줄 것이다.

감성독서에서 독자는 대체로 수업하는 학교 분위기 또는 시험 치르는 학교 분위기를 피해야 한다. 책상과 걸상, 노트와 연필이 필요 없이 듣는 문학, 엎드리거나 비스듬히 기대거나 눕거나, 또는 차를 마시고 커피를 마시는 분위기에서 진행되는 독서 또는 독서 듣기 시간을 가져야 한다, 대체로 따듯한 방바닥이 있는 곳이면 더욱 좋다. 이불 속에서 책을 읽는 것도 감성 독자에게는 좋은 일이다. 아이는 이불 속에 있고 엄마는 그 옆에서 책을 읽어준다면 이 얼마나 행복한 일인가. 이때 우리의 영혼은 퇴행(역행)을 경험하고 충동과 감정의 어떤 시기를 추체험할 수 있다.

시인이나 작가는 방에 앉아 글을 쓸 것이다. 하지만 그것은 마치 무엇인 것처럼, 마치 어디에 있는 것처럼 쓰는 것에 불과하다. 뫼리케라는 독일의 시인이 "내 여기 봄의 언덕에 누워 있…"라고 쓴다 하여 그가 봄의 언덕에서 시를 쓰는 것은 아닐 것이다. 그보다는 "내 여기 책상 앞에 앉아 봄의 언덕에 누워 있는 것처럼 상상하노니…….”라는 상황을 말한다. 그러므로 시인이나 작가처럼 상상력이 뛰어나지 않은 참여자들에게 공간은 매우 중요하다. 기억을 떠올리고 이미지를 얻는 데 매우 중요한 역할을 하기 때문이다. 공식적인 자리에서는 이루어질 수 없는 감성독서의 공간에 대한 몇 가지 중요한 조건을 제시해본다.

아무리 책을 읽는 곳이라 해도 학교 교실의 분위기는 알맞지 않다.

왜냐하면 몸과 마음이 편안한 상태로 읽어야 효과가 있기 때문이다. 내가 문학촉진자 훈련가 수련을 받았던 독일 휘케스바겐에 있는 프리츠 펄스 연구소에서 내다본 전경은 정말 아름답다. 밖에는 호수가 있고 나무가 둘러 서 있다. 연구소 또한 도회에서 떨어져 있다. 이곳에서 독자는 자신을 잊을 수 있고, 어린 시절의 기억을 떠올릴 수 있다. 물론 시내에서 감성독서를 위한 모임을 가질 수도 있다. 그러나 이런 공간에서 떠나 독서여행을 할 수 잇다면 쉼을 얻고 산보를 할 수 있는 곳이 좋을 것이다.

이런 좋은 공간이 아니더라도, 학교에서 가급적이면 일상을 의미하는 의자 자세에서 내려와 쉼을 얻을 수 있는 바닥이 있다면 그곳에 엎드리거나 누워서 편안한 자세를 취할 수 있으면 좋다. 그렇다고 방바닥만 있어서는 필요한 작업을 다 할 수 없다. 그런 장소에 소파, 쿠션, 담요가 있으면 좋겠다. 나는 서울 강남구 역삼동 소재 국립어린이청소년문학도서관(02-3413-4800)이나 부산시 서구 대신동 소재 한국독서문화재단에 있는 꿈꾸는글나라 도서관(051-243-4842)에서 그런 공간을 보았다.

감성독서에시 책은 '기억의 터'라고 불리는 공간들을 제공한다. 그 터에서 우리는 시간을 두고 상상을 하고 갑자기 떠오르는 무의도적 기억에 함몰될 수 있다. 일상의 부담이나 불협화음 없이 우리는 이런 분위기에 자신을 내맡길 수 있다. 그러면 학교의 책상 앞에서 얻는 검열이나 강요당하는 분위기에서 벗어나 감성에 호소하는 글을 읽을 수 있다. 이럴 때 마음이 편해지고 감정의 퇴행이 일어나고 그 순간 많은 상상들이 떠오른다. 이런 공간에서 방어기제가 느슨하게 되어 육체에 숨겨져 있는 비밀들이 모습을 드러낼 수 있는데 그것을 의식화하여 퇴색시키는 것이 감성촉진이다.

2. 독서는 경계를 넘는 일

나이가 서른이 넘었건만 나를 달래느라 참 힘들 때가 많다. 내 마음 속에 아이가 하나 있는데 때로는 어른스럽다가도 한 번 고집을 부리기 시작하면 달래기가 힘들다. 아무도 만나고 싶어하지 않고 아무도 인정하고 싶어하지 않는다. 누가 밥 먹자고 전화가 와도 바쁘다고 내치고 그렇다고 일도 하지도 않으면서 불안하게 거닐기를 수없이 한다. 근래에 일어났던 괴로운 일들, 조금 더 잘할 수 있었는데 하는 아쉬움, 누군가에게 이해받고 싶은 마음, 미래에 대한 불안 등이 물밀듯이 밀려온다. 때로는 죽고 싶은 마음이 들 때도 있다. 이럴 때는 책도 손에 잡히지 않는다. 그럴 때는 가만히 자리에 앉아 명상을 해보라. 벤치도 좋고 방도 좋다. 그리고는 가장 행복했던 때를 떠올려보자. 가슴이 싱싱하게 펌프질을 해대던 시간을 생각해보자. 열정이 끓어올라 잠을 자지 않아도 마음이 별빛으로 환하던 시간을 그려보자. 현실의 공간과 상상의 공간 사이의 경계가 허물어지고 그림들이 눈에 떠오를 것이다. 마치 화가 달리의 그림들처럼 새로운 계시가 들리고 다른 차원의 기적들이 보일 것이다.

이렇게 마음이 가라앉을 때 우리는 비로소 책을 손에 잡을 수 있다. 마음이 불안하거나 산란하거나 분노가 치밀어오를 때 적극적인 의미에서의 감성독서를 할 수는 없다. 그러면 오히려 독서를 하고 싶은 생각이 더 멀어질 수 있다. 특히 심리적 외상이 심하게 있는 사람은 누구와 상담을 하는 것보다 독서 같은 수용적 방식이 좋다. 그림을 관찰하거나 음악을 듣거나 책을 읽는 것은 그런 외상을 건드리지 않고 마음을 위로할 수 있는 좋은 길이다. 왜냐하면 그 안에서 우리는 나와 다른 사람의 영혼, 정서를 만날 수 있기 때문이다. 그런 인물들을 통해서 우리는 헤량할 수 없는 영혼의 모습을 하나의 형상(게슈탈트)으로 만들어 대화를 할 수 있다. 가령 우리는 셰익스피어의 고전 중의 하나인 『베니스의 상인』에서 샤일록의 악독함, 포셔의 기지, 바사니오의 사랑과 같은 형상을 만날 수 있다.

하지만 기존의 생각을 버리고 경계를 넘어보자. 다소 엉뚱한 일일지 모르지만 유대인 샤일록의 편에서 생각해보자. 그가 너무나 불쌍하지 않는가. 그가 속한 사회인 유대인에 대한 선입견이 너무 가혹했던 것이 아닌가. 그들에게 침을 뱉고, 머리에 붉은 모자를 씌워 격리하고, 아무런 부동산도 가지지 못할 정도로 엄격한 법을 만들었다는 것 이외에도 창부보다 못한 신분을 가진 이들이 곧 독서하는 자신이라고 볼 수도 있을 것이다. 가진 사람만이 요구할 수 있는 '자비'에 맞서서 가지지 못한 사람이 유일하게 주장할 수 있는 것이 '정의'가 아니던가. 책을 읽는 잠시만이라도 이렇게 도덕이라는 경계를 넘을 때 (또는 넘고 싶지 않으면 물러서면 된다) 우리는 비로소 자신을 위로받을 수 있다. 책 읽는 것은 무엇에 사로잡히는 것이다. 우리를 사로잡는 것은 대부분 법과 질서가 아니라 내면의 욕구나 소원, 욕망이다.

우리를 불행하게 하는 것은 가난이 아니다. 불명예도 아니다. 그보다는 뻔한 일을 반복하는 것이다. 그런데 비하여 행복은 후각처럼 빨리 마비된다. 그렇다고 우리가 늘 일상을 바꿀 수도 없다. 직장을 자주 옮길 수도 없고, 친구를 자주 바꿀 수도 없으며, 대학을 자주 바꿀 수도 없고 배우자를 바꾸기는 더욱 힘들다. 첫사랑에 설레던 마음도, 친구에 대한 고마움도, 죽음의 위기에서 살아난 안도감도 일이 끝나면 쉬 마비되고 만다. 그리고는 원래 그런 상태로 살았던 것처럼 생각한다. 원래 아무 걱정도 없이 살았던 것처럼, 항상 건강하게 살았던 것처럼. 그러니 감사하는 마음은커녕 책 속에서조차 경계 넘기가 힘들다.

그러니 오늘 다시 생각해보자. 그동안 「우리들의 일그러진 영웅」을 읽고 엄석대처럼 되지 말고 한병태처럼 살아야겠다고 생각했다면 상상 공간에서는 엄석대처럼 살아보는 것도 괜찮은 일이다. 어쩌면 내가 이미 자녀에 대해서, 가정에 대해서, 부모에 대해서 그렇게 살았을지도 모른다. 이것이 잘 이해가 되지 않으면 써보자. 나와 엄석대의 공통점에 대해서. 아무것도 없다? 그렇다면 나는 확신한다. 나야말로 엄석대의 도플갱어라고. 『향수』의 그르누이를 생각해보자. 그는 냄새를 빼앗기고 노예처럼 살아간다. 그가 할 수 있는 일이라곤 냄새 맡는 일이 유일하다. 나와 그르누이의 공통점을 써보자. 없다? 그러면 그 사람의 삶에는 냄새가 나지 않을 것이다. 『베로니카, 죽기로 결심하다』의 베로니카처럼 자살을 해보자. 마음으로 과감하게. 그렇게 상상해보고 유서를 써보자. "행복하지도 불행하지도 그래서 더 견딜 수 없다."라는 베로니카의 숙모처럼.

아주 역설적이지만 베로니카가 입원한 정신병원 원장이 베로니카를 대상으로 쓴 논문은 '죽음에 대한 자각은 우리를 더 치열하게 살도록 자극한다'였다. 유비추리라는 것을 이해할 수 없는 독자는 아마도 이런 일을 이해할 수 없을 것이다. 그에게는 적어도 독서의 보호자가 필요하다. 경계를 넘을 수 있도록 동행해주어야 한다. 우리의 감성독서는 이런 방법으로 경계 넘기를 한다. 그리고 차근차근 그에게 쉬운 작품부터 읽게 해야 한다. 미하엘 엔데의 『마법의 설탕 두 조각』을 읽어보자. 엄마, 아빠가 너무나도 나를 이해해주지 않아 요정을 찾아간 렝켄은 설탕 두 조각을 얻는다. 그리고 엄마, 아빠가 자기 말을 들어주지 않을 때마다 찻잔 속에 설탕을 넣어서 키가 절반으로 줄어들게 한다는 이야기다. 렝켄이 도덕적 경계를 넘어감으로써 비로소 역지사지(易地思之)의 느낌을 갖게 된다. 버닝햄의 『지각대장 존』이라는 그림책을 읽어주라. 존 버닝햄이 다섯 살짜리의 생각으로 썼다고 하는 책. 하지만 놀라운 일이 벌어지는 경계 너머. 매일처럼 지각할 때마다 달달 볶는 선생님을 처벌하는 것은 얼마나 유쾌한 일인가.

오늘 새로 생각해보자. 내가 날마다 똑같은 방법으로 행복을 재생산하려고 하지 않는지. 저녁이면 텔레비전을 켜놓고 정치가들의 비리 소식이나 듣고, 박지성이 다치면 걱정스럽고 그렇게 살지 않았나. 나 말고도 그들에게 관심을 두고 걱정해주는 애국자들(?)은 많다. 그러지 말고 오늘은 책을 펴자. 그리고 경계를 넘어 다른 사람이 되어보자. 그래야 건강하게 밥을 먹고 지내고 있는 것이 행복하다는 것을 알 수 있다. 돈이 없다는 것은 곧 열심히 일하라는 뜻이므로 행복하지 않은가. 피곤한 것은 돈을 많이 벌었기 때문이고, 잠이 오지 않는 것은 내가 베로니카의 숙모처럼 행복하지도 불행하지도 않은 편안한 사람이기 때문이다. 독서는 경계넘기를 하는 사람에게만 그 의미를 전해준다. 죽이라고 외치는 군중들에 둘러싸인 샤일록이나 그르누이를 보면 내가 무엇을 가졌는지 알 것이다. 하지만 우리는 일상과는 달리 문학에서는 싫으면 언제든지 그 무대에서 내려올 수 있다.

3. 책, 그리고 책 읽어주는 사람

사람들은 왜 책을 읽는가? 아마 지식을 얻기 위해서거나 마음의 위안을 받고 병이나 질환에 대한 정보를 얻기 위해 책을 읽을 것이다. 책을 읽으면 긴장완화와 복잡한 생각을 먼 곳으로 돌릴 수도 있다. 자기계발이나 직업상의 자기 발전을 위해 책을 읽는 것도 좋다. 용기와 자극을 받기 위해 책을 읽는 경우도 있다. 몸이 아픈 사람은 다른 사람이 병을 극복한 이야기를 읽을 수 있다. 하지만 책에서 정보를 찾는 것이 목적이 아니라 우울이나 불안 같은 증세가 심하여 치유를 받기 위한 것이 목적이라면 우리는 책을 읽어주는 사람을 필요로 할지도 모른다.

이러한 사람들에게 책을 읽어 줄 때는 분위기가 중요하다. 우리가 독서를 할 때는 책의 내용만 기억하는 것이 아니다. 어릴 때 누군가 책을 읽어주었을 때를 돌이켜보면 '촛불을 켜고 읽었다, 아랫목에서 할머니가 읽어주었다'와 같이 책 내용보다 그때의 따뜻한 분위기를 기억하는 것을 알 수 있다. 여기서 우리는 독서에서 내용보다는 분위기가 더 중요하다는 것을 알 수 있다. 이 점은 감성독서에도 시사하는 바가 크다. 분위기는 혼자서 책을 읽는 것보다, 책을 읽어 주는 것을 들을 때 고조된다. 누군가 책을 읽어 주거나 책을 읽어줄 때 같이 듣는다면 행복한 일이 되기 때문이다. 이런 독서 행위(독서심리라는 뜻)의 특이한 면을 우리는 왠지 관능적이면서도 지적인 느낌을 주는 『책 읽어주는 여자』라는 작품에서 우의적으로 관찰할 수 있다.

책 읽어주는 여자 마리-꽁스땅스는 서른네 살의 아이가 없는 유부녀이며, 직업을 가지고 있지 않다. 그런데 그녀는 참 좋은 목소리를 가지고 있다. 이것이 계기가 되었다. 그래서 그녀는 친구의 조언에 따라 '책 읽어주는 여자'라는 직업을 가지게 된다. 은사인 롤랑 소라에게서 읽어줄 책의 리스트를 묻고, 남편인 필립으로부터 도움을 받아, 그녀는 고객들인 장애를 가진 에릭, 발랄한 소녀 클로렝드, 장군 부인, 사장 미셸, 그 외에도 판사, 형사, 의사들과 만나게 된다. 모파상, 졸라, 마르크스, 보들레르, 사드, 클로드 시몽 등의 텍스트를 수단으로 하고 있지만 고객들은 작품 내용 때문이 아니라 그녀와의 관계 때문에 책 읽어주는 여자와의 만남을 지속한다.

에릭은 성적인 것에 눈을 뜨며, 마르크스와 그 사상에 심취한 장군 부인은 혁명적인 면에 관심을 가진다. 그리고 퇴행한 아이처럼 그녀의 육체에만 관심을 가진 사장 미셀, 책 읽어주는 것보다는 세상에 동행할 사람을 찾는 클로렝드, 그리고 그녀를 주시하며 치죄하려는 듯한 판사, 의사, 형사… 그녀는 단지 자신이 할 수 있는 것, 책을 읽어주는 일을 하려고 할 뿐이지만 그로 인한 관계들은 그녀를 의도치 않은 방향으로 몰고 간다. 우리는 여기에 등장하는 인물들이 인물 자체라기보다는 책을 읽어줄 때 책에 투사하는 독자의 심리라고 말할 수 있다.

마리는 중립적인 '책 읽어주는 여자'로 기능하려고 하지만, 그것은 불가능한 일이었다. 그래서 때로는 사장과 잠자리를 같이 하는 정부(情婦)가 되기도 하고, 연대 운동의 참여자가 되기도 하며, 보모가 되어 아이와 함께 놀다가 유괴자로 오인 받기도 한다. 그러니 그녀는 책 읽어주는 여자가 아니라 곧 책 자체가 되는 셈이다. 우리가 책 읽어주는 것을 듣는다는 것은 곧 읽어주는 사람과 동일시한다는 뜻이기도 하다. 들으면서 나와 읽어주는 사람 간의 관계를 읽게 되고 사회와 현실을 읽어가기도 한다. 이것이 책을 읽어주는 여자이며, 책을 읽는다는 것, 곧 소통을 한다는 것이 아닐까? 책 읽어주는 것을 들을 때는 독서 심리가 좀 더 구체화된다.

이런 맥락에서 상처가 깊다든기, 퇴행이 심한 사람은 스스로 책을 읽는 것보다 누군가 책을 읽어주는 것이 더욱 효과적이다. "귀의 언어는 뜨겁고 눈의 언어는 차갑다."라는 서양 속담이 있는데, 이는 읽어주는 책이 훨씬 더 큰 상상력을 불러일으킨다는 것을 말해 준다. 원래 인간은 책을 읽지 않았다. 누군가 들려주는 이야기를 들었을 것이다. 읽는 것이 독백의 상태라면 읽어주는 것은 대화의 상태라 할 수 있다. 인간의 병리가 고립된 상태라면 누군가 책을 읽어주는 것은 치유에 매우 행복한 도움이 될 것이다.

그러면 책은 아무나 읽어주어도 마찬가지인가? 그렇지 않다. 위에서 본 '책 읽어주는 여자'는 고객과 가까운 사이로 그려놓고 있지만 직업적으로 책을 읽어주는 사람은 아이들에게 크게 신뢰를 줄 수 없다. 가령 동화의 내용이 너무 참혹하다 하더라도, 이를 엄마가 읽어준다면 아이는 신뢰할 수 있기 때문에 무서움을 극복하고 오히려 용기를 키울 수 있다. 그러나 신뢰가 크지 않은 낯선 사람이 읽어줄 때는 문제가 다르다. 가끔씩 엄마들은 「헨젤과 그레텔」에서 그들이 마녀를 죽이는 무서운 얘기를 어떻게 애들에게 읽어주느냐고 하는 것도 바로 이런 방식으로 해결될 수 있다. 엄마가 읽어주는 것과 다른 사람이 읽어주는 것은 확연하게 다르다.

마찬가지로 감성독서, 독서치료에 참여하는 사람들은 다른 사람에 대한 신뢰가 적은 사람으로 볼진대 책을 그냥 스스로 읽게 하는 것보다는 읽어주는 것이 좋다. 그리고 그냥 책을 읽어준다고 치유가 되는 것이 아니라 애정을 갖고 신뢰를 쌓고 난 후에 읽어주는 것이 좋다. 혹시 나 자신이 책 읽어주는 사람이 필요하다고 생각하는가? 두려움이 많거나 수치스러움을 느끼거나 죄의식에 시달리는 사람은 스스로 책을 읽는 것보다는 과감하게 '책 읽어주는 사람'을 찾는 것이 좋다. 마찬가지로 촉진자는 그런 사람들에게 책을 읽어주고 그들의 고유한 독서심리와 만날 수 있어야 한다.

4. 한 장 넘기고, 한 번 숨 쉬고, 한 번 읽고

책을 읽을 때나 책 읽어주는 것을 들을 때 우리는 그 책을 이해하려 들어서는 안 된다. 그보다는 책이 말하는 소리를 듣고 책이 나를 이해할 때까지 오랫동안 기다려야 한다. 더구나 우리가 가능한 한 빨리 읽는 실용적인 독서보다도 의미와 치유를 내포한 독서를 선호한다면 말이다. 하루, 이틀, 사흘… 때로는 몇 달, 몇 년 후에 그것이 이해되어도 좋다는 마음으로 읽는 것이 좋다. 이렇게 시간이 흐르면 비로소 책은 어떤 불빛으로 다가온다. 그러면 책 읽는 사람은 그 빛 속에 서게 되고 그 빛의 밝음을 아는 자는 빛의 그림자도 사랑할 수 있다. 그림자를 사랑하는 자는 곧 그 그림자 속으로 걸어 들어갈 수 있다. 이런 방식으로 우리는 자신의 그림자 이야기를 마음의 외진 곳에서 도출해낼 수 있다. 『모모』에는 이런 독서의 과정이 그림처럼 잘 드러나 있는 부분을 찾아볼 수 있다.

> 하지만 모모는 달랐다. 모모는 베포가 대답할 때까지 오랫동안 기다릴 수 있었고, 또 그의 말을 이해할 수도 있었다. 모모는 베포가 진실이 아닌 이야기를 하지 않기 위해서 많은 시간이 필요하다는 것을 잘 알고 있었다. 베포는, 모든 불행은 의도적인, 혹은 의도하지 않은 수많은 거짓말, 그러니까 단지 급하게 서두르거나 철저하지 못해서 저지르게 되는 수많은 거짓말에서 생겨난다고 믿고 있었다.[1]

책을 읽는 나는 삶에 아둔한 사람인 듯 보이는, 말 없는 노인 베포가 나를 이해할 때까지 기다려야 한다. 그가 말하는 것만이 유일한 진리인 것처럼 그의 말을 들어보아야 한다. 그러면 베포의 삶은 나의 빛이 되고 구원이 된다. 베포는 "날마다 해가 뜨려면 아직 먼 이른 새벽에 삐걱대는 낡은 자전거를 타고 시내의 커다란 건물로 출근"하는 보잘것없는 노인이다. 도로 청소부 베포는 오두막집에 살고 있었는데 그 누더기 집도 자기 스스로 지은 것이었다. 그는 유난히 키가 작았고 걷는 자세도 약간 구

부정했다. 또한 그는 생각을 하고 대답을 하는 데도 오랜 시간이 걸렸다.

> 그는 천천히 하지만 쉬지 않고 쓸었다. 한 걸음 떼어 놓을 때마다 숨 한 번 쉬고, 숨 한 번 쉴 때마다 비질을 한 번 했다. 한 걸음, 한 번 숨 쉬고 한 번 비질. 한 걸음, 한 번 숨 쉬고 한 번 비질. 그러다가 가끔 잠시 멈춰 서서 생각에 잠겨 앞을 우두커니 바라보았다. 그러고는 한 걸음, 한 번 숨 쉬고 한 번 비질을 계속하는 것이었다.[2]

이렇게 책을 읽어야 한다. 『모모』는 우리에게 책을 그렇게 읽어야한다고 가르쳐주고 있다. 한 장 넘기고, 한 번 숨 쉬고, 한 번 읽고, 한 장 넘기고, 한 번 숨 쉬고, 한 번 읽고… 뒤쪽에 깨끗한 거리를 두고, 앞에는 지저분한 거리를 두고 그렇게 청소를 하다보면 베포에게 종종 위대한 생각이 떠올랐다. 하지만 베포는 "그것은 어렴풋이 기억나는 향기나 꿈속에서 보았던 색깔과 같아서 전달하기가 쉽지 않았다."라고 고백하고 있다. 이런 베포의 고백은 오아시스를 비추는 별빛이 되어 책 읽는 사람이 자신의 그림자를 사랑하게 하고 그 그림자를 받아들이게 한다. 청소… 청소부의 과거… 베포의 행위… 한 발짝… 숨 쉬고… 비질… 무언가 도저히 서로 만날 수 없는 것들끼리 만난다는 느낌이 들지 않는가!

베포는 이렇게 말한다. "때론 우리 앞에 아주 긴 도로가 있어. 너무 길어. 도저히 해낼 수 없을 것 같아. 이런 생각이 들지." "그러면 서두르게 되지. 그리고 점점 더 빨리 서두르는 거야. […] 그러면 더욱 긴장되고 불안한 거야. 나중에는 숨이 탁탁 막혀서 더 이상 비질을 할 수가 없어. 앞에는 여전히 길이 아득하고 말이야." 베포의 말은 책을 천천히 읽으라는 말인데 필경 우리의 삶 또한 마찬가지일 것이다. 숨이 탁탁 막히는 인생의 문제를 해결하기 위해 책을 읽으려고 하는데 다시 그 책읽기를 서두른다면 십중팔구는 책 읽는 것을 포기하고 말게 될 것이다. 오늘 한 장만 읽으면 어떤가? 이해되지 않는 부분은 그냥 넘어가면 어떤가? 숨은 쉬어야 하지 않는가?

베포의 말대로 한꺼번에 책 전체를, 인생 전체를 생각해서는 안 된다. 그는 이렇게 우리에게 독서의 방법을 알려준다. "다음에 딛게 될 걸음, 다음에 쉬게 될 호흡, 다음에 하게 될 비질만 생각해야 하는 거야. 계속해서 바로 다음 일만 생각해야 하는 거야." 그러면 일은 즐거워진다. 독서 또한 마찬가지다. 왜냐하면 한 발짝씩 내딛다보면 언제 어느새 그 책을 다 읽었는지 모르고 무엇인가를 잊었고, 잊는 순간 무엇인가를 기억해내기 때문이다. 빛 속에 들어간다는 것은 바로 이렇게 한 걸음 옮기면서, 책 한 장을 넘기면서 서서히 앞으로 나가는 것을 말한다. 그 순간 우리는 빛의 그림자를 알아차리게 된다. 그리고 베포의 외모와 그의 내면세계가 이루는 절대적인 차이를 깨닫게 된다.

베포가 모모에게 들려주는 이야기는 자신과의 대화를 가능하게 한다. 왜냐하면 자기가 말을 걸고 자기 멋대로 해석하는 실용적 책읽기와는 달리 책이 나를 이해할 때까지 기다리는 이해적 책읽기는 빛이 비치는 순간에도 다른 그림자를 볼 수 있는 여유를 허락하기 때문이다. 이해된다는 것은 빛 속에 있다는 것이고 빛 속에 있는 사람은 빛의 그림자까지도 사랑하게 된다. 나는 베포의 모습으로 눈을 돌리게 된다. 그의 모습은 초라하다. 잠시 그의 모습과 나의 모습은 일치한다. 나는 나의 과거를 사랑할 수 있게 된다. 독서는 기억을 불러왔고 그 기억 속으로 들어가 나는 못난 과거를 현재에 통합할 수 있기 때문이다.

게슈탈트 심리학은 유기체가 끊임없이 배경으로부터 새로운 전경을 떠올리고, 다시 이를 환경과의 상호작용을 통해 배경으로 사라지게 하는 순환과정을 반복하는 것이 건강한 삶이라고 가르친다. 한 예를 들어보자. 한 학생이 공부를 하다가 갈증을 느껴 물을 마셨다. 물을 마시고 다시 공부를 계속하는데 부모에게 성적표를 보여줄 일이 걱정되어 공부가 되지 않았다. 그는 하던 공부를 멈추고 방 안을 이리저리 어슬렁거린다. 이 학생은 갈증에 대한 감각이 있어 그것을 자각하고 물을 마심으로써, 에너지를 동원하여 행동으로 옮겨 욕구를 해소하였다. 만약 그가 공부에 집중하였더라면 갈증을 모르고 공부를 계속하였을 것이다.

그러나 공부를 하려는데 성적표에 대한 걱정이 생겨 공부를 중단한 것은 공부할 때의 에너지가 원활히 해소되지 못했기 때문이다. 긴장이 되면 불안해지므로 숨도 제대로 쉬지 않을 것이다. 물론 공부를 지속할 수 없다. 이런 문제를 갖고 있는 사람들은 책읽기를 통해 원활한 순환과정을 통해 미결 과제를 해결할 수 있어야 한다. 독서는 우리에게 빛을 만나게 하고 자신의 그림자를 사랑할 수 있게 한다. 한 걸음, 한 번 숨 쉬고, 한 번 비질하듯이, 한 장 넘기고, 한 번 숨 쉬고, 한 번 읽으면.

5. 삐딱하게, 은밀하게

많은 독서 이론을 살펴보면 우리가 책을 마치 신주 모시듯, 책에서 지시한 기호를 따라 읽거나 그대로 행동해야 한다고 생각하는 것 같다. 하지만 책에서 제시한 정보, 책이 주는 교훈, 책에서 마련한 미학이란 도대체 존재하지 않는 것이다. 책은 그저 우리가 탄 차의 운전사일 뿐 경치를 구경하고 판단하고 즐기는 사람은 바로 독자 자신일 것이다. 알베르토 망구엘은 『독서의 역사』란 책에서 자신이 경험한 보르헤스 이야기를 들려준다. 보르헤스가 유명 작가들이 남긴 좋지 못한 문장들을 모아 문집을 만들었는데 셰익스피어 또한 여기에 속했다고 한다. 셰익스피어가 『햄릿』에서 햄릿이 아버지의 유령을 만나 대화하는 장면을 그리는데 그 부분을 한 번 보자.

유령: 반응이 빠르구나.
네가 이번 일에움직이지 않는다면,
넌 망각의 강변에 뿌리 내린
무성한 잡초보다 더 둔할 것이니라.
자, 햄릿, 들어봐. 정원에서 자는데
독사가 날 물었다고 발표됐다 — 그래서
덴마크 전체가 조작된 내 사망경위로
새까맣게 속고 있다 — 그러나 귀한 애야 알아둬라,
네 아비의 목숨을 앗아간 그 독사가
지금 왕관을 쓰고 있음을.
햄릿: 아, 내 영혼이 예측했어! **삼촌이다!**
유령: 그래, 그 상피 붙고 간통한 짐승 놈이
마력적인 기지로, 반역하는 재주로 —
오, 사악한 기지이며 재주로다.[3]

보르헤스 자신이 셰익스피어라면, 아니 여기서 햄릿이라면 그는 적어도 "삼촌이다!"란 말은 하지 않았을 것이라고 주장한다. 뭔가 예감이 들었고 그런 삼촌에 대한 불만이 있었다면 적어도 '삼촌'이라는 말은 나오지 않았다는 주장이다. 그보다는 "(아버지의) 동생이란 놈이!"라든가 "어머니의 시동생이!"란 표현이 더 어울렸을 것이라고 본다.

이렇게 볼 때, 독서는 단순한 재생산적 행위가 아니다. 작가가 생산한 것을 따라한다거나 그것을 교훈 삼을 때 독자의 생명은 끝이 난다.

책을 읽을 때 우리는 언제든지 자신의 감정을 불러내어야 한다. 에스트라다의 말을 빌리자면 이런 독서야말로 가장 세련된 형태의 간통이 될지도 모른다. 독서는 텍스트를 새로 바라보고 사실성이 없는 부분은 교정하고 자신의 감정으로 보완할 때 비로소 생산적 행위가 된다. 생산적 행위란 생산성이 작동될 때 이루어지는 것으로 독서를 통한 카타르시스를 배가한다. 그 이유는 예술은 단지 이런 낯선 것을 통한 카타르시스를 열망하기 때문이다. 그러므로 독서할 때 소통이 텍스트에서 독자 자신에게 일방적으로 흐르도록 해서는 안 된다. 독서는 오로지 텍스트와 독자 사이의 상호 역동적인 관계로 정립되어야 한다. 텍스트가 사회적, 심리적 조건을 충족시키면서 독자의 이해행위를 동기화할 수는 있지만 그렇다고 하여 독자가 그대로 읽을 필요는 없는 것이다.

진정한 독서가란 읽을 만한 책을 골라 밀실에서 읽는 자들을 말한다. 다시 말해 입에 침이 고이고, 가슴에 물고기가 뛰며, 망원경을 들여다보는 해적선 선장처럼 대상 세계의 이질성을 접하는 것이 아니라면 엄밀한 의미에서 독서라 할 수 없다. 텍스트가 독자와 관계를 맺으려면 친숙하고 알려진 대상 세계에 대항할 '대상'을 구축해야 한다. 이 대상을 찾는 것은 외부적으로 보면 '은밀한 행위'지만 내적으로 보면 '편력하는 관점'이다. 『흥부전』을 국어 시간에 배우는 것과 국어 시간에 선생님 몰래 읽는 것은 전혀 다르다. 전자는 주체-객체-관계를 정해주고 그 어느 특정한 의미 속으로 빠져들기를 요구한다. 그러나 내포독자는 텍스트와 맺는 이런 관계 자체를 거부한다. 이 텍스트가 의미가 있기 위해서는 독자가 자신의 삶의 기억을 상상으로 불러와야 한다. 그리고 '놀부'가 얼마나 부모에게 보살핌을 받지 못했기에, 또는 부모들이 놀부보다 흥부를 얼마나 귀애했기에 이런 일이 벌어졌을까 하는 곳으로 관점을 옮겨야 한다. 흥미로운 것은 흥부의 관점 또한 같은 독자에게 마찬가지의 새로운 주체-객체-관계를 이룬다는 점이다. 편력하는 독자는 어느 한 편만을 들지 않기 때문이다. 형수에게 주걱으로 뺨을 맞은 흥부가 "아주머님, 뺨을 쳐도 먹여가며 치시니 고마운 말을 어찌 다 하오리까. 수고스럽지만 이 뺨마저 쳐 주시오."라고 말하는 것은 개연성을 잃은 표현이다. 그렇게 되면 이야기의 사실성이 없어진다. 이야기가 진지하지 못하므로 나만의 새로운 '대상'을 구축하는 것이다.

독서란 이렇게 은밀한 행위다. 은밀한 행위란 누가 보지 않는 데서 행동하는 일체의 것을 말한다. 한번은 아들에게 〈스쿨 오브 락〉이란 영화를 DVD로 주고선 같이 보자고 했더니 '아빠 좀 나가 주실래요?' 하는 것 아닌가? 거기에 별로 야한 것이 없는데도 말이다. 나는 잠시 영화와 독서의 은밀한 내적 행위를 망각하고 있었던 것이다. 다시 한 번 강조하거니와 책을 읽는 행위는 내적이고 은밀한 행위다. '국어 시간에 소설 읽기' 같은 제목은 마치 나 같은 특정한 세대가 겪은 '수업 시간에 만화 읽기' 같은 느낌을 준다. 아우구스티누스도 오로지 책임감 때문에 참석한 교회 설교 시간에 파스칼의 『팡세』를 펴놓고 읽었다고 한다. 훔쳐먹는 재미를 당신은 아는가? 나 또한 사회적 책무 때문에 밝힐 수 없는 곳에서 밝힐 수 없는 책을 읽었던 시간이 많았던 것을 고백하지 않을 수 없다. 목사가 『화엄경』을 읽고 스님이 『모세 오경』을 읽으며 신부가 『소녀경』에 빠지는 것이 어찌 독서의 세계에서 용납되지 않는단 말인가?

6. 그것을 소유하는 것이 아니라 그것으로 존재하는 것

독서 이야기를 다시 원점에서 시작하자. 우리는 감성독서라는 관점에서 독서가 주는 치유의 힘과, 그 힘을 얻기 위한 전략을 생각해보았다. 이번에는 에리히 프롬의 독서 전략인 존재적 측면의 독서를 콘셉트로 삼아보자. 프롬은 그의 저서 『소유냐 존재냐』의 한 장에서 독서 경험에 대한 이야기를 이렇게 서술한다.

> 독자는 호기심에 이끌려서 줄거리를 알고 싶어한다. […] 이런 경우 소설 텍스트는 독자를 흥분시키는 일종의 전희 역할을 하며, 행복하든 불행하든 그 결말이 절정을 이룬다. 결말을 알고 났을 때 독자는 마치 자기 자신의 기억들을 헤집어본 듯이 현실감 있게 이야기 전체를 소유한다. 그러나 그가 획득한 인식은 아무것도 없다. 소설 주인공을 파악하여 인간의 본성을 통찰하는 능력도 심화시키지 못했고, 스스로에 대해서 무엇인가를 깨우친 바도 없다.[4]

마음의 치유가 통찰과 정서의 변화에서 비롯된다면, 우리는 소설의 내용을 알고 소설에 심취하는 것이 치유에 아무런 도움이 되지 못한다는 것을 알고 있다. 어떤 사건을 접했을 때, 가령 운전을 하고 지나가다 사고의 현장을 목격했을 때, 우리는 어떤 느낌을 받는다. 사고 당한 사람은 얼마나 고통스러울까, 나 또한 이런 일을 겪지 않았던가, 이런 일이 일어나는 것은 어떤 상황 때문인가, 나는 어떤 대처를 할 수 있는가 같이 말이다. 그런데 이와는 달리 다른 사람들에게 사고의 크기와 사고의 과정, 그리고 거기 구경꾼들의 모습을 일일이 보고하는 것은 사고를 기억하고 소유하는 일이다. 프랑크푸르트 학파의 한 사람으로서 지그문트 프로이트와 마르크스의 영향을 받았던 에리히 프롬의 눈에 이런 일이 구별되지 않을 수 없었을 것이다. 스스로에 대해 무엇인가를 깨우치고 느끼게 하는 양식의 독서만이 마음을 치유할 수 있다. 이것을 프롬은 존재적 양식의 독서라고 우리들에게 적극적으로 권유하고 있다. 이와 유사한 상황을 공지영의 인터넷 연재소설 「즐거운 우리 집」에서 찾아보았다.

> 얼마 전에 말이야. 한국하고 중국 작가들이 모여서 서울에서 작가 회의를 했어. 주제는 '상처와 치유'라는 것이었어. 그런데 거기 갔더니 엄마 명찰이 없는 거야. 주최 측의 실수로 안내 책자에도 엄마 이름이 빠졌고…. 진행하는 사람들에게 뭐라 했더니 엄마 명찰을 급조해 줬는데 앉을 좌석이 없는 거야. 하는 수 없이 중국 작가들 틈에 앉아 있었지. 잠시 후 중국 작가 한 사람이 당신은 누구세요? 하고 영어로 묻는 거야. 내가 아무개이고 소설을 씁니다, 하니까 그 사람이 얼른 안내 책자에서 내 이름을 찾고 있더니 영 못 찾겠는지, 나랑 비슷한 여자 사진을 가리키면서 '이 여자가 당신인가요?' 하잖아. 그때 엄마의 머릿속으로 짧은 영어 세 마디가 떠올랐어. It's not me, I'm not here, It's not my fault…. 그래서 그렇게 말했지…. 그런데 조금 지나니까 정말 이상하더라. 나는 난데 내가 아니고, 나는 여기 있는데 내가 여기 없다니, 그럼 여기 없다고 말하는 나는 누구이며, 더구나 우스운 건, 내가 왜 거기서 그 사람이 궁금해 하지도 않는데 그건 내 잘못이 아니라고 했을까. 이게 바로 내가 입은 피해의식의 발로가 아닐까 하고 말이야…. 남들은 '상처와 치유'에 대해 열심히 떠드는데 엄마 혼자 한구석에 앉아서 '나는 누구인가', 거기 없다고 말하는 나는 누구인가 존재론적 고민에 빠진 거야…. 나중에 혼자 생각했지. 그래 상처와 치유가 별개냐? 내가 내가 아닐 때, 그것은 상처이고 내가 다시 나를 찾을 때, 누구에게도 먼저 내 잘못이 아니라구요, 변명하지 않을 때 그게 바로 치유가 아니겠느냐고….[5]

인간이 누구에게나 다 상처가 있다고 한다면 그것은 바로 그들이 세월을 살기 때문일 것이다. 만약에 그들 모두가 에덴이나 선유동에서 암브로시아나 넥타만 먹으면서 신들처럼 산다면 그곳에는 어제란 말도 존재하지 않고 상처란 말도, 변명도 치유도 존재하지 않을 것이다. 작가들은 우리 같은 산문을 쓰는 사람보다 확실히 감각이 뛰어나다. 내가 존재한다는 것은 이 글의 화자가 '필요 이상의 말을 하는 사람'이라는 것을 통찰함으로써 가능하다.

나의 존재는 내가 더 이상 내가 아님으로써 가능한 것이다. 소설의 내용을 토대로 말해본다면, 거기 모인 사람들이 상처와 치유에 '대해' 이야기하는 것은 소유적 양식의 삶이다. 미루어 짐작컨대 상처에는 어떤 상처가 있고 자신은 그것을 어떻게 형상화했으며, 그것을 통해 어떤 치유를 받았다, 그렇게 이야기가 전개되었을 것이다. 그것은 엄밀한 의미에서 소유지 존재가 아니다. 하지만 "남들은 상처와 치유에 대해 열심히 떠드는데" 이 소설의 화자가 "혼자 구석에 앉아서 '나는 누구인가' 하고" 생각을 하는 것은 존재적 삶을 말하고 있다. 에리히 프롬은 이 화자처럼 다른 사람들이 상처에 대해 이야기하고 있는 동안 자신의 상처를 인식하고 추체험하라고 한다.

보르헤스가 그랬던 것처럼, 우리가 존재적으로 책을 읽으려면 작가가 어떤 모순을 지니고 있으며 어떤 것을 회피하고 변명하는지를 찾아보아야 할 것이다. 작가가 어떻게 살고 있는지에 관심을 두거나 - 이를테면 "이 글의 작가는 이혼해서 서로 아버지가 다른 아이 세 명을 키우면서 살고 있대." 같은 -, 그에게 동정심을 보내고 그와 동화하고 그에게서 단순히 위로를 받아보겠다는 생각은 소유적이다. 그것은 마치 우리가 텔레비전 앞에 앉아서 포테이토칩이나 씹어대는 일처럼 무료한 반복적 행위에 지나지 않을 것이다. 중국 작가들 앞에서 화자가 그렇게 변명할 때 나라면 차라리 "저는 별로 중요한 사람이 아니에요. 그래서 안내 책자에는 없어요."라는 말을 하고 싶다면 우리는 존재적으로 독서를 하는 것이다. 그러므로 치유적 독서는, … 그것을 소유하는 것이 아니라 그것으로 존재하는 것이다.

7. 사랑에 빠지듯이

우리는 상상력을 발휘하여 독서를 하는 것에 대해 생각해보았다. 이번에는 책을 사랑하는 법을 이야기해야겠다. 호색한처럼 책을 사랑하지 않으면 우리는 책 읽는 것이 지겨워질 것이다. 책이 무의식적 욕동과 깊은 관련이 있는 한, 책을 읽을 때 우리가 돈 조반니나 카사노바 같이 사랑에 빠질 것임에 틀림없다. 하지만 호색한이란 같은 이름에도 불구하고 이 둘은 사랑을 하는 법에 있어서 아주 다르다. 그러니 결론부터 말하자면 호색한처럼 책을 읽더라도 카사노바처럼 읽어야지 돈 조반니처럼 읽어서는 안 될 것이다. 사랑에 빠져야지 쾌감에 빠지면 안 된다.

카사노바는 원래 독서 애호가이기도 하였지만 여성을 대할 때 책을 읽듯이 그 여성을 읽었다고 한다. 그리고 반드시 한 책을 다 읽고 나야 다른 책을 읽듯이 한 여성을 다 읽고 났을 때 다른 여성을 읽었다. 이 점에서 카사노바와 돈 조반니는 다르다. 카사노바에게는 레포렐로와 같이 꾈 여자의 명단을 제공해 주는 사람이 없었다. 그보다는 한 여자에게 목숨을 걸고 그 여자로 인해 성직자(그는 원래 신부였다)라는 직업을 버리고, 실연을 잊으려고 박사 공부를 하고, 또 새로운 여자에게 몰입하였다. 우리는 책을 읽을 때도 그렇게 사랑해야 할 것이다.

카사노바가 사랑을 할 때마다 언제나 쾌감을 얻으려고 했던 것도 사실이지만 사랑에서 얻을 수 있는 반복되는 쾌감이 아니라 사랑에는 그의 호기심을 충족시킬 수 있었던 어떤 것이 있었다. 우리가 새로운 책에 호기심을 갖게 되면 다른 책은 덮어야 한다. 두 책 사이에는 반드시 단절이 있게 마련이고 망각이 있게 마련이다. 이 단절과 망각이야말로 새로운 것을 창조하는 원천이다. 우리는 앞의 것을 덮지 않고는 뒤의 것에 빠질 수 없다.

그래서 낭만주의 시대 대부분의 시인들이 독서를 끝없는 간음행위에 비유했던 것이다. 그러니 독서가의 눈에 제일 좋아하는 책이란 없다. 모든 책은 읽는 순간에 최고의 책일 뿐이다. 이것은 치유의 관점에서도 마찬가지다. 한 사람에게만 빠져 있을 때, 우리는 그것을 정신적으로 불건강하다고 이름 붙이는 것이다. 그러나 한 사람에게도 제대로 빠지지 못하는 것도 건강하지 못한 것은 마찬가지다. 한 사람에게서라도 끊임없는 혼돈스런 영혼의 흔적에 호기심을 보인다면 우리는 건강할 수 있다.

니체의 차라투스트라는 "너희들에게 말하거니와, 춤추는 별을 탄생시키기 위해 사람은 자신들 속에 혼돈을 지니고 있어야 한다."라고 말했다. 그런데 그가 이미 백여 년 전에 예견했던 대로 "머지않아 사람이 더 이상 별을 탄생시킬 수 없게 될 때"가 바로 지금이 아닌가 생각한다. 그것은 독서에 호기심과 사랑을 쏟아부을 수 없는 시대를 말하기도 한다. 돈 조반니의 경우처럼 그저 읽어버리는 것은 우리 속에 쾌감만 반복할 뿐 차라투스트라의 별을 춤추게 할 수는 없다.

사랑하는 느낌은 약이다. 배를 만져주는 할머니의 손, 안아주는 엄마의 가슴, 업어주는 아버지의 등, 잡아주는 누나, 오빠들의 손, 이 모든 몸의 느낌은 바로 상처 입은 독서가들에게 치유의 지각을 제공한다. 책 속의 사람들의 아름다운 눈길, 그들의 냄새, 그들의 목소리, 그들이 보살펴주는 손길은 우리에게 치유의 힘을 준다. 같은 맥락에서 프리츠 펄스는 "지각하는 것 자체가(awareness per se) 곧 치유다."라는 말을 했다.

외부적인 자극과 내면이 만나는 것이 소외와 고립을 피할 수 있는 길이다. 그 이유는 그런 지각 속에서 미감(aisthesis)이 발현하고 그 미감은 곧 기억과 만날 수 있게 하고, 그 순간 내적 반향(emotional resonance)을 불러일으키기 때문이다. 지금 읽는 구절은 나의 자아(ego)와 내 속에 있는 자기(self)에 의해 지각되는 것을 환기하고 지각(awareness)으로, 의식(consciousness)으로 옮겨주어 나로 하여금 내적인 행복으로 충만하게 한다. 그런 전형적인 구절을 소개하겠다. 가와바타 야스나리의 『설국』의 한 장면이다.

> 벌써 세 시간도 전의 일로, 시마무라는 지루함을 달래기 위해 왼손 검지손가락을 이리저리 움직여 바라보며, 결국 이 손가락만이 지금 만나러 가는 여자를 생생하게 기억하고 있군, 좀더 선명하게 떠올리려고 조바심치면 칠수록 붙잡을 길 없이 희미해지는 불확실한 기억 속에서 이 손가락만은 여자의 감촉으로 젖은 채, 자신을 먼 데 있는 여자에게로 끌어당기는 것 같군, 하고 신기하게 생각하면서 코에 대고 냄새를 맡아보기도 하고 있다가, 문득 그 손가락으로 유리창에 선을 긋자, 거기에 여자의 한쪽 눈이 또렷이 떠오르는 것이었다. 그는 깜짝 놀라 소리를 지를 뻔했다. 그러나 이는 그가 마음을 먼데 두고 있었던 탓으로, 정신을 가다듬고 보니 아무것도 아닌, 그저 건너편 좌석의 여자가 비쳤던 것뿐이었다.[6]

이 글에서 서술되는 여자는 요코(葉子)인데 소설 첫 부분에서 서술하는 시마무라의 눈에 들어오는 그녀의 모습은 슬프도록 아름답게, 차분한 듯 편안하게, 때로는 진지한 듯 서늘하게 다가온다. 그녀에 대한 관찰과 묘사는 아마 시마무라의 기억에서 연유된 것일 수도, 또 그것이 기억을 불러일으킨 것일 수도 있다. 요코는 요코라는 여자일 뿐이되, 요코라는 여자가 시마무라에게 불러일으키는 기억과 창에 어린 그녀의 모습이 시마무라의 어렴풋한 지각과 아름다움, 내적 반향을 통해 탁월하게 묘사되고 있어, 읽는 우리 또한 마치 훔쳐보는 듯한 시선으로 그녀를 사랑하게 된다.

이렇게 하여 우리는 책을 사랑하게 된다. 아니 책이라는 여자에게 사랑을 고백하고 그 여자를 깊이 읽는다. 그것은 아마 그 여자에게 말을 붙였나, 그 남자를 꾀었나, 결혼했나 하는 쾌감과는 너무 다른 일이리라. 요코를 포함해서 어떤 여자도, 시마무라를 포함해서 어떤 남자도 반복된 성적 쾌감일 수 없듯이 책은 쾌감이 아니라 호기심을 가진 사랑이다. 그 호기심은 기차의 창에 비친 '처녀'로서, 동생을 잘 부탁한다는 따뜻한 '누나'로서, 환자를 지극정성으로 보살피는 '엄마'로서의 호기심을 유발한다. 책은 호기심을 담은 사랑으로 읽어야 한다. 이 세상의 모든 책이 나의 여자인 것처럼. 그럴 때 마음이 치유된다.

8. 눈앞에 그림을 그려라

독서를 통해 감성을 함양하려면 눈앞에 그림을 그려야 한다. 우리가 보통 책을 읽을 때 단순히 책을 보는 것처럼 생각하지만 그것은 착각이다. '장보러 가다', 또는 '맛보다'에 쓰이는 '보다'라는 말뜻처럼 책은 보는 것이 아니라 눈앞에 그림을 그리는 것이다. 그러므로 독서에서 생성되는 이차적 과정인 '보는 것을 만드는 것', 즉 형상화는 특별한 노력을 경주해야 가능하다. 텔레비전이나 영화, 그림 같은 것은 수용자에게 이런 형상을 만들어준다는 점에서 책보다 더 훌륭한 매체라는 생각을 할 수 있지만 이미 가공된 형상을 제공한다는 점에서는 책보다 못하다. 오히려 자발성과 창의성을 빼앗아갈 수도 있다. 책은 그림을 불러일으킬 일종의 '소리' 기호이다. 그러므로 우리는 책을 읽을 때 이 기호 속에서 최대한의 형상을 만들고 상상을 통해 그것에 대한 실제적인 느낌을 가질 수 있다.

소설을 읽거나 시를 읽을 때 우리는 그것이 환기하는 어떤 물리적 상황을 구체적인 형태로 보고, 느끼고, 듣고, 맛보고, 만져보고, 그 변화를 관찰하되 이 모든 것을 머릿속에서 그려보아야 한다. 누구나 책을 읽지만 자신이 읽고 있는 책을 볼 줄 아느냐 모르느냐에 따라 독서는 그 사람에게 다른 결과를 초래한다. 그러기에 우리는 소설에 나오는 이야기의 배경과 인물의 옷매무새, 행동거지를 시각적으로 떠올릴 수 있어야 한다. 마음에 어떤 것을 그릴 때 떠오르는 것은 글이라는 기호가 아니라 자신의 기억이니까. 그러므로 마음의 치유는 자신의 기억을 지우거나 퇴색하게 만드는 것일진대, 바로 이 자신의 기억을 그려야 가능하다. 그런 의미에서 황석영의 『바리데기』의 한 장면을 그려보자.

> "할마니, 여기 단너삼 있어요!" 아래쪽에 등을 돌리고 앉은 할머니에게 외쳤지만 그녀는 쪼그려 앉은 채 꼼짝도 하지 않는 거였다. 호미도 할머니가 가지고 있어서 나는 비탈을 주춤주춤 미끄러지며 내려갔다. "할마니, 호미 좀 달라요."하고 그녀의 팔을 잡는데 할머니가 옆으로 스르르 넘어갔다. 할머니의 팔이며 어깨가 뻣뻣했다. 할머니의 얼굴을 내려다보니 눈은 감고 있는데 코피 한 줄기가 흘러나와 주름살투성이의 입언저리에 와서 멎어 있었다. 나는 할머니의 가슴에 머리를 대고 들어보다가 손가락을 코밑에

대어보기도 했지만 죽은 게 틀림없었다. 나는 한참이나 곁에 앉아서 엉엉 울었다. 시간이 많이 흐른 뒤에야 빈 숲 속에 내 울음소리만 퍼져 나갔다가 돌아오는 걸 느끼고 울음을 그쳤다. 나는 몇 시간이나 멍하니 앉았다가 호미로 땅을 파기 시작했다. 내 기운으로는 깊이 팔 수도 없었다. 그저 할머니의 시신을 감추기에 맞춤했다고나 할까. 할머니를 끌어다 옮겨놓고 흙을 도톰하게 덮었다. 흙을 덮을 적에 차마 보기가 싫어서 얼굴 위에다 우리가 늘 가지고 다니던 비료 포대를 덮어드렸다. 아부지 오시문 다른 데 양지쪽에 모세드리께요. 나는 터덜터덜 산을 내려왔다. 이제 아무도 없는 움집에 나 혼자 남은 것이다. 며칠이나 그렇게 혼자 움집에 누워 있었던 것일까? 문득 한밤중에 잠이 깼다. 먼 산 숲속에서 부엉이가 바람 소리처럼 울어댔다.[7]

이런 경험을 해보지 않은 사람은 이 장면을 잘 상상하기가 힘들다. 그런데 이와 똑같은 경험을 한 독자는 아마 한 사람도 없을 것이다. 그러니까 독자의 경험이란 유추로 일어나는 것이다. 가장 사랑하는 유일한 피붙이, 할머니의 죽음을 누구의 경험에서 내 경험으로 환원하고 혼자 움집에 있는 다른 상황을 나의 어떤 상황에 환원하고… 그렇게 독서 행위는 지속되는 것이다. 그런데 여기서 중요한 것은 느낌과 상상이다. 책의 장면을 집중하면 할수록, 그 형상을 그리면 그릴수록 내면의 소리와 느낌은 커지고 반대로 눈은 종이책에서 해방된다. 그렇게 되면 이미지를 만들어내는 데 독자의 모든 에너지가 집중하게 될 것이다.

배가 고파 산에서 할머니와 함께 할머니의 기력을 돋우기 위해 단너삼을 캐다가 문득 할머니의 죽음을 경험한 화자, 할머니와 같이 있던 움집에 혼자 남는 것을 상상해보라. 부엉이 소리는 어떻게 들리는가. 무엇을 먹을 수 있는가. 단너삼의 맛은 어떤 것일까. 이곳에서는 어떤 냄새가 나며, 이 여자아이는 옷을 어떻게 입고 있었을까. 할머니의 마지막 모습은 어땠으며, 아이에 대해 어떤 마음으로 최후의 순간을 맞았을까. 이 아이는 할머니가 죽었을 때 할머니에 대한 그 무엇을 추억하였을까. 이 순간을 영화를 보는 것처럼 떠올려보고 마음의 영화를 만들어 보라. 만약 영화를 만든다면 이 순간 죽음과 삶을 표현할 어떤 음악을 만들어 영혼을 달랠 것인가.

독서를 통한 형상화는 세계를 재창조할 뿐만 아니라 자신의 마음을 치유하고 조정하며 개성을 계발한다. 아마 작가도 어린 시절 풍성한 기억의 창고에서 그림(이미지)들을 조달받아 이런 풍부한 글을 표현하였을 것이다. 그러니까 치유적 독서를 위해서 우리는 텍스트를 천천히 읽어야 한다. 그리고 그림이 잡히기 시작하면 차츰차츰 속도를 낼 수 있다. 이미지로 잡히지 않은 독서는 남지 않으며 경험으로 바뀌지도 않는다. 머릿속으로 그려보지 않고 냄새 맡지 않고, 몸으로 부대껴보지 않고 손으로 만져보지 않고, 맛보지 않은 독서는 줄거리로서도 남지 않는다는 것을 독서의 경험이 있는 사람은 누구나 잘 알 것이다.

치유는 자신의 잃어버린 언어를 찾는 것이다. 이때 언어는 감성적이며 총체적인 세계를 말한다. 우리가 그런 세계를 책을 통해 그림을 그리고 느낀다면 우리는 현재 처한 상황을 좀 더 여유를 가지고 바라볼 수 있게 된다. 옆에 다른 아이가 울면 우는 아이가 울음을 그치듯이 독서를 통해 문제가 자신에게만 있는 것이 아니라는 것을 느끼게 되면 우리의 대상관점은 인생이라는 메타관점으로 옮겨갈 수 있다. 대상관점에서는 고착되고, 마비되고, 고집부리고, 일정한 시선만 허락하던 것이 메타관점에서는 공감과 용서와 화해로 바뀔 수 있다. 그러나 이 모든 것이 바로 시각적이고 구체적인 형상화의 경로를 통해 가능하다. 머릿속의 뉴런

네트워크를 자신이 원하는 대로 다양하게 형성하는 것이 치유의 길인데 이는 잘 관찰하고 느끼고 자유롭게 상상할 수 있을 때 가능한 일이다.

9. 그림책으로 퇴행(退行)을 즐겨라

마음을 위로하는 데는 현실을 벗어나 어린 아이처럼 되어보는 일만큼 좋은 일도 없을 것이다. 언젠가 참으로 쓸쓸해서 부산에 있는 한국독서문화재단의 아동문학 도서관에 앉아 그림책을 읽고 있었다. 시간을 보내기 위해서 몇 시간 동안 그림책을 읽었을 것이다. 머리가 희끗희끗한 사람이 그림책을 들고 있다? 주위의 아이들은 자기 책에 빠져서 마음을 쓰지 않는데 엄마들은 곁눈질로 흘끗흘끗 쳐다보는 것 같다. 나는 상관하지 않고 책을 읽는다. 마음이 쓸쓸할 때 위로를 받기 위해서는 쉽고도 편안하며 가벼운 책을 읽는 것이 좋다. 피부에 상처가 나고 진물이 나면 그 주위가 가려운데 그것은 아마 상처를 위로하기 위한 생물학적 보상 장치가 아닐까 한다. 우울할 땐 그렇게 재미있고 장난스럽고 느낌이 있는 책이 좋다.

어린 아이로 퇴행하는 방법은 책을 읽는 길 말고도 많다. 가짜 젖꼭지를 빨거나 목욕탕에 들어가 첨벙거리거나, 벽에다 크레용으로 낙서를 하거나 똥을 싸서 주물러도 좋다. 어떤 나라에서는 토마토 축제를 벌여 토마토를 마구 던지면서 노는데 그것도 좋은 일이다. 그런데 이것은 아무래도 지저분하거나, 비용이 많이 들거나, 수치스러운 일들이다. 그래서 나는 그림책을 읽기를 권한다. 문학수용의 목적이 '올바른 해석'보다는 '성숙한 반응'으로 힘을 옮겨간 현대에, 마음의 치유를 얻기 위해 성인들의 문학을 고집할 필요는 없다고 말하는 것이 지나친 일은 아닐 것이다. 해석을 위하여 힘을 소모하지 않고 성숙한 반응을 보이는 데는 아동의 그림책만큼 좋은 것도 없을 것이다.

아동문학을 대하는 우리들의 반응은 과연 그것이 현실적으로 가능한가라는 의구심으로 얼룩져 있을 것이다. 그러나 이미 독자들의 수준은 그런 논란의 수준이나 혼란의 수준을 넘어선다. 혼란이나 논란은 반드시 경계가 분명치 않음에서 연유되는 법이다. 아동문학을 말도 안 되는 이야기로 보지 말고 상상으로 볼 수 있는 눈이 생긴다면 미덕이 될 것이다. 독서하는 우리들에게 이런 성숙한 반응 말고 더 무엇이 필요하랴! 아동문학은 보호된 공간에서 마음대로 퇴행하는 것을 허용하고 있다. 마치 풀잎에 내려앉은 이슬처럼 그렇게 편안히 쉬고 있다. 아동문학은 원시인들이 몸에 대해서, 세계에 대해서, 어떤 흔적과 느낌, 욕구를 가지고 있었는지 보여주고 있다. 어른들이 만든 '이성'으로 더 이상 출구를 찾지 못할 때 우리는 '감성'이라는 원시적 언어로 새로운 통로를 찾을 수 있다.

> 한번은 꼬마들이 내 주위에 둘러앉았는데 말이지, 그때는 세상에 이야기가 하나도 없었단다. 모든 이야기가 하느님인 니야메의 것이었거든. 니야메는 이야기를 황금 상자 안에 넣어 옥좌 옆에다 두었더랬지. 거미 사람 아난스는 하느님에게 이야기를 사고 싶었어. 그래서 하늘까지 닿는 거미줄을 짰단다. 하느님은 아난스의 소원을 듣고는 웃음을 터뜨렸어. "트웨, 트웨, 트웨. 내 이야기 값을 말해주마. 무시무시한 이빨이 있는 표범 오세보하고, 불처럼 쏘는 말벌 믐보로하고, 사람 눈에 안 보이는 요정 므모아티아를 내게 데려오너라."[8]

아동들을 위한 이야기는 늘 이렇게 막무가내로 시작한다. 신화처럼 아이들은 이야기를 사러가고 그러기 위해 거미줄 사다리를 짜고 그리로 올라가는 것을 이야기한다. 이런 책을 읽지 말라고 그리고 쓰지 말라고, 헌법 어디에라도 쓰였던가. 금지되지 않은 것은 허용되어 있는 법. 창조적인 통찰을 가능하게 하는 놀이를 해볼 수 있다. 아마도 스파이더맨은 바로 이런 원시인들의 이야기에서 비롯되었음 직하다. 아이들의 그림책이 추구하는 놀이는 이유를 묻지 않으며, 초래된 결과에 대해 책임도 지지 않는다. 놀이는 우리의 생각이 모양새를 갖고 상징화되기 이전의 깊은 욕동이나 느낌과 정서, 직관, 쾌감을 은물(恩物)로 선사한다.

그런데 오늘날 어른들과 아이들은 이런 놀이를 할 수 없다. 우리 사회에서 이런 놀이를 할 수 있는 공간이 사라지고 없기 때문이다. 단지 놀이터가 있고 장난감이 있고 술집이 있고 노래방이 있을 뿐이다. 치유를 얻으려면 우리는 우선 이런 패턴에서 벗어나 진정한 감정이입이 일어나는 놀이를 해야 한다. 진정한 퇴행은 아이가 정말로 어떤 상상을 하는지 그대로 생각하고 느껴보아야 하고 그런 행동을 해보아야 한다. 아난스의 이야기처럼, 아니 아난스처럼 우리도 니야메에게 이야기를 구하러 가보자. 니야메는 모든 이야기를 알고 있으므로 그에게 구해보자. 내가 왜 불안한지, 니야메라면 그 이유를 어떻게 밝혀줄지. 그러자면 거미줄로 사다리를 만들어야 할 것이다.

빗자루를 주면 청소하려고만 하지 말고 타고 하늘을 날아보자. 아이들처럼 사물이나 동물과도 대화를 나누어보자. 우리는 가끔씩 아이들이 시계와 대화를 나누는 것을 본다. 넌 왜 쉬지도 않고 가니? 가끔씩 뒤로도 좀 걸어가 보지 그래. 치즈를 고추장에 찍어먹으면 투명인간이 될 거야. 황새가 되어 여우를 초대하여 어떤 골탕을 먹일 것인가 생각해보자. 이런 애니미즘의 세계에서 우리는 미래에 대한 확실한 희망을 만날 수 있다. 머릿속에서나마 어린 아이 때 상상한 것들을 떠올릴 수 있다. 그리고 그것을 동영상으로 실현시켜보자. 꼭 그것이 가능하냐고 묻지 말고 그것이 재미있느냐고 묻자. 그렇게 어린 아이들과 이야기를 나누어보라.

우리가 살다보면 어떤 장애를 만나 욕구불만에 빠지게 되고 불안에 시달리게 된다. 그럴 경우가 있다면 미발달단계로 되돌아가는 퇴행의 독서를 통해 원시적인 욕구를 되살리고 미숙한 행동을 상상해보는 것이 좋다. 우리 몸과 마음의 깊은 부분은 성장하지 않는다. 그것을 우리는 다만 위무하고 순치할 수 있을 뿐이다. 이런 일을 우리가 도모하지 않는다 하더라도 독서를 통해 위로와 순치는 항상 일어난다. 예술이 존재하는 것이 바로 그에 대한 증거다. 깊은 곳에서 도도하게 움직이는 리비도의 음모를 인정하지 않으면 예술에 대한 성숙한 반응은 무용지물이 되고 만다. 예술이 정녕 인간의 이성을 말하는 것 같지만 실상 그 심연에는 이런 퇴행이 똬리를 틀고 있다. 아, 그림책의 아이들처럼 손가락을 빨고 엄마의 젖가슴에 머리를 파묻고, 이불에 오줌을 싸고 조리에 맞지 않는 말을 해본 것이 언제였던가.

10. 치유는 조야함과 야만성에서

『삼국유사』를 읽거나 호메로스의 『일리아스』를 읽어보면 문학의 도덕적 엄숙주의가 가소롭게 여겨진다. 호원사 설화에서 김현이 처녀로 둔갑한 호랑이를 따르는 이야기나 신도징의 아내가 남편의 처사에 불만을 품고 호랑이로 변한다는 이야기를[9] 그저 일연의 주석처럼 도덕주의로 읽어서 치유는커녕 무슨 독서의 재미가 있겠는가. 「만파식적(萬波息笛)」에서 거북의 머리처럼 생긴 산 위의 대나무가 낮에는 둘이 되고 밤에는 하나가 되며 대나무가 하나로 합치는 순간 천지가 진동하고 용이 나타는 것을 우리는 하나의 영웅의 송덕을 목표로 하는 왕의 신화로 읽어서는 안 된다. 이런 텍스트는 원시적 조야성과 야만성을 내포하고 있다. 아마도 텍스트는 저자가 보고 생각한 것보다 더 많은 것을 포함하고 있는 것 같다.

이런 신화나 설화를 생각 없이 읽는다면 그것은 사람들이 지배구조를 공고히 하기 위해 수사학으로 전락시켜 반복 음송하며 순치시킨 도덕적 신화로서만 존재할 뿐이다. 이런 식의 해석이나 독서는 주인공들이 살았던 삶의 방식과는 무관하다는 것을 알아야 한다. 그것은 호메로스 이후의 그리스 사람들이(또는 설화시대 이후의 한국 사람들이) 가진 취향의 산물이다. 가령 호메로스가 칭송하고 송덕한 아킬레우스는 문학적 영웅주의의 소관이 되었지만 원래의 아킬레우스는 그런 아름다움을 가진 장수가 아니었다. 이것은 1770년경 비코(Vico)가 주장한 것인데, 1900년에 죽은 니체도 마찬가지였다. 이들은 이야기가 단순히 공간적으로 고정된 실체가 아니라 상상이나 환상과 같이 움직이는 에너지임을 간파했다. 그 에너지가 오늘날 문자 또는 글이라는 고정체에 묶임으로서 상실되었다는 점에 있어서 우리는 그들과 공감하지 않을 수 없다.

부분적으로는 통용되는 '개체발생은 계통발생을 반복한다.'라는 헥켈의 (이미 부정된) 가설을 따른다면, 초기 인류는 오늘날 아이들이 어떤 시기에 보여주는 난폭함과 상상력으로 영웅이나 그들의 이야기를 만들었음을 알 수 있다. 가령, 비코는 "고대의 영웅들은 조야하고 난폭하였으며 상상력은 극히 왕성했고 감정은 격렬했다."라고 말한다.[10] 그야말로 건방지고 자긍심이 높아 한번 마음먹으면 꿈쩍 않고 일을 실행에 옮기는 영웅들은 호메로스 이후의 철학자들이나 우아한 영웅주의를 만들었던 시인들과는 다른 세계관과 행동양식을 갖고 있다. 호메로스의 서사시나 『삼국유사』의 설화가 기원전 언제부터 구전된 것인지 아무도 모른다. 그것이 기록된 시기를 이 신화가 탄생된 시기로 본다면 오산이다.

그렇기 때문에 공자나 소크라테스 이후의 도덕률로서의 덕과 정의가 설화나 신화의 그것과 분명하게 구별된다는 것은 더 말할 나위가 없다.

일례를 들어보자. 아킬레우스가 헥토르와 결투하기 전 헥토르는 결투의 승자가 패자를 장례해줄 것을 제안한다. 물론 오늘날의 독자들은 그것이 덕이고 정의가 아닐까 생각할 수도 있다. 그러나 아킬레우스는 다음과 같은 난폭한 대답을 하고 있다. "사람들이 언제 사자와 계약을 맺은 적이 있는가? 아니면 이리와 어린 양이 희망을 공유한 적이 있는가?" 나아가 그는 "만약 내가 너를 죽이면, 발가벗겨 내 마차에 매달아 사흘 동안 트로이 성벽 주위로 끌고 다니겠다. 그러고 나서 네 몸을 우리 집 사냥개 먹이로 주겠다."라고 말한다. 만약 헥토르의 아버지, 트로이의 왕 프리아모스가 몸값을 지불하고 사체를 회수하지 않았다면 아킬레우스는 틀림없이 그렇게 했을 것이다.

그뿐만이 아니다. 영웅들의 행태는 특이하다. 오늘날 우리는 아가멤논이 브리세이스를 빼앗긴 '개인적인 슬픔' 때문에 동맹군으로부터 자신의 군대를 철수시키고 헥토르의 그리스 군 대학살을 용인했다는 것을 안다. 조국에 대해 등을 돌린 그는 그리스의 멸망을 통해 개인적인 모욕을 복수하겠다고 큰소리친다. 그리고 트로이아 인, 그리스 인 가릴 것 없이 다 죽고 자신들 두 사람만 살아남기를 희망한다. 그러나 후세의 도덕적 영웅주의는『일리아스』전권 어디를 보아도 그녀가 곁에 없음으로써 느끼는 그리움에 대해서는 단 한마디도 서술하고 있지 않다. 그러니까 호메로스를 읽을 때는 자구적인 해석이 아니라 어린 아이의 자유분방한 느낌으로 읽어야 하며 행간에 감춰진 정서와 원시적인 야만을 읽어야 한다.

저런! 쏘피는 지금처럼 화난 적이 없었습니다. 쏘피는 발을 굴러

> 댔어요. 쏘피는 소리를 질렀어요. 쏘피는 이 세상을 작은 조각으로 부숴버리고 싶었습니다. 쏘피는 소리 질렀어요. 새빨간 빨간색처럼 소리 질렀어요.[11]

우리는 화난 쏘피를 읽으면서 『삼국유사』나 호메로스를 읽을 때와 같은 도덕적 엄숙주의나 수사학적 표현, 합리적 코드를 읽기를 거부한다. 그 대신 그것을 넘어서는 야만성과 조야함과 역동적 상상력으로 읽어내야 한다. 아동문학이 1970년대 이후에 이런 조야함과 야만성을 동반하는 것은 아동과 그 문학에 대한 새로운 이해에 힘입은 바 크다. 아동들은 인간이라는 개체발생을 완성하면서 계통발생, 즉 동물적인 야성을 반복한다는 가설에 따른다면 우리는 그런 부분이 필요악으로 존재함을 알 수 있다. 아니 어른이 되어서도 그런 부분이 잠재해 있음을 어떻게 부정할 수 있겠는가. 그렇지 않다면 왜 그보다 더 심한 폭력이 아직도 사회에 난무하는 것일까. 『괴물들이 사는 나라』, 『안 돼, 데이빗』 같은 책들이 만들어지는 것은 야만성으로 아이와 어른의 마음을 치유할 수 있는 길이 있음을 잘 보여준다.

우리는 천문학적 지식을 습득한 어른의 눈이 아니라 밤하늘의 별을 점성술로 읽으려는 아이의 눈으로 글을 읽을 줄 알아야한다. 사람이 예절 바르고 진중한 것으로만 이루어진 기계가 아니라 역동적 광기로 이루어진 유기체라는 것을 알아야한다. 그래서 때로는 이런 광기의 문학이 우리를 몰아대고 우리를 잠잠케 할 수 있다. 문학이 단순한 정서의 순화이기 이전에 역동적인 어떤 것임을 알고 그 디오니소스 축제에 참가하는 길이 치유의 첩경임을 본다면, 우리들의 아동문학은 설화나 신화와 같은 맥락에서 순화의 이면인 조야한 야만성의 산물이라는 것을 인정할 수 있다.

에필로그: 책 읽는 아이

사실 고등학생 아들을 둔 학부모인 나로서는 프랑스의 문학자 다니엘 페나크가 한 "교육을 염두에 두지 않았을 때, 우리는 얼마나 훌륭한 교사였던가!"라는 말에 절로 감탄하게 된다. 교육은 원래 받을 수는 있지만 할 수는 없다. 어제 저녁에도 나는 아들에게 『돈키호테』 독서를 교육(강요!)했지만 얼마나 읽었을까? 끊임없이 스마트폰 '카카오톡'에 촉각을 곤두세우는 아이를 보며 교육이란 불가능하다는 생각이 든다. 이런 일은 아마 반대의 경우도 마찬가지일 것이다. 책만 너무 읽으려는 애를 아무리 말린다고 들을까? 아무리 나가서 운동하고 그림을 그리라고 해서 될 일이 아니다. 그러니 문학은 교육이라는 말과 어울리지 않는 것 같다. 『마담 보바리』에서 무슨 교훈을 얻을 수 있으며 『향수』에서 무엇을 배운다는 말인가? 자기 말을 들어주지 않는 엄마와 아빠를 마법의 설탕으로 괴롭히는 작품에서 무슨 교육을 운운한다는 말인가?

"아빠, 잠이 와요." 30분쯤 독서가 진행되었을까. 이제 9시 20분, 아들은 다시 투덜대기 시작한다. "배가 고파요." "잠이 와요. 그리고 7시에 저녁 먹었는데 벌써 배가 고파?" "아이스크림이랑 우동 먹고 싶어요." 아들에게는 돈키호테가 재미없다. "미풍양속이 뭐에요?" "부모공경, 이웃과 서로 돕고 사는 것처럼 좋은 습속을 말해." "그럼 '척살'이 뭐에요?" "기사가 창으로 사람을 찔러 죽이는 것, 그런 걸 거야." 묻는 게 다행한 일은 아니다. 정말이지 읽기가 싫어서 시간 때우려는 것처럼 보인다. 이제 7장 읽었는데 과연 끝까지 다 읽을까? 아들은 확신을 주는 듯한 목소리로 "아, 오늘은 피곤하니까 자고요, 주말까지 다 읽을게요."라고 말한다. 하지만 1주일이 다 된 지금까지 이 약속을 지키지 않았다.

나는 아들이, 아들은 내가 서로 이해되지 않는다. 그것은 아들이 처한 환경이 내가 처했던 환경과 비교해 책을 읽기에 너무 열악하기 때문이다. 독자들은 이 대목에서 의아하게 생각할 것이다. 지금의 환경이 독서에 열악하다? 물론이다. 내가 어린 시절 독서할 때는 주위에서 책을 읽는 것을 막았다. 돌아가신 선친(아버지)만 해도 늘 이렇게 말씀하셨다. "그 따우(따위) 책은 읽어서 머에(무엇에) 쓸라고!" 당신이 공부에 실패한 것에 대한 자조 섞인 목소리였다. 어디 그뿐일까? 다른 이유도 있었다. 그 시대 시골에서는 일손이 부족해서 어린아이까지 동원되었다. 그러니 타작을 하고 탈곡을 하는 데 아들이 방에서 책을 읽고 있는 것이 마뜩찮긴 어느 집이나 마찬가지였다. "넌 일을 좀 시킬라 하면 책 읽는다고 하나!" 그것이 늘 듣던 나의 아버지의 음성이다. 그래서 우리네들은 책을 늘 읽어야 했고 책 읽는 것이 가장 행복한 일이었다. 그런데 지금은? TV에서는 'K팝스타' 나오지, '카톡'으로 채팅해야지, '양념치킨' 먹어야지, 책을 읽고 싶겠는가! 그들의 독서 환경은 열악하다(내가 여기서 말하는 독서란 자발적인 문학 독서를 말한다).

페나크는 "읽으라", "사랑하라", "꿈꾸라"는 말은 명령법이 먹혀들지 않는다고 했다.* 그러나 사실 더 어릴 때 나의 아들은 이런 명령법이 잘 먹혀들어갔다. "아빠, 나 외계인 봤다!" 책을 읽고 그렇게 말하는가 하면, 수건을 덮어쓰고 "나는 알리바바다!"라고 외치고, 저녁마다 장롱에 숨거나 이불을 뒤집어쓰고는 "아빠,「늑대와 일곱 마리 아기염소」읽어주세요!"라고 졸랐다. 그때 부모인 우리는 모두 좋은 교육자였고, 훌륭한 소설가였다. 그 잊을 수 없는 추억을 생각해보라. 그때 우리는 정말이지 스피노자가 한 말, "나는 사월의 과일나무처럼 그 종말이 확실치 않은 인간을 사랑한다."라는 말을 생각하며 아들과 딸의 상상에 대해 무한한 희열을 느꼈다. 한마디로 아버지는 훌륭한 이야기꾼, 엄마는 좋은 시인, 아들은 뛰어난 독자였다.

아침에 식탁 앞에 앉은 아들은 이렇게 외친다. “아빠 180쪽까지 읽었어요! 그런데 수학 숙제를 못했어요.” 믿어지지가 않는다. 정말 그 정도라도 읽었을까? 읽었다면 진정으로 즐겁게 읽었을까? 그렇다면 700페이지가 넘는 돈키호테를 진정 다 읽을 것인가? 언제까지? 그러고 수학 숙제는? 이제 우리는 생각이 많아진다. 사실 우리는 아이들의 학교를 생각하면 슬프다. 그리고 언제부턴가 독서를 권장하는 우리는 불안하다. 독서에 시간을 뺏기면 대학은 어떻게 가지? “아빠 사실 제가 학교에서 『돈키호테』를 읽고 있다면 아이들은 나를 정말로 ‘돈키호테’로 바라볼지도 몰라요.” 그 말을 듣는 순간 힘이 빠진다. 대학은 어떻게 가지? 이 아이가 독서를 한다고 하여 대학이 보장되는 것도 아닌데… 혹시 입학사정관제라도? 그러나 그게 어디 쉬운 일인가? 그런 생각이 물밀듯이 쳐들어온다. 이제는 모바일이 문제가 아니라 독서가 어디에 어떻게 쓰일 것인가, 그에 대한 고민이 나를 괴롭힌다.

사실 외계인이나 알리바바 이야기를 할 때만 해도 아이는 이런 걱정 없이 책을 읽었다. 아이들은 글을 모르던 시절에 들었던 이야기로 무한한 상상의 세계를 펼쳤는데, 지금은 현실성, 실용성이란 장벽에 부딪지고 만 것이다. 아이가 들었던 이야기 속엔 백설공주를 지켜주는 일곱 난장이가 있었고, 늑대에 잡아먹힌 형제들을 가위로 배를 잘라 구해주던 엄마 염소가 있었다. 아이는 꾸준히 책을 보았다. 가끔씩 시내 큰 서점에 가보면 아이들이 책에 푹 빠져있는 것을 본다. 그 신비한 마법의 세계 속에서 아이는 자기만의 비밀을 만들어간다. 그런데 언제부터 아이는 책읽기를 기피하게 되었다. 아이는 사춘기가 접어들면서 더 이상 책에 관심을 갖지 않는다. 대화 문장 같이 느슨한 부분도 없는 책, 새까만

깨알 같은 빼곡한 글자만 있는 책을 보면 읽을 엄두가 나지 않을 법도 하다. 책 안 읽는 우리 아이의 특징은 끝 페이지를 먼저 보는 것이다. 더군다나 700페이지도 넘는 책! "헐, 아빠, 세르반테스 이 사람은 천재에요. 어떻게 이 많은 것을 읽기도 힘든데 다 쓸 수 있었을까요?" 사실 우리 아이가 경이롭게 생각하는 것이 꼭 저자에 대한 존경만은 아니다. 그만큼 독서하기가 (양이 많아서!) 힘들다는 뜻이다.

나는 그런 아이의 아버지고 어머니고 교사다. 그러나 부탁컨대 실망하지 말 일이다. 오히려 그런 변명을 하는 것이 건강한 아이다. 헤라클레이토스는 "변화 외에 영원한 것은 없다."라고 말했다. 아이가 지금 변화된 환경에서 어떤 이유로 책을 읽게 되거나 읽지 않게 되는지를 알고 우리는 과거의 생각을 버려야 한다. 이제 더 이상 학습을 위한 독서는 권장할 만한 일이 아니다. 어느 날 아이는 이런 말을 했다. 아빠, 집은 그냥 잠자러 가는 곳이에요. 아침 8시에 등교하여 밤 10시 반에 집에 오는 아이에게 학교는 감옥, 집은 잠자는 곳일 뿐이다. 그럼에도 오늘 난 또 『돈키호테』 이야기를 한다. "상준아, 25장에서 돈키호테가 목동에게 작별을 고하고 산초는 마지못해 따라가면서 하는 말이 난 참 재밌었어." "아, 그거요. 말하고 싶어도 말도 못하게 한다고 산초가 투덜거리잖아요." "그 다음에 산초가 무슨 말을 한 줄 아니?" "기소페텐가 뭔가 왜 이솝의 이름을 잘못 말하면서, 그 우화에서처럼 하늘이 동물들에게도 말을 하게 해주었으면 좋았을 거라고… 그러면 자기 당나귀하고라도 말할 수 있었을 거라고…." "네가 학교를 감옥이라고 하니 그 장면이 제일 먼저 생각나네."** 힘든 현실을 아들은 돈키호테의 산초 판사를 떠올리며 견디는 것 같았다.

아이에게는 아이의 마음을 읽어주는 책이 필요하고, 감성적으로 책에 접근하려는 변화된 부모와 교사가 필요하다. 숫자만의 위력을 내세우는 아버지의 아이는 변하지 않는다. 어머니가 연속극과 커피만 즐기므로 아이는 변하지 않는다. 넌 책 읽어, 나는 텔레비전 볼게. 아니면 넌 공부해, 난 피곤해서 자야겠다. 이런 변화되지 않는 아버지의 행동은 아이를 변화시키지 못한다. 아이와 함께 한 번이라도 책을 사본 적이 있는가? 아이와 한번이라도『돈키호테』의 내용에 대해 느낌을 나눈 적이 있는가? 거실에 텔레비전을 치우고 서가를 만든 적이 있는가? 감성독서를 위해서는 어떻게든 부모와 교사가 아이에게 시간을 내어주어야 한다. 이제 아이는 정말로 싫어하는 말이 생겼다. "내가 책 읽어줄까?" "아뇨 됐어요. 제가 읽을게요." 시간을 잊고 정말로 다른 세계에 몰두하는 아이야말로 숫자가 아닌 말과 신비와 감성의 세계를 구축할 것이다.

주

들어가는 말

1 F. Pons, J. Lawson, P. L. Harris & M. De Rosnay, Individual Differences in children's emotion understanding: effects of age and language, Scandinavian Journal of Psychology, 44(4), 2003, pp. 347~353. T. Ruffman, L. Slade, K. Rowlandson, C. Rumsey & A. Garnham, How language relates to belief, desire and emotion understanding, Cognitive Development, 18(2), 2003, pp. 139~158.

2 LOE는 기호, 예술, 개인, 문화라는 네 영역에서 어떻게 감정이 작용하는지를 연구하는 프로젝트다.

3 Luna Beck, Gisela Klann-Delius, Michael Eid, Irina Kumschick, Cluster of Excellence, Language of Emotion, Freie Universität Berlin, Germany.

4 대니얼 골먼, 『EQ 감성 지능』, 한창호 옮김, 웅진지식하우스, 2010, 18쪽.

제1장

1 B. Fehr & J. A. Russel, Concept of emotion viewed from a prototype perspective, Journal of Experimental Psychology, 113, 464, 1984.

2 L. Schmidt-Atzert, Lehrbuch der Emotionspsychologie, Stuttgart, Berlin, Köln: Kohlhammer, 1996.을 참조하라.

3 P. R. Kleinginna & A. M. Kleinginna, A Categorized list of emotion definitions, with suggestions for a consensual definition, Motivation and Emotion, 5(4), 1981, p. 355.

4 J. Merten, Einführung in die Emotionspsychologie, Stuttgart: Kohlhammer, 2003.을 참조하였다.

5 H. Goller, Emotionspsychologie und Leib-Seele-Problem, Stuttgart: Kohlhammer, 1992, p. 25.

6 같은 책, 26쪽.

7 Merten, 같은 책, 11쪽 이하.

8 N. Eisenberg, Emotion, regulation, and moral development, Annual Review of Psychology, 51, 2000, pp. 665~687.

9 D. Ulich, J. Kienbaum & C. Volland, Empathie mit anderen entwickeln. Wie entwickelt sich Mitgefühl? In: M. von Salisch (Hrsg.), Emotionale Kompetenz entwickeln. Grundlagen in Kindheit und Jugend (pp. 111~113), Stuttgart: Kohlhammer, 2002.

10 S. A. Denham, Emotional Development in Young Children, New York: Guilford Press, 1998.

11 수전 그린필드, 『브레인 스토리』, 정병선 옮김, 지호, 2006. 174쪽과 177쪽에서 따왔다.

12 P. Ekman, An argument for basic emotions, Cognition and Emotion, 6 (3/4), 2169-2200, 1992, p. 175.

13 McDougall, An Introduction to social psychology(31.ed.), London: Methuen, 1908/1960(초판은 1908년에 출판됨).

14 로마 제정 시대의 그리스 스토아학파 철학자. 50?-138? A.C.E.

15 데이비드 J. 린든, 『우연한 마음』(원제: The Accidental Mind), 김한영 옮김, 도서출판 마루벌, 2009, 103쪽 이하.

16 같은 책, 110쪽.

17 길버트 라일, 『마음의 개념』, 이한우 옮김, 문예출판사, 1994.

18 존 가트맨 · 최성애, 『내 아이를 위한 감정코칭』, 한국경제신문사, 2011, 303쪽 이하.

19 이호철, 『학대받는 아이들』, 보리, 2004, 19~20쪽.

20 Maria von Salisch(Hrsg.), ibid. pp. 3~4. 필자의 번역.

21 존 브래드쇼, 『상처받은 내면 아이 치유』(원제: John Bradshow, Home Coming: Reclaiming and Championing Your Inner Child), 오제은 옮김, 학지사, 2004, 29~30쪽.

22 토마스 홉스, 『리바이어던』, 최공웅 · 최진원 옮김, 동서문화사, 2009, 17~18쪽.

23 최현석, 『인간의 모든 감각』, 서해문집, 2009, 252쪽 이하를 참조하라.
24 파트리크 쥐스킨트, 『향수, 어느 살인자의 이야기』, 강명순 옮김, 열린책들, 1998, 31쪽.
25 다이앤 애커먼, 『감각의 박물학』, 백영미 옮김, 작가정신, 2004, 8쪽을 참조하라.
26 같은 책, 15쪽.
27 같은 책, 31~32쪽에서 인용.
28 귀스타브 플로베르, 『마담 보바리』, 김화영 옮김, 민음사, 2000, 213~214쪽.(이하 『마담 보바리』)
29 다이앤 애커먼, 같은 책, 185쪽을 참조하라.
30 최현석, 같은 책, 274쪽에서 참조하였다.
31 마르셀 프루스트, 『잃어버린 시간을 찾아서』 스완네 집 쪽으로, 김창석 옮김, 국일미디어, 1998, 65~67쪽.
32 윌리엄 셰익스피어, 『로미오와 줄리엣』, 최종철 옮김, 민음사, 2008, 106~107쪽.
33 『마담 보바리』, 149~150쪽.

제2장

1 『마담 보바리』, 236쪽.
2 한스 로베르트 야우스, 『도전으로서의 문학사』, 장영태 역, 문학과지성사, 1983, 214쪽을 참조하라.
3 『마담 보바리』, 236~237쪽.
4 요한 볼프강 폰 괴테, 『젊은 베르테르의 슬픔』, 박찬기 옮김, 민음사, 2004, 116~120쪽.
5 최현석, 같은 책, 114쪽.
6 대니얼 골먼, 『EQ 감성 지능』, 한창호 옮김, 웅진지식하우스, 2010, 45쪽.
7 로버트 뉴턴 팩, 『돼지가 한 마리도 죽지 않던 날』, 김옥수 옮김, 사계절, 2001, 180~181쪽.
8 생텍쥐페리, 『어린 왕자』, 오증자 옮김, 고려원, 2000, 93쪽.
9 대니얼 골먼, 같은 책, 131쪽.
10 르네 고시니 · 장자크 상페, 『꼬마 니콜라』, 신선영 옮김, 문학동네, 1999, 88쪽

이하.

11 대니얼 골먼, 같은 책, 134쪽.

12 르네 고시니 · 장자크 상페, 『꼬마 니콜라』, 신선영 옮김, 문학동네, 1999, 190~191쪽.

13 대니얼 골먼, 같은 책, 204쪽에서 인용.

14 Paul Ekman and Wallace Friesen, Unmasking the Face, Englewood Cliffs, NJ: Prentice Hall, 1975.

15 수전 그린필드, 『브레인 스토리』, 정병선 옮김, 지호, 2006, 195쪽.

16 수전 그린필드와 다마지오 사이의 '카드 실험'을 참조하라. 같은 책, 195쪽 이하.

17 같은 책, 196~197쪽.

18 박완서, 『너무도 쓸쓸한 당신』, 창비, 2004, 146~147쪽.

19 글렌 링트베드 · 샬로테 파르디, 『오래 슬퍼하지 마』, 안미란 옮김, 느림보, 2008.

20 Marshall B. Rosenberg, Nonviolent Communication, Vaigari Publications, 2003.

21 Marshall B. Rosenberg, 같은 책, p. 132.

22 대니얼 골먼, 같은 책, 123~124쪽.

23 최현석, 같은 책, 114쪽 이하를 참조하라.

24 치료가 진행되면서 환자는 정신 치료자에게 과거 어린 시절에 자기가 중요하게 생각했던 사람들에게 느꼈던 감정들을 다시 경험하는 독특한 과정을 겪게 되는데 이것을 전이(transference) 감정이라 한다. 그런데 때로는 촉진자 스스로도 전이를 하는 경우가 있다. 지그문트 프로이트, 『정신분석 강의』, 열린책들(프로이트 전집 2권), 1998, 609~633쪽을 참조하라. 특히 625쪽 이하를 보라.

25 앤터니 브라운, 『겁쟁이 빌리』, 김경미 옮김, 비룡소, 2006.

26 Monika Wertfein, Emotionale Entwicklung und Elterliche Förderung, Im Vor- und Grundschulalter, VDM Verlag Dr. Müller e.K. und Lizenzgeber, Saarbrücken, 2007, 85쪽을 참조하라.

27 H. G. Ginott, Between Parent and Child. New Colution to Old Problems(14. ed.), New York: The Macmillian Company, 1968. p. 22.

28 헨릭 입센, 『인형의 집』, 안미란 역, 민음사, 2010, 136쪽(제3막 5장).

29 J. M. Gottman, L. F. Katz & C. Hooven, Meta-Emotion: How families

communicate emotionally, Mahwah, NJ: Lawrence Erlbaum, 1997.을 참조하라.

30 2011년 9월 13일 자 이민아 목사의 인터뷰에서 가져온 내용이다. 그녀는 이어령 전 문화부 장관의 딸로서 암을 극복하고 자신의 아버지를 기독교로 개종하게 한 장본인이다. 이 책이 완성되기 몇 달 전에 이민아 목사가 소천을 했다. 필자로서 안타까운 마음을 금할 길 없다.

31 Gottman, 같은 곳, 그리고 가트맨, 최성애, 조벽, 같은 책, 101쪽 이하도 비교하라.

32 J. M. Gottman, L. F. Katz & C. Hooven, Parental meta-emotion philosophy and the emotional life of families: Theoretical models and preliminary data, Journal of Family Psychology, 10(3), 1996. p. 245.

33 S. Denham, M. Cook & D. Zoller, "Baby looks very sad": Implications of conversations about feelings between mother and preschooler, British Journal of Developmental Psychology, 10, 1992. pp. 301~315.

34 D. Wood, J. S. Bruner & G. Ross, The role of tutoring in problem solving, Journal of Child Psychology and Psychiatry, 17, 1976, pp. 89~100.

35 크리스틴 카터, 『아이의 행복 키우기』(원제: Raising Happiness), 이나경 옮김, 도서출판 물푸레, 2010, 172쪽을 참고하여 작성했음을 밝힌다.

36 미하엘 엔데 · 베른하르트 오버디에크, 『렝켄의 비밀』, 미하엘 엔데 동화전집 1, 유혜자 옮김, 보물창고, 2004, 77~120쪽. 미하엘 엔데 · 진드라 차페크, 『마법의 설탕 두 조각』, 유혜자 옮김, 한길사, 2005.에 나오는 이야기를 필자가 요약하였다.

37 같은 책, 112쪽.

38 같은 책, 113쪽.

39 가트맨, 최성애, 조벽, 같은 책, 173쪽 이하.

제3장

1 Werner Graf, Lesegenese in Kindheit und Jugend. Einführung in die literarische Sozialisation, Schneider Verlag, Hohengehren, 2010, p. 175.

2 Daniel Pennac, Wie ein Roman, Köln: Kiepenheuer & Witsch, 1994.를 참조하라. 한국어 번역본: 다니엘 페나크, 『소설처럼』, 이영임 역, 문학과지성사, 2004.

3 저자 번역, 에리히 캐스트너 · 호르스트 렘케, 『이발소의 돼지』, 이서정 옮김, 시공주니어, 1995, 15~17쪽도 참조하라.

4 Juliane Köster, Von der Lebenswelt zur Literatur. Zu Erich Kästner "Fauler Zauber". In: Clemens Kammler(Hg.), Literarische Kompetenzen - Standards im Literaturunterricht. Modelle für die Promar - und Sekundarstufe, Klett/Kallmeyer, Seelze, 2006, 50~62쪽을 참조하여 응용하였다.

5 Anja Saupe, Epische Texte und ihre Didaktik, In: Günter Lange/Swantje Weinhold(Hg.), Grundlagen der Deutschdidaktik. Baltmannsweiler: Schneider, 2005, pp. 248~272. 여기서는 262쪽.

6 Ernst Nündel, Werner Schlotthaus, Angenommen: Agamemnon. Wie Lehrer mit Texten umgehen. Urban & Schwarzenberg, München/Wien/Baltimore, 1978.

7 Helmut Eggert, Werner Graf, Lektüreautobiographie als Gegenstand und Methode in der Lehrerausbildung, In: Mitteilungen des Deutschen Germanistenverbandes, H.2, 1993. p. 40.

8 Norman Holland, The Dynamics of Literary Response, New York, 1968, pp. XIII~XV.

9 미하일 엔데, 『마법의 설탕 두 조각』, 2005, 5~6쪽.

10 물론 그와 동질적이거나 유사한 경험이 아니라 유추적인 경험을 말한다.

11 Wolfgang Iser, Der Akt des Lesens, Wilhelm Fink Verlag, München, 1976, p. 69.

12 Norman Holland, The Dynamics of Literary Response, New York, 1968, p. 334.

13 윌리엄 셰익스피어, 『리어왕』, 최종철 옮김, 민음사, 1997, 39쪽.

14 Wolfgang Iser, The Act of Reading, A Theory of Aesthetic Response, The Johns Hopkins University Press, Baltimore and London, 1978, p. 38.

15 같은 곳.

16 볼프강 이저, 『독서행위』, 이유선 옮김, 신원문화사, 1993, 82쪽. 번역은 저자에 의한 것임.

17 Wolfgang Iser, ibid., p. 38.

18 움베르토 에코, 『이야기 속의 독자』, 김운찬 옮김, 열린책들, 1996, 84쪽.

19 Ulf Abraham, Matthis Kepser, Literaturdidaktik Deutsch. Eine Einführung, Berlin, 2009, 219쪽을 참조하라.

20 움베르토 에코, 같은 책, 특히 89쪽 이하를 보라.

21 에코의 번역자는 "빈공간"이라고 번역하고 있다. 움베르토 에코, 같은 책을 보라.

22 움베르토 에코, 같은 책, 5쪽.

23 움베르토 에코, 같은 책, 80쪽.

24 Reiner Kunze, Fünfzehn, In: Die wunderbaren Jahre, S. Fischer, Frankfurt a.M., 1976, S. 27~29.

25 Swantje Ehlers, Lesen als Verstehen, Langenscheidt, Berlin u.a.m., 1992, p. 10~11.

26 Wolfgang Iser, Der Akt des Lesens, München, 1984, p. 284 ff.

27 메를로-퐁티, 『현상학과 예술』, 오병남 옮김, 서광사, 1983, 115~116쪽.

28 Johann Wolfgang von Goethe, Die Leiden des jungen Werther, Goethes Werke Bd. VI, München, 1982, p. 7.

29 "모든 것을 알고 있는 서술자의 관점에서 이야기하는 서사 구조", 김병옥, 『도이치문학 용어사전』, 서울대학교출판부, 2001, 187쪽.

30 "어긋난 배열을 통하여 이루어진 비정상적인 구문". 김병옥, 같은 책, 217쪽.

31 Arnold Gehlen, Urmensch und Spätkultur, Wiesbaden, 1986, pp. 136.

32 변학수, 『프로이트 프리즘』, 책세상, 2003, 25쪽을 참조하라.

33 Gotthold Ephraim Lessing, Werke, hrsg. von Herbert G. Göpfert, Bd. VI, München, 1974, p. 576 und 578.

34 Theodor A. Meyer, Das Stilgesetz der Poesie. Mit einem Vorwort von Wolfgang Iser, Frankfurt a.M., 1990, p. 49 und 72.

35 Roman Ingarden, Das literarische Kunstwerk(1931), 4., unveränderte Aufl. Tübingen 1972, S. 266. 여기서는 Wolfgang Iser, Der Akt des Lesens. Theorie ästhetischer Wirkung, München, 1984, p. 268에서 재인용.

36 Roman Ingarden, 같은 곳, pp. 261. und 353.

37 Wolfgang Iser, Der Akt des Lesens, 2. Aufl., München, 1984, S. 267, Appelstruktur, p. 228.

38 Vgl. den Brief vom 24.7. im ersten und vom 20.2. im zweiten Teil.

39 Vgl. Walter Homberg, Karlheinz Rossbacher, Christoph Meckels, Der Zünd und seine Leser. In: Helmut Kreuzer Reinhold, Viehoff (Hg.), Literaturwissenschaft und empirische Methoden (LiLi, Beiheft 12), Göttingen,

1981, p. 285~306(여기서는 295).

40 Johann Wolfgang von Goethe, 같은 곳. p. 19.

41 영어 번역본에는 "자체로 존재할 수 없는 현실은 상상이라는 수단을 통하여 존재로 편입될 수 있어서"라고 좀 더 구체적으로 번역되어 있다.

42 Wolfgang Iser, Der Akt des Lesens, 2. Aufl., München, 1984, p. 66.

43 롤랑 바르트, 『텍스트의 즐거움』, 김희영 옮김, 동문선, 2002, 57쪽.

44 Wolfgang Iser, Appelstruktur, p. 237.

45 이런 종류는 모두 텍스트 내재적인 여백이라고 할 수 있다. 텍스트 외재적인 여백도 많지만 그것은 문헌학이나 문학사에서 다룰 일이니만큼 여기서는 언급하지 않을 것이다.

46 Jurij M. Lotman, Die Struktur literarischer Texte, München, 1986, p. 144~146.

47 미셸 푸코, 『지식의 고고학』, 이정우 옮김, 민음사, 1998. 173~174쪽.

48 Wolfgang Iser, Der Akt des lesens, p. 265.

49 미하엘 엔데, 『모모』, 한미희 옮김, 비룡소, 1999, 14쪽.

50 Roman Ingarden, Erlebnis, Kunswerk und Wert, Tübingen, 1969, 21~27쪽, 여기서는 Wolfgang Iser, Der Akt des Lesens, 번역본 279쪽.

51 비교점, 유사점, 상응점, 비교의 준거 등으로 번역되기도 한다.

52 Swantje Ehlers, ibid., p. 10~11. 아래에 제시한 예들은 엘레스 텍스트에서 차용해 온 것임을 밝힌다.

53 가다머는 선입견을 전혀 부정적인 것으로만 인식하고 있지 않다. Hans Georg Gadamer, Wahrheit und Methode, Grundzüge einer philosophischen Hermeneutik, Tübingen, 1986, 275쪽 이하를 참조하라.

54 볼프강 이저, 『독서 행위』, 323쪽.

55 롤랑 바르트, 같은 책, 8~9쪽.

제4장

1 내가 여기서 사용하는 개념은 볼프강 이저(Wolfgang Iser)가 독서과정에서 독서의 내용을 구체화하는 내포독자(der implizite Leser, the implied reader) 개념을 토대로 한 것인데, 이 내포독자가 독서과정에서 수행하는 최대한, 다시 말

해 작가/작품이 구상한(여백까지 포함한) 의미를 가정한 초월적 독자를 말한다.

2 대니얼 골먼, 같은 책, 40쪽 아래를 참조하라.

3 알베르토 망구엘, 『독서의 역사』, 정명진 옮김, 세종서적, 2000, 34쪽.

4 같은 책, 98쪽 이하.

5 로버트 루트번스타인 · 미셸 루트번스타인, 『생각의 탄생』, 박종성 옮김, 에코의 서재, 2007, 102쪽 참조.

6 「중앙일보」, 2010년 5월 1일 자 보도.

7 Marcel Proust, A la Recherche du Temps perdu, 마르셀 프루스트, 『잃어버린 시간을 찾아서』 제2권, 김창석 옮김, 국일미디어, 1998, 56쪽 이하.

8 상징화란 어렴풋한 전의식, 의식의 경계, 지금-여기에서의 정서를 상징적 형상으로 표현하는 것을 말한다. 이를테면 음악을 듣고 몸동작으로 표현하든가, 시를 듣고 그림을 그리는 작업, 이야기를 듣고 시를 쓰기 등이 여기에 속한다. 탈상징화란 상징화된 그림이나 소설의 내용, 몸의 표현 등에 얽힌 기억과 이미지를 독자의 삶에서 찾는 경우를 말한다.

9 루이즈 로젠블랫, 『탐구로서의 문학』, 김혜리 · 엄해영 옮김, 한국문화사, 2006, 27쪽.

10 이 이야기는 『출판저널』 2009년 1월호에 게재된 서울 오륜중학교 정미선 선생님의 이야기다.

11 같은 곳.

12 참여자들이 상상을 할 수 있을 정도로 천천히 두 번 정도 읽어준다.

13 김춘수, 『김춘수 시 전집』, 현대문학, 2004, 223쪽.

14 변학수, 『문학적 기억의 탄생』, 열린책들, 2009, 199~200쪽에 기술한 오정희 소설과 프루스트의 『잃어버린 시간을 찾아서』에 나오는 몸의 기억을 참조하라.

15 변학수, 『문학 치료』, 학지사, 2007, 97쪽, 108쪽, 186쪽 이하를 참조하라. 그리고 변학수, 『통합적 문학 치료』, 학지사, 2006, 68쪽 이하를 참조하라.

16 Samuel Taylor Coleridge, Biographia Literaria, ed. by H. J. Jackson, Oxford, 1985(origin. 1817), p. 314. 워즈워스에 대한 논평에서 그가 한 유명한 말을 직접 살펴보면 다음과 같다. "yet so as to transfer from our inward nature a human interest and a semblance of truth sufficient to procure for these shadows of imagination that willing suspension of disbelief for the moment, which constitutes poetic faith."

17 『독서 치료』라는 책에서 저자들은 이에 대해 "목욕에 대한 자신의 태도를 바꿀 수 있는 계기를 만들어줄 수 있을 것이다."라는 다소 우스꽝스런 의견을 제시하고 있다. 동일시와 일치는 다른 개념이다. 이 책에서 동일시는 '목욕' 자체가 아니라 오히려 '가족과 같이 되지 못하는 것'(소외)이다. 한국어린이문학교육학회 독서 치료 연구회 편, 『독서 치료』, 학지사, 2003, 125쪽을 보라.

18 권정생, 『권정생 이야기』, 한걸음, 2002.

19 윤동주, 『윤동주 전집 하늘과 바람과 별과 시』, 연세대학교 출판부, 2004, 46쪽.

20 이것은 나의 저서 『문학 치료』, 학지사, 2005.에서 많이 인용해 둔 바 있다.

21 이 점에 대해서는 나의 저서 『문학 치료』 독서 행위 부분을 참조하라.

22 Sigmund Freud, Ratschläge für den Arzt bei der psychoanalytischen Behandlung[1912]. In: Gesammelte Werke - Chronologisch geordnet, Bd. VIII: Werke aus den Jahren 1909 – 1913, Frankfurt a.M., 1999, pp. 376. hier p. 378.

23 Sigmund Freud, Ratschläge für den Arzt bei der psychoanalytischen Behandlung[1912]. Studienausgabe, Ergänzungsband, S. Fischer, Frankfurt am Main, Sondersaugabe, 2000, pp. 175~176.을 참조하라.

24 변학수, 『문학치료』, 2판, 2007, 47~92쪽을 참조하라.

25 Hilarion Petzold, Integration und Kreation. Modelle und Konzepte der Integrativen Therapie, Agogik und Arbeit mit Kreativen Medien, Bd.2, Paderborn, 1993, p. 559.

26 한국도서관협회의 「국민 독서 문화 진흥을 위한 독서 서지 정보 시스템 개발」, 최종 보고서, 1999.를 예로 들 수 있다. 그 외에도 부산대 김성근 교수가 기획·감수한 『독서 치료 연구』 시리즈(도서출판 한울, 2004.)를 들 수 있다. 1. 신주영: 독서 치료와 도서관의 역할, 2. 송영임: 독서 치료와 공공 도서관 서비스, 3. 김민주: 어린이의 상한 마음을 돌보기 위한 독서 치료, 4. 김경숙: 성인 아이 문제와 독서 치료, 5. 김수진: 대학생의 '문제 음주'와 독서 치료.

27 잭슨 같은 이들은 참여자의 내면적 상황을 고려하지 않고 책을 사용할 경우 위험할 수 있음을 경고했고(E. P. Jackson, Bibliotherapy and Reading Guidance: A Tentative to Theory. In: Library Trends, October 1962, 11(2), p. 122.), 메닝거는 참여자가 책 속에서 만나는 인물과 동일시함으로써 경우에 따라서는 "자신의 무의식적 또는 자기 파괴적 욕망을 만나도록 하기 위해 구상한 생각들을 왜곡할 수 있다."(W. C. Menninger, Bibliotherapy. In: Bulletin of the

Menninger Clinic, November 1937, 1(8), p. 266.)라고 했으며, 알스톤은 "잘못된 희망과 기대를 불러 일으켜 환자가 용기를 잃거나 우울증적 경향에 직면하게 될지도 모른다."(E. F. Alston, Bibliotherapy and Psychotherapy. In Library Trends, Oktober 1962, 11(2), p. 169.)라고 말하고 있다.

28 J. S. Zaccaria, H. A. Moses & J. S. Hollowell, Bibliotherapy in Rehabilitation, Educational, and Mental Health Settings: Theory, Research, and Practice. Champaign, IL: Stipes 1978, iv.

29 J. S. Zaccaria, H. A. Moses & J. S. Hollowell, ibid., p.96.

30 S. R. Sauber, Prior Structure Versus Ambiguity as a Therapeutic Variable. In: International Journal of Social Psychiatry 1973, 19, 166~172.

31 R. E. Glasgow, G. M. Rosen, Behavioral Bibliotherapy: A Review of Self-Help Behavior Therapy Manuals. In: Psychological Bulletin, January 1978, 85(1), 1~23.

32 R. L. Darling, Mental Hygiene and Books. Bibliotherapy as Used with Children and Adolescents. In: Wilson Library Bulletin, December 1957, 32, 293~296.

33 D. M. Fogle, Art and Poetry Therapy Combined with Talking Therapy with a Family of Four in an Outpatient Clinic. In: Arts in Psychotherapy 1980, p. 27.

34 A. M. Hynes & M. Hynes-Berry, Bibliotherapy - The Interactive Process: A Handbook. Boulder, CO: Westview 1986, p. 11.

35 L. Burt, Bibliotherapy. Effects of Group Reading and Discussion on Attitudes of Adult Inmates in Two Correctional Instituions. Ph.D. Dissertation, University of Wisconsin-Madison, 1972.

36 Shrodes, C., ibid., p. 77.

37 A. M. Hynes & M. Hynes-Berry, ibid., p. 44. 아울러 필자가 쓴『문학 치료』초판(학지사, 2005.) 24~25쪽을 보라. 그곳에서 필자는 독서 치료의 독서 행위를 금을 제련하는 기술 '아말감법'에 비유하고 있다.

38 실제 촉진과정에서 참여자나 촉진자가 피드백을 할 경우, "정말 마음에 와 닿는다."라는 말을 종종 듣는데 이는 다른 사람이 들려주는 이야기가 자신의 경험을 분명히 환기시키는 경우에 쓴다. 결국 이 말은 감동했다는 뜻으로 받아들일 수 있다. 문학의 경우 능동 이미지(imagines agentes)가 있는 텍스트가 감

동을 준다.

39 독자 반응에 대해서는 다음의 책들을 참조하라. N. N. Holland, Five Readers Reading. New Haven: Yale University 1975. L. M. Rosenblatt, Literature as Exfloration. New York: MLA[3] 1976. L. M. Rosenblatt, The Reader, the Text, the Poem. Cardondale, IL: Southern Illinois University 1978. C. Shrodes, Bibliotherapy, ibid. 1949. W. Iser, Der Akt des Lesens, Wilhelm Fink Verlag, München, 1976.

40 Hynes & Hynes-Berry, ibid., pp. 44~45.

41 Hynes & Hynes-Berry, ibid., p. 55.

42 Hynes & Hynes-Berry, ibid., p. 43.

43 이하 같은 책 44쪽에서 50쪽을 참조하라.

44 Hynes & Hynes-Berry, ibid., p. 48.

45 G. Berg-Cross & L. Berg-Cross, Bibliotherapy for Young Children. In: Journal of Clinical Child Psychology, Fall 1976, 5(2), 35~38, 70.

46 홀랜드의 정신분석적 독서 행위에 대한 이저의 비판은 그가 무의식과 저항이라는 것을 무시한 데 있다. 이 부분에 대해서는 Wolfgang Iser, Der Akt des Lesens, pp. 67~77.을(번역본: 『독서 행위』, 1993, 83쪽에서 93쪽) 참조하라.

47 A. Ellis, Rational-Emotive Therapy. In: Corsini, R.J.(Ed.): Current Psychotherapies. Itasca, IL: F.E. Peacock 1979, p.186.

48 좋은 예로는 제임스 페니베이커, 『글쓰기 치료』, 이봉희 역, 학지사, 2006, 196~198쪽에서 읽어볼 수 있다. 페니베이커는 네 가지 각각 다른 트라우마 사례를 제시하고 참여자들에게 자기의 문제와는 가장 거리가 먼 것을 골라 자기의 이야기를 쓰라고 제시한다. 탁월한 방법이다.

49 참여자들이 상상을 할 수 있을 정도로 천천히 두 번 정도 읽어준다.

50 김기택, 『소』, 문학과지성사, 2005.

51 G. B. Morris, Personality Change Through Bibliotherapy. In: Western Psychologist 1973, 4(3), p. 61~71.

52 Morris, ibid., p. 65.

53 Morris, ibid., p. 70.

54 Morris, ibid., p. 66.

55 Morris, ibid., p. 69.

56 G. Berg-Cross & L. Berg-Cross, Bibliotherapy for Young Children. In: Journal of Clinical Child Psychology, Fall 1976, 5(2), 35~38, 70.

57 W. Overdick, Soll man kranken Kindern Büchern "verabreichen"? Bericht über das Seminar "Kranke Kinder brauchen Bücher - Die bibliothekarische Arbeit in Kinderkliniken". In: Kranke Kinder brauchen Bücher. Die Aktion "Das fröhliche Krankenzimmer" Jahresbericht - Diskussion - Buchempfehlungsliste. München, 1982, pp. 38~40.

58 F. Fisher, Influence of Reading and discussion on Attitudes of Fifth Graders Towrd American Indians. In: Journal of Educational Research, November 1968, 62, 130~134.

59 L. Berg-Cross & G. Berg-Cross, Listening to Stories May Change Children's Social Attitudes. In: Reading Teacher, March 1978, 31(6), 659~663.

제5장

1 Carolyn Saarni, Die Entwicklung von emotionaler Kompetenz in Beziehungen. In: Maria von Salisch (Hrsg.), Emotionale Kompetenz entwickeln. Grundlagen in KIndheit und Jugend, Kohlhammer, Stuttgart, 2002, pp. 3~30.

2 존 버닝햄, 『존 버닝햄-나의 그림책 이야기』, 엄혜숙 옮김, 비룡소, 2006, 182~185쪽.

3 도나 조 나폴리, 『로베르토』, 김민석 옮김, 풀빛, 2007, 136~141쪽.

4 Robert Levenson, "Can We Control Our Emotions, and How Does Such Control Change and Emotional Episode?" in Richard Davidson and Paul Ekman, eds., Fundamental Questions About Emotions, Oxford University Press, New York, 1995.

5 『마담 보바리』, 제2부 12장, 275~276쪽.

6 김언희, 『요즘 우울하십니까?』, 문학동네, 2011, 49쪽.

7 고등학교 교과서 『음악과 사회』, 광주광역시 교육청 편, 2012, 35쪽에서 인용.

제6장

1 M. Shiryon, Literatherapy: Theory and application. In: R. J. Rubin(Ed.), Bibliotherapy Sourcebook, AZ: Oryx Press, 1978.
2 변학수, 『통합적 문학 치료』, 학지사, 2006.
3 박완서, 『그 여자네 집』, 문학동네, 2006.
4 E. F. Alston, Bibliotherapy and Psychotherapy, In: R. J. Rubin, Bibliotherapy Sourcebook, AZ: Oryx Press, 1978.을 참조하라.
5 J. S. Zaccaria & H. A. Moses, Facilitating human development through reading; The use of bibliotherapy inteaching and counseling(1968). In: M. T. Moody & H. K. Limper, Bibliotheray: Methods and Materials. Chicago: American Library Association, 1971.을 참조하라.
6 일연, 『삼국유사』, 김원중 옮김, 유숙자 역, 민음사, 2007, 222~223쪽에서 인용.
7 프로이트가 말하듯 6세 이전에 대부분 이런 과정들이 급속하게 진행된다. 다만 변연계를 조절하는 전전두엽은 25세의 성인이 되기까지 차츰 완성되어 나간다.
8 Herbert Uerlings, Literaturwissenschaft und Poesietherapie, in: Hilarion Petzold, Ilse Orth(Hrsg.), Poesie und Therapie, Paderborn, 1995, p. 201.
9 Jürgen Kreft, Grundprobleme der Literaturdidaktik. Eine Fachdidaktik im Konzept sozialer und individueller Entwicklung und Geschichte, 2., verb. Aufl. Heidelberg, 1982.
10 Murphy, ibid., 1973, p. 13.
11 Petzold, Poesie und Therapie, ibid., p. 39.
12 패트리샤 폴라코, 『선생님, 우리 선생님』, 최순희 옮김, 시공주니어, 2006.

제7장

1 미하엘 엔데, 『모모』, 한미희 옮김, 비룡소, 1999, 49쪽 이하.
2 같은 책, 50쪽.
3 윌리엄 셰익스피어, 『햄릿』, 최종철 옮김, 민음사, 2004, 44~45쪽.

4 에리히 프롬, 『소유냐 존재냐』, 차경아 옮김, 까치글방, 2000, 57쪽.
5 「중앙일보」, 인터넷판 연재 48회.
6 가와바타 야스나리, 『설국』, 유숙자 역, 민음사, 2004, 10쪽.
7 황석영, 『바리데기』, 창비, 2007, 84~85쪽.
8 게일 헤일리, 『이야기 이야기』, 엄혜숙 옮김, 보림출판사, 2003.
9 일연, 『삼국유사』, 김원중 옮김, 민음사, 2007, 550~557쪽.
10 잠바티스타 비코, 『새로운 학문』, 이원두 옮김, 동문선, 1997, 339쪽.
11 몰리 뱅, 『쏘피가 화나면』, 이은화 옮김, 케이유니버스(주), 2006.

에필로그

* 다니엘 페나크, 『소설처럼』, 이정임 옮김, 문학과지성사, 2006, 15쪽.
** 미겔 데 세르반테스, 『돈키호테』, 박철 옮김, 시공사, 2009, 310쪽 이하를 참조하라.

참고문헌

가와바타 야스나리, 설국, 유숙자 옮김, 민음사, 2004.

귀스타브 플로베르, 마담 보바리, 김화영 옮김, 민음사, 2000.

글렌 링트베드 글, 샬로테 파르디 그림, 오래 슬퍼하지 마, 안미란 옮김, 느림보, 2008.

김병옥, 도이치문학 용어사전, 서울대학교출판부, 2001.

김정규, 게슈탈트 심리치료, 학지사, 2005.

노드롭 프라이, 비평의 해부, 임철규 옮김, 한길사, 1993.

다니엘 페나크, 소설처럼, 이영임 옮김, 문학과지성사, 2004.

다이앤 에커먼, 감각의 박물학, 백영미 옮김, 작가정신, 2004.

대니얼 골먼, EQ 감성지능, 한창호 옮김, 웅진지식하우스, 2010.

데이비드 J. 린든, 우연한 마음, 김한영 옮김, 도서출판 마루벌, 2009.

도널드 위니캇, 성숙과정과 촉진적 환경, 이재훈 옮김, 한국심리치료연구소, 2000.

로버트 뉴턴 팩, 돼지가 한 마리도 죽지 않던 날, 김옥수 옮김, 사계절, 2001.

로버트 루트번스타인, 미셸 루트번스타인, 생각의 탄생, 박종성 옮김, 에코의 서재, 2007.

로버트 루트번스타인, 생각의 탄생, 박종성 옮김, 에코의 서재, 2007.

롤랑 바르트, 텍스트의 즐거움, 김희영 옮김, 동문선, 2002.

루이스 M. 로젠블랫, 독자, 텍스트, 시, 김혜리 · 엄해영 옮김, 한국문화사, 2008.

루이스 M. 로젠블랫, 탐구로서의 문학, 김혜리 · 엄해영 옮김, 한국문화사, 2006.

르네 고니시 글, 장 자크 상페 그림, 꼬마 니콜라, 신선영 옮김, 문학동네, 1999.

마르셀 프루스트, 잃어버린 시간을 찾아서, 김창석 옮김, 제2권, 국일미디어, 1998.

모리스 메를로-퐁티, 현상학과 예술, 오병남 옮김, 서광사, 1983.

미겔 데 세르반테스, 돈키호테, 박철 옮김, 시공사, 2009.

미셸 푸코, 지식의 고고학, 이정우 옮김, 민음사, 1998.

미하엘 엔데, 렝켄의 비밀, 미하엘 엔데 동화전집 1, 유혜자 옮김, 보물창고, 2004.
미하엘 엔데, 진드라 차페크, 마법의 설탕 두 조각, 유혜자 옮김, 한길사, 2005,
박완서, 너무도 쓸쓸한 당신, 창비, 2004.
변학수, 내면의 수사학, 경북대학교출판부, 2008.
변학수, 문학적 기억의 탄생, 열린책들, 2008.
변학수, 문학 치료(개정판), 학지사, 2007.
변학수, 통합적 문학치료, 학지사, 2006.
수전 그린필드, 브레인 스토리, 정병선 옮김, 지호, 2006.
알라이다 아스만, 기억의 공간: 문화적 기억의 형식과 변천(개정판), 변학수 · 채연숙 옮김, 그린비, 2011.
알베르토 망구엘, 정명진 옮김, 독서의 역사, 세종서적, 2000.
앤터니 브라운, 겁쟁이 빌리, 김경미 옮김, 비룡소, 2006.
에른스트 곰브리치, 예술과 환영, 차미례 옮김, 열화당, 2003.
에리히 캐스트너, 이발소의 돼지, 이서정 옮김, 시공주니어, 1995.
에리히 프롬, 소유냐 존재냐, 차경아 옮김, 까치글방, 2000.
에즈먼드 R. 렁, 병리학의 역사, 유은실 옮김, 울산대학교출판부, 1997.
오스카 브르니피에, 감정이란 무엇일까, 녹색지팡이, 2005.
요한 볼프강 폰 괴테, 젊은 베르테르의 슬픔, 박찬기 옮김, 민음사, 2004.
움베르토 에코, 이야기 속의 독자, 김운찬 옮김, 열린책들, 1996.
윌리엄 셰익스피어, 햄릿, 최종철 옮김, 민음사, 2004.
유종호, 미메시스와 카타르시스, 유종호 전집 4(문학이란 무엇인가), 민음사, 1996.
이영돈, KBS 특별기획 다큐멘터리 마음, 예담, 2006.
이호철, 학대받는 아이들, 보리, 2004.
일연, 삼국유사, 김원중 옮김, 민음사, 2007.
잠바티스타 비코, 새로운 학문, 이원두 옮김, 동문선, 1997.
조수철, 소아정신약물학, 서울대학교출판부, 2000.
존 가트맨, 최성애, 조벽, 내 아이를 위한 감정코칭, 한국경제신문, 2011.
존 브래드쇼, 상처받은 내면아이 치유, 학지사, 2004.

지그문트 프로이트, 무의식에 관하여, 윤희기 옮김, 열린책들, 1997.

지그문트 프로이트, 억압, 증후 그리고 불안, 프로이트 전집 12, 열린책들, 1998.

지그문트 프로이트, 정신분석 강의(프로이트 전집 2권), 열린책들, 1998.

지그문트 프로이트, 정신분석학 입문, 서석연 옮김, 범우사, 1999.

최현석, 인간의 모든 감각, 서해문집, 2009.

최현석, 인간의 모든 감정, 서해문집, 2011.

크리스틴 카터, 아이의 행복 키우기, 이나경 옮김, 도서출판 물푸레, 2010.

토마스 홉스, 리바이어던, 최공웅, 최진원 옮김, 동서문화사, 2009.

파트리크 쥐스킨트, 향수, 강명순 옮김, 열린책들, 1998.

프레드릭 S. 펄즈, 게슈탈트 치료-이론과 실제, 우재현 · 정덕규 옮김, 정암서원, 1994.

하랄트 바인리히, 망각의 강 레테, 백설자 옮김, 문학동네, 2004.

한스 로베르트 야우스, 도전으로서의 문학사, 장영태 옮김, 문학과지성사, 1983.

헨릭 입센, 인형의 집, 안미란 옮김, 민음사, 2010.

황석영, 바리데기, 창비, 2007.

Abraham, Ulf/Kepser, Matthis, Literaturdidaktik Deutsch. Eine Einführung, Erich Schmidt Verlag, Berlin, 2009.

Alston, E., Bibliotherapy And Psychotherapy, Library Trends, 1962, Vol.11, 159-176.

Berg-Cross, G. & Berg-Cross, L., Bibliotherapy for Young Children. In: Journal of Clinical Child Psychology, Fall 1976.

Berg-Cross, G. & Berg-Cross, L., Listening to Stories May Change Children's Social Attitudes. In: Reading Teacher, March, 31(6), 1978.

Bogdal, Klaus-Michael und Korte, Hermann, Grundzüge der Literaturdidaktik, Deutscher Taschenbuch Verlag, München, 2002.

Burt, L., Bibliotherapy. Effects of Group Reading and Discussion on Attitudes of Adult Inmates in Two Correctional Institutions. Ph.D. Dissertation, University of Wisconsin-Madison, 1972.

Coleridge, Samuel Taylor(origin. 1817), Biographia Literaria, ed. by H. J. Jackson, Oxford, 1985.

Darling, R.L., Mental Hygiene and Books. Bibliotherapy as Used with Children and Adolescents. In: Wilson Library Bulletin, December 1957, 32.

Denham, S., Cook, M. & Zoller, D.,"Baby looks very sad": Implications of conversations about feelings between mother and preschooler. British Journal of Developmental Psychology, 10, 1992.

Denham, S.A., Emotional Development in Young Children, Guilford Press, New York, 1998.

Ehlers, Swantje, Lesen als Verstehen, Langenscheidt, Berlin u.a.m., 1992.

Eisenberg, N., Emotion, regulation, and moral development. Annual Review of Psychology, 51, 2000.

Ekman, P., An argument for basic emotions. Cognition and Emotion, 6 (3/4), 2169-2200, 1992.

Ellis, A., Rational-Emotive Therapy. In: Corsini, R.J.(Ed.): Current Psychotherapies. Itasca, IL: F.E. Peacock 1979.

Engelhardt, D. v., Bibliotherapie - Entwicklung, Situation und Perspektive, in: Robert Bosch Stiftung(Hg.), 1987.

Fehr, B & Russel, J.A., Concept of emotion viewed from a prototype perspective. Journal of Experimental Psychology, 113, 1984.

Fisher, F., Influence of Reading and Discussion on Attitudes of Fifth Graders Toward American Indians. In: Journal of Educational Research, November 1968.

Fogle, D.M., Art and Poetry Therapy Combined with Talking Therapy with a Family of Four in an Outpatient Clinic. In: Arts in Psychotherapy 1980.

Freud, Sigmund, Ratschläge für den Arzt bei der psychoanalytischen Behandlung [1912]. In: Gesammelte Werke - Chronologisch geordnet, Bd. VIII: Werke aus den Jahren 1909 – 1913, Frankfurt a.M., 1999.

Gadamer, Hans Georg, Wahrheit und Methode, Grundzüge einer philosophischen Hermeneutik, Tübingen, 1986.

Gansel, Carsten, Moderne Kinder- und Jugendliteratur. Ein Praxishandbuch für den Unterricht, Cornelsen Verlag, Berlin, 1999.

Gehlen, Arnold, Urmensch und Spätkultur, Wiesbaden, 1986.

Ginott, H.G., Between parent and child. New solution to old problems (14. ed.), The Macmillian Company, New York, 1968.

Glasgow, R.E. & Rosen, G.M., Behavioral Bibliotherapy, A Review of Self-Help Behavior Therapy Manuals. In: Psychological Bulletin, January 1978, 85(1).

Goethe, Johann Wolfgang von, Die Leiden des jungen Werther, Goethes Werke Bd. VI, C.H. Beck, München, 1982.

Goller, H., Emotionspsychologie und Leib-Seele-Problem, Kohlhammer, Stuttgart, 1992.

Gottman, J.M., Katz, L.F. & Hooven, C., Meta-Emotion: How families communicate emotionally, Mahwah, NJ: Lawrence Erlbaum, 1997.

Graf, Werner, Lesegenese in Kindheit und Jugend. Einführung in die literarische Sozialisation, Schneider Verlag, Hohengehren, 2010.

Groeben, Norbert, Hurrelmann, Bettina(Hrsg.), Empirische Unterrichtsforschung in der Literatur- und Lesedidaktik. Ein Weiterbildungsprogramm, Juventa Verlag, Weinheim und München, 2006.

Groeben, Norbert, Hurrelmann, Bettina(Hrsg.), Lesekompetenz. Bedingungen Dimensionen, Funktionen, Juventa Verlag, Weinheim und München, 2002.

Holland, Norman, The Dynamics of Literary Response, New York, 1968.

Homberg, Walter / Rossbacher, Karlheinz, Meckels, Christoph, Der Zünd und seine Leser. In: Helmut Kreuzer Reinhold / Viehoff (Hg.), Literaturwissenschaft und empirische Methoden (LiLi, Beiheft 12), Göttingen, 1981.

Hynes, A., The goals of bibliotherapy, The Arts in Psychotherapy 7, 1980, 35-41.

Hynes, A.M. & Hynes-Berry, M., Bibliotherapy - The Interactive Process: A Handbook. Boulder, CO: Westview, 1986.

Ingarden, Roman, Das literarische Kunstwerk(1931), 4., unveränderte Aufl., Tübingen, 1972.

Ingarden, Roman, Erlebnis, Kunswerk und Wert, Tübingen, 1969.

Iser, Wolfgang, Der Akt des Lesens, Wilhelm Fink Verlag, München, 1976.

Iser, Wolfgang, The Act of Reading, A Theory of Aesthetic Response, The Johns Hopkins University Press, Baltimore and London, 1978.

Janke, Bettina, Entwicklung des Emotionswissens bei Kindern, Hogrefe Verlag, Göttingen, 2002.

Kammler, Clemens(Hg.), Literarische Kompetenzen - Standards im Literaturunterricht. Modelle für die Promar- und Sekundarstufe, Klett/Kallmeyer, Seelze, 2006.

Kast, V., Wege aus Angst und Symbiose, München, 1988.

Kienbaum, J., Ulich, D. & Volland, C., Empathie mit anderen entwickeln. Wie entwickelt sich Mitgefühl? In M. von Salisch (Hrsg.), Emotionale Kompetenz entwickeln. Grundlagen in Kindheit und Jugend (pp. 111-113), Kohlhammer, Stuttgart, 2002.

Kleber, D., Bibliotherapie: in Beitrag zur Geschichte und zur Begriffsbestimmung. Zentralblatt für Bibliothekswesen. 98(9), Dresden, 1982.

Kleinginna, P.R. & Kleinginna, A.M., A Categorized list of emotion definitions, with suggestions for a consensual definiyion. Motivation and Emotion, 5(4), 1981.

Köster, Juliane, Von der Lebenswelt zur Literatur. Zu Erich Kästner "Fauler Zauber". In: Clemens Kammler(Hg.), Literarische Kompetenzen - Standards im Literaturunterricht. Modelle für die Promar- und Sekundarstufe, Klett/Kallmeyer, Seelze, 2006.

Kreft, Jürgen, Grundprobleme der Literaturdidaktik. Eine Fachdidaktik im Konzept sozialer und individueller Entwicklung und Geschichte, Quelle & Meyer, Heidelberg, 1982.

Kunze, Reiner, Fünfzehn, In: Die wunderbaren Jahre, S. Fischer, Frankfurt a.M., 1976.

Lange, Günter(Hrsg.), Taschenbuch der Kinder- und Jugendliteratur, Schneiderverlag, Hohengehren, 2000.

Lepenies, Wolf, Melancholie und Gesellschaft, Frankfurt a. M., 1967.

Lessing, Gotthold Ephraim, Werke, hrsg. von Herbert G. Göpfert, Bd. VI, München, 1974.

Lotman, Jurij M., Die Struktur literarischer Texte, München, 1986.

Mazza, Nicholas, The Place of the Poetic in Dealing with Death and Loss. Journal of Poetry Therapy; Vol. 15, No. 1, 2001.

Merkle, Rolf, Bibliotherapie. Der Einfluss des therapiebegleitenden Lesens auf das emotionale Befinden bei ambulant behandelten Patienten, Mannheim, 1988.

Merten, J., Einführung in die Emotionspsychologie, Kohlhammer, Stuttgart, 2003.

Meyer, Theodor A., Das Stilgesetz der Poesie. Mit einem Vorwort von Wolfgang Iser, Frankfurt a.M., 1990.

Morris, G.B., Personality Change Through Bibliotherapy. In: Western Psychologist 1973.

Nündel, Ernst/Schlotthaus, Werner, Angenommen: Agamemnon. Wie Lehrer mit Texten umgehen, Urban & Schwarzenberg, München/Wien/Baltimore, 1978.

Overdick, W., Soll man kranken Kindern Büchern "verabreichen"? Bericht über das Seminar "Kranke Kinder brauchen Bücher - Die bibliothekarische Arbeit in Kinderkliniken". In: Kranke Kinder brauchen Bücher. Die Aktion "Das fröhliche Krankenzimmer" Jahresbericht - Diskussion - Buchempfehlungsliste. München, 1982.

Paefgen, Elisabeth K., Einführung in die Literaturdidaktik, Metzler, Stuttgart/ Weimar, 2006.

Pardeck, J. T. and Pardeck, J. A., Bibliotherapy: A tool for helping preschool children deal with developmental change related to family relationships. Early Child Development and Care, Vol. 67(9), 1989.

Perls, F. S., Hefferline, R. E. & Goodman, P., Gestalt Therapy. Excitement and Growth in the Human Personality, Delta, New York, 1951.

Petermann, Franz, Wiedebusch Silvia, Emotionale Kompetenz bei Kindern, 2., überarbeitete und erweiterte Auflage, Hogrefe Verlag, Göttingen, 2008.

Petzold, H., Orth, I., Poesie und Therapie. Über die Heilkraft der Sprache, Paderborn, 1985.

Petzold, H., Sieper, J.(Hrsg.), Integration und Kreation, Paderborn, 1996.

Polster, Erving und Miriam, Gestalttherapie. Theorie und Praxis der integrativen Gestalttherapie, 2. Aufl., Wuppertal, 2003.

Pons, F., Lawson, J., Harris, P.L., & De Rosnay, M., Individual Differences in children's emotion understanding: effects of age and language. Scandinavian Journal of Psychology, 44(4), 2003.

Rosenberg, Marshall B., Nonviolent Communication, Vaigari Publications, 2003.

Rubin, R. J., Bibliotherapy Sourcebook. AZ: Oryz Press, London, 1978.

Ruffman, T., Slade, L., Rowlandson, K., Rumsey, C., & Garnham, A., How language relates to belief, desire and emotion understanding. Cognitive Development, 18(2), 2003.

Saarni, Carolyn, Die Entwicklung von emotionaler Kompetenz in Beziehungen. In: Maria von Salisch (Hrsg.), Emotionale Kompetenz entwickeln. Grundlagen in Kindheit und Jugend, Kohlhammer, Stuttgart, 2002.

Salisch, Maria von(Hrsg.), Emotinale Kompetenz entwickeln, Grundlagen in Kindheit und Jugend, Kohlhamer, Stuttgart, 2002.

Santayana, George, Three Philosophical Poets: Lucretius, Dante, and Goethe, 1910, Harvard UP, Cambridge, 1922.

Sauber, S.R., Prior Structure Versus Ambiguity as a Therapeutic Variable. In: International Journal of Social Psychiatry 1973, 19.

Saupe, Anja, Epische Texte und ihre Didaktik, In: Günter Lange/ Swantje Weinhold (Hg.), Grundlagen der Deutschdidaktik, Schneider, Baltmannsweiler, 2005.

Schmidt-Atzert, L., Lehrbuch der Emotionspsychologie, Kohlhammer, Stuttgart/Berlin/Köln, 1986.

Shrodes, C., Bibliotherapy: A theoretical and Clinical-experimental Study,

Ph.D. Dissertation, University of California-Berkeley, 1949.

Shrodes, Caroline, Bibliotherapy: An Application of Psychoanalytic Theory. American Imago: a Psychoanalytic Journal for the Arts and Sciences, 17(1960).

Spinner, Kaspar H., Kreativer Deutschunterricht. Identität-Imagination-Kognition, Allmeyer/Klett, Seelze-Velber, 2001.

Tews, R., Bibliotherapy. Library Trends, Vol. 97. 1969.

Uerdings, Herbert, Literaturwissenschaft und Poesietherapie, in: Hilarion Petzold, Ilse Orth(Hrsg.), Poesie und Therapie, Paderborn, 1995.

Wertfein, Monika, Emotionale Entwicklung und elterliche Förderung. Im Vor-und Grundschulalter, VDM Verlag Dr. Müller e.K. und Liyenygeber, Saarbrücken, 2007.

Wolf, Doris, Bibliotherapie in der psychotherapeutischen Praxis. Der Einfluß des therapiebegleitenden Lesens auf kognitive Variablen und körperliches Befinden, Mannheim, 1989.

Wood, D., Bruner, J. S. & Ross, G., The role of tutoring in problem solving. Journal of Child Psychology and Psychiatry, 17, 1976.

Zaccaria, J.S., Moses, H.A. & Hollowell, J.S., Bibliotherapy in Rehabilitation, Educational, and Mental Health Settings: Theory, Research, and Practice. Champaign, IL: Stipes 1978.